本书是以下项目的阶段性成果：

广东省 2018 年普通高校人文社科研究重点项目：粤西府县旧志整理与出版（2018WZDXM033）

广东省 2018 年"创新强校"工程财政支持项目［73］号：湛江地方特色文化研究平台

广东省教育厅"创新强校工程"项目："海上丝绸之路文化研究院科研平台"

广东海洋大学 2022 年度人文社科文化建设重点项目"粤西府县旧志整理与出版"专项

编委会

主　　编　　孙长军

执行主编　　董国华

副 主 编　　邓　建　蔡　平　刘　刚

编　　委　　安华林　毛家武　汪东发　张　伟

　　　　　　裴梦苏

天南学术

第四辑

广东海洋大学文学与新闻传播学院
广东省雷州文化研究基地
海上丝绸之路文化研究院

孙长军　主　编

暨南大学出版社
JINAN UNIVERSITY PRESS

中国·广州

图书在版编目（CIP）数据

天南学术. 第四辑／孙长军主编. —广州：暨南大学出版社，2022. 11
ISBN 978 - 7 - 5668 - 3525 - 3

Ⅰ. ①天…　Ⅱ. ①孙…　Ⅲ. ①社会科学—文集　Ⅳ. ①C53

中国版本图书馆 CIP 数据核字（2022）第 193093 号

天南学术（第四辑）
TIANNAN XUESHU（DI-SI JI）
主　编：孙长军

出 版 人：张晋升
策划编辑：杜小陆
责任编辑：潘江曼
责任校对：孙劭贤　林玉翠
责任印制：周一丹　郑玉婷

出版发行：暨南大学出版社（511443）
电　　话：总编室（8620）37332601
　　　　　营销部（8620）37332680　37332681　37332682　37332683
传　　真：（8620）37332660（办公室）　37332684（营销部）
网　　址：http：//www. jnupress. com
排　　版：广州良弓广告有限公司
印　　刷：佛山市浩文彩色印刷有限公司
开　　本：787mm×1092mm　1/16
印　　张：15. 25
字　　数：242 千
版　　次：2022 年 11 月第 1 版
印　　次：2022 年 11 月第 1 次
定　　价：49. 80 元

目 录

媒体传播研究

教育教学研究

海洋文学研究

17 世纪以前外国海洋文学管窥

胡根法①

改革开放以来，中国逐渐重视海洋文明建设，并提出了海洋强国发展战略，作为中国海洋文明重要组成部分的海洋文学近年来也有所发展。目前国内已发表或出版很多跟海洋文学相关的学术论文、作品选本和研究专著，笔者也和同事参与编著"海洋文学作品评析丛书"，并负责 17 世纪以前外国海洋文学作品的编选和评析。

一般认为，英国诗人约翰·弥尔顿（John Milton，1608—1674）的两部史诗，即《失乐园》（1667）和《复乐园》（1671），既是欧洲古典史诗最后的杰作，也标志着欧洲英雄史诗的结束。而在此后不久的 1719 年，英国作家丹尼尔·笛福（1660—1731）发表长篇小说《鲁滨孙漂流记》，这是欧洲现实主义小说的早期尝试，作者也被视为英国小说真正的创始人，而 18 世纪则被认为是欧洲文学的散文时代，与 17 世纪明显有别。本文将考察外国海洋文学作品的时间下限定在 17 世纪，原因即在此。这种简单的分期或有欧洲文学中心主义之嫌，但也基于两个不得不考虑的事实：一是欧洲文学与中国文学甚至东方文学相比，更具海洋特征，也拥有更多的海洋文学作品；二是本文并不考察中国海洋文学的发展及其特点。

下面笔者将在简单梳理海洋文学概念的基础上，对 17 世纪以前外国海洋文学作品做初步考察。

一、海洋文学的概念

关于"海洋文学"的概念，我国学界至今尚未形成较为一致的意见。但

---

① 胡根法，博士，广东海洋大学文学与新闻传播学院讲师。

近年来研究者不断参与相关讨论，已经取得一些成果。① 如杨中举认为："那种渗透着海洋精神，或体现着作家明显的海洋意识，或以海或海的精神为描写或歌咏对象，或描写的生活以海为明显背景，或与海联系在一起并赋予人或物以海洋气息的文学作品都可以列入海洋文学的范畴。"② 2008 年 9 月，在宁波大学外国语学院联合《外国文学研究》编辑部等单位举办的"海洋文学国际学术研讨会"上，与会学者关于何谓"海洋文学作品"形成以下主要观点：一是"以海洋为活动舞台，展现人类物质生产与精神活动的作品"；二是"以海洋为背景或以海洋为叙述对象，反映海洋、人类自身及人与海洋关系的作品"；三是"具有鲜明海洋特色与海洋意识的文学作品"。③ 在此之后，其他学者相继对"海洋文学"发表自己的见解，如段汉武认为，海洋文学指"以海洋为背景或以海洋为叙述对象或直接描述航海行为以及通过描写海岛生活来反映海洋、人类自身以及人类与海洋关系的文学作品"④。总体而言，关于"海洋文学"之界定，研究者们见仁见智，众说纷纭，这也表明中国学界对海洋文学研究有着日渐浓厚的兴趣。

基于这种现状，有学者认为，"既然很难给出一个清晰而准确的关于'海洋文学'的界定，那么可尝试建立一个阐释性的界定"⑤。此种尝试已经出现，这里列举两例。如段波认为："海洋文学（Sea Literature）有广义和狭义之分。广义的海洋文学可以指以文字或口头形式记录与流传下来的、与海洋有关的文献或资料；狭义的海洋文学是指以海洋或海上经历为书写对象、旨在凸显人与海洋的价值关系和审美意蕴的文学作品，包括海洋诗歌、海洋戏剧、海洋小说、海洋神话、海歌等，这也是文学研究中需要重点关注的文学

---

① 本文不拟详细介绍这些研究成果，下文仅列举部分学者的观点，以为讨论之便。关于"海洋文学"概念的讨论和总结，可参见段汉武.《暴风雨》后的沉思：海洋文学概念探究 [J]. 宁波大学学报（人文科学版），2009（1）：17－19；段波. "海洋文学"的概念及其美学特征 [J]. 宁波大学学报（人文科学版），2018（4）：111－113.

② 杨中举. 从自然主义到象征主义和生态主义——美国海洋文学述略 [J]. 译林，2004（6）：195.

③ 李越，柳旦，段汉武. 和谐的对话：寻找那一片蓝色——2008 年国际海洋文学研讨会综述 [J]. 外国文学研究，2008（6）：163.

④ 段汉武.《暴风雨》后的沉思：海洋文学概念探究 [J]. 宁波大学学报（人文科学版），2009（1）：19.

⑤ 段波. "海洋文学"的概念及其美学特征 [J]. 宁波大学学报（人文科学版），2018（4）：113.

形态。"① 另一位学者刘文霞亦云"海洋文学有广义和狭义之分",并认为:"广义上说,海洋文学是指所有与海洋有关的作品,也就是说,那些以海洋景观、海洋生物和从事海洋活动的人类为描写对象的文学作品都属于海洋文学,既包括神话和诗歌,也包括戏剧、散文和小说等各种体裁。狭义上说,海洋文学是指那些深刻展现海洋精神,并且深入探讨人与海洋生息与共、密不可分的关系的文学作品。"② 但我们不难发现,段波和刘文霞的上述观点有较大的不同之处:两人眼中的"广义的海洋文学"在内涵和外延上均不相同;后者所理解的"广义的海洋文学",稍近于前者所理解的"狭义的海洋文学"。因此,这种关于海洋文学的"阐释性的界定",也是一个值得进一步探讨的问题。

其实,至晚在 20 世纪 90 年代初,就已经有学者对"海洋文学"做了较具概括性的界定。吴主助在其所编《海洋文学名作选读》中认为:"'海洋文学'顾名思义是写海洋的文字。具体说,它包括了以海洋为题材的各种文学作品。就内容而言,或描写海洋的自然景物,或借大海之景抒发作者情怀,或表现人类海上生活和斗争,或反映人类对海洋的幻想、探索和征服等等。就形式而言,它包括了神话、传说、寓言、诗歌、散文、通话、小说、报告文学等等各种文学体裁。"③ 该学者是从作品的内容和形式等维度,对海洋文学的概念加以界定的。在我们看来,他这个概念虽然没有谈及"海洋文学有广义和狭义之分",但就界定形式而言,或许亦可称为一种"阐释性的界定",其内涵和外延接近于段波的"狭义的海洋文学"或刘文霞的"广义的海洋文学"。值得注意的是,吴主助这个界定的提出时间,要比上文所示诸种都要更早一些,且比段、刘二位的界定早了二十多年。

笔者认为,上述关于海洋文学的"阐释性的界定",较为符合学界目前关于海洋文学的理解以及海洋文学研究的现状。毫无疑问,学界关于"海洋文学"含义的讨论仍将持续,我们期待相关研究的进展。

二、外国海洋文学的起源

从世界范围看,海洋文学的起源很早,至少远远早于海洋和海洋文学研

---

① 段波. "海洋文学"的概念及其美学特征 [J]. 宁波大学学报 (人文科学版),2018 (4):113.
② 刘文霞. 大海的回响:西方海洋文学研究 [M]. 北京:中国社会科学出版社,2017:9.
③ 吴主助. 海洋文学名作选读·编者的话 [M]. 北京:人民交通出版社,1992:1.

究。如段波所说，"人类文明同海洋具有悠久而密切的渊源"，人类系统地研究海洋和海洋文学"却是 20 世纪下半叶以来才发生的事情"。①

海洋文学的产生，至晚可追溯到公元前 20 世纪。根据李川的研究，产生于古埃及中王国时期的《遇难水手的故事》，堪称目前已知世界上最早的海洋文学作品。② 众所周知，古埃及是四大文明古国之一，地处亚、欧、非三大洲之间，又处在地中海、红海、印度洋的交汇点，因此长期以来它既是农业大国，也是海洋强国。就此而言，海洋文学作品较早地出现在古埃及，或许本就是情理之中的事情。《遇难水手的故事》已是较为成熟的海洋文学作品，故事情节完善，尤其可贵的是，它含有后世海洋文学中常见的一些要素，如大海、水手、海船、海岛、海上风暴、海难、海上历险、海上奇遇、神秘的海上生灵（故事中的巨蛇，或可称为海神）、海上贸易（有可能）等，因此这部作品被研究者称为"最早的海洋文学样板"③。很显然，《遇难水手的故事》这个样板及其含有的海洋文学要素，将会不断地出现在后世的各种海洋文学作品中，但我们难以在它和其后继者之间建立事实上的联系或影响关系，尽管学界早已确证古埃及文明曾对古希腊及其他一些文明产生过重要影响。另外，从文本内容可知，这个目前所知世界上最早的海洋文学故事发生地即海洋空间是印度洋，具体来说是红海或者阿拉伯海。

继古代埃及之后，较早出现著名海洋文学作品的地方是古代希腊。生活在三面环海之地的古希腊人，很早就意识到海洋的存在和海洋的重要性，并通过各种海上活动来彰显自己的活力，努力获得自己的生存利益。同时，海洋的自然伟力、人海之间的复杂关系，也必然对古希腊文化传统与民族精神的形成产生重要而多样的影响，这些都在荷马史诗和其他文学作品中有充分的展现。

古希腊诗人荷马（前 9 世纪或前 8 世纪）的两部史诗，即《伊利亚特》和《奥德赛》，一向被认为是西方文学的源头，也是西方海洋文学的源头，对后世影响深远。其中《伊利亚特》是西方文学史上第一部涉海战争史诗，主

---

① 段波. "新海洋学"视阈下欧美海洋文学的研究现状及趋势 [J]. 外国语文研究，2019（4）：21.

② 李川.《遇难的水手》：海洋文学的早期探索 [J] 外国文学动态研究，2019（6）：55 – 57.

③ 李川.《遇难的水手》：海洋文学的早期探索 [J]. 外国文学动态研究，2019（6）：57.

要讲述古希腊人渡海攻打东地中海沿岸特洛伊城的故事；《奥德赛》则是西方文学史上第一部航海史诗和第一部海上流浪历险史诗，主要讲述希腊英雄奥德修斯在特洛伊战争结束后漂泊海上并历险返乡的故事。从这个意义上讲，特洛伊战争堪称古代世界最著名的涉海战争，奥德修斯可称为古代文学史上最早、最著名的航海英雄和海上流浪汉。荷马史诗中的故事主要发生在地中海及其周边，因此它们又可称为地中海英雄史诗。

相比而言，《奥德赛》比《伊利亚特》明显更具海洋性，很多学者也把它视为西方海洋文学的鼻祖。希腊联军攻陷特洛伊城后，幸存的英雄们相继返回家乡，唯有奥德修斯因为得罪海神波塞冬，不得不在凶险的大海上长期飘荡流浪。奥德修斯在其十余年的海上航程中，经历并探索过很多神秘凶险的未知海域，如斯库拉墨西拿海峡中的斯库拉巨石和卡律布狄斯旋涡（彼特拉克的诗歌也提到了它们）、独眼巨人之岛、女神卡吕普索之岛、赫拉克勒斯之柱（卢奇安的小说也提到了它）等。赫拉克勒斯之柱即直布罗陀海峡，是地中海与大西洋的边界线，这意味着奥德修斯从地中海东岸一直漂泊流浪到西岸，其海上踪迹和历险故事贯穿了差不多整个地中海及其沿岸。

从荷马史诗的描述看，古希腊英雄们还兼具其他多重海洋类角色。在《伊利亚特》开篇，希腊英雄阿喀琉斯与联军统帅迈锡尼国王阿伽门农之间发生严重争执，并拒绝出战，原因即与海上劫掠战利品（如女奴）的分配有关。而在攻陷特洛伊之后，希腊勇士们大肆抢劫城中的财富和女人，然后乘船渡海，满载而归。徐松岩研究认为："对于特洛伊战争时期的希腊人来说，暴力掠夺是他们所崇尚的事业，是不折不扣的'英雄行为'。后世希腊人所崇拜的英雄，大都有在陆上或海上掠夺财富和女人的'光辉业绩'。""那些跨海远征的希腊人正是当时的海盗，因而特洛伊战争是古代地中海历史上一次大规模、有组织的海盗劫掠活动。"① 另外，从《奥德赛》主人公奥德修斯的自述可知，他在出征特洛伊之前，就曾参与海盗营生和海上贸易。历史学家斯塔夫里阿诺斯（1913—2004）在其《全球通史：从史前到21世纪》中说："史诗《奥德赛》描述了墨涅拉俄斯和奥德修斯在爱琴海上半海盗、半经商的探险活动，说所有参加探险的人在海上与其他人相遇时，总是很自然地问他们

---

① 徐松岩. 关于特洛伊战争的若干问题［J］. 世界历史，2002（2）：81－82.

是不是海盗。"① 要之，奥德修斯兼具海战英雄、航海英雄、海盗、海上流浪汉等多重与海洋相关的形象。

三、外国海洋文学及相关海洋空间的发展

跟特洛伊战争密切相关的另一部著名史诗，是罗马诗人维吉尔（前70—前19）的《埃涅阿斯纪》。这部史诗的前半部分模仿《奥德赛》，讲述特洛伊英雄埃涅阿斯率领部众，逃离已经陷落的故乡特洛伊，在地中海上漂泊并前往意大利重建邦国的故事，因此它跟《奥德赛》一样，也是地中海英雄史诗和航海史诗。

17世纪以前发生在地中海区域的著名海洋文学故事，至少还有莎士比亚（1564—1616）和塞万提斯（1547—1616）的作品。英国作家莎士比亚晚年创作的传奇剧《泰尔亲王配瑞克里斯》和《暴风雨》都是欧洲文艺复兴时期的海洋文学代表作品，前者的主人公为古希腊泰尔亲王配瑞克里斯，剧情发生在东地中海及沿岸诸国，主要情节包括海上漂泊、海难、海上奇遇等；后者的主人公为米兰公爵普洛斯帕罗，剧情主要发生在米兰附近的海中荒岛上，含有海上逃难、海洋风暴、海难、海洋精灵等海洋文学要素。此外，莎翁另一部戏剧《威尼斯商人》也受到一些海洋文学研究者的重视。西班牙作家塞万提斯与莎士比亚同时，其小说《堂吉诃德》有部分内容讲述堂吉诃德和桑丘在巴塞罗那海岸和附近海域的经历和见闻，堪称主仆二人的地中海故事。

另一位与莎士比亚同时的著名作家、葡萄牙国父卡蒙斯（1524—1580）著有《卢济塔尼亚人之歌》。这是一部航海史诗和英雄史诗，是15–16世纪欧洲地理大发现和新航路开辟时代的产物，主要讲述葡萄牙航海家达·伽马（1460或1469—1524）率舰队绕过好望角、开辟欧洲通往印度的新航路的经历。在《卢济塔尼亚人之歌》中，史诗英雄的活动范围不再是地中海之类相对狭小的海域，而是广袤的大西洋和印度洋，因此这部作品可称为大航海史诗和大洋史诗。

在《卢济塔尼亚人之歌》之前，以大西洋及其中岛屿为故事发生区域的海洋文学名作，有古罗马政治家和文学家凯撒（前100—前44）的《高卢战

---

① 斯塔夫里阿诺斯. 全球通史：从史前到21世纪［M］. 吴象婴，梁赤民译. 北京：北京大学出版社，2020：125.

记》、古罗马作家卢安奇（约125—约180）的《真实的故事》和英国史诗《贝奥武甫》等。《高卢战记》记述公元前58年至前50年凯撒在高卢的作战经历和心得，其第四、五两卷记载有他在公元前55—前54年两次率军从大陆渡海远征不列颠之事，内容中多有关于航海和海战的形象描述。而这个"海"，根据笔者分析，应该指大西洋东北部的北海①。卢安奇被很多人视为现代科幻小说的古代先驱，其《真实的故事》是迄今已知最早的科幻小说作品。此"故事"讲述主人公和同伴们乘船出海游历，从地中海进入大西洋，随即遭遇海上风暴，漂流到一个神奇之岛，然后又被旋风吹到月球上，一番神奇经历后返回地球，却在海面上被巨鲸吞入腹内，在其中生活近两年后方才逃出。《贝奥武甫》成书于10世纪，是迄今为止年代最早、篇幅最长的一部英国史诗，也是英国文学的开山巨著，主人公为北欧高特（在今瑞典南部）英雄和国王贝奥武甫。史诗始于一场盛大的国王海葬，终于另一场盛大的海边葬礼，主体部分描述贝奥武甫在青年和老年时代的英雄壮举。贝奥武甫青年时代的一场英雄经历与海洋相关：他曾率领本国勇士渡海抵达丹麦，为友国灭除魔怪，并在丹麦王宫宴会上自述在海中搏杀九头食人怪兽之事。从史诗内容看，贝奥武甫的活动范围在今天北欧瑞典南部和丹麦一带，因此诗中的"海"应指波罗的海或北海，它们都是大西洋的附属海域。

从文学史的角度看，17世纪以前的世界海洋文学作品主要集中在亚洲、欧洲和北部非洲国家埃及。如前所述，此期的欧洲海洋文学多以大西洋（包括其附属海域如地中海、北海等，以及其中的岛屿）及其海岸为海洋空间背景。而此期亚洲海洋文学的海洋空间背景则相对多元，如中国、日本列岛、朝鲜半岛等濒临太平洋；印度有漫长的印度洋海岸线；以色列濒临地中海；阿拉伯帝国（传统中国称其为"大食"）曾横跨亚欧非三洲，濒临印度洋、地中海甚至直布罗陀海峡之外的大西洋。此期的中国和日本都出现了较为杰出的海洋文学作品。其中日本女作家紫式部（约973—1015）的《源氏物语》，被称为世界文学史上第一部长篇写实小说，它以平安时期（794—1192）的历史为背景，主要描写主人公源氏的生活经历和爱情故事，并对当时日本社会的基本特征和精神面貌做了深刻的描绘。小说部分内容讲述源氏曾因失

---

① 此分析参见胡根法，阎怀兰. 外国海洋文学评析［M］. 广州：暨南大学出版社，2022.

势于朝廷而在远离京城的海边避祸蛰伏之事，是海洋文学中的佳作。日本无名氏的《平家物语》完成于镰仓时期（1192—1333），是杰出的战记文学作品，记述1156—1185年两大武士集团源氏和平氏争夺统治权之事，其中第十一卷描写两大集团最后的海上决战，我们读后很可能会想起南宋与蒙元之间的崖山海战（1279），二者之间相距不过百年。

上文提到，产生于古埃及中王国时期的《遇难水手的故事》，是目前所知世界上最早的海洋文学作品，距今已有四千年之久，这跟埃及源远流长的海洋文明密切相关。到16世纪，一部举世闻名的文学巨著经过长期流传后成书于埃及，它就是《一千零一夜》。[①] 这部作品中的海洋故事很多，较为我们熟悉者是其中的《辛伯达航海旅行的故事》（共包括七篇，每篇均由主人公辛伯达讲述一个自己亲身经历的航海旅行故事），属于海上商贸、海上旅行和航海历险文学作品。埃及地处非洲东北部，从公元前6世纪开始，它先后被波斯帝国、马其顿王国（亚历山大帝国）、罗马帝国、阿拉伯帝国征服，并在17世纪初成为奥斯曼帝国的一部分，《一千零一夜》大概于此时定型成书。但据学者研究，"《一千零一夜》的故事集中产生于印度、波斯、伊拉克、埃及"[②]，因此它虽然最后定型于埃及，其故事来源其实甚广。另外，此书中的故事大多形成于阿拉伯帝国阿拔斯王朝时期（750—1258），帝国以伊斯兰教为国教，崇商且重视海上贸易，《一千零一夜》中多有海上商贸故事，即与这个特点有重要关系。但几大帝国在鼎盛时期均幅员辽阔，横跨亚、欧、非三洲，与地中海、黑海、大西洋甚至印度洋相连，加上《一千零一夜》的海洋类故事（《辛伯达航海旅行的故事》）中，并未透漏海洋空间位置信息，因此我们难以推知故事发生的具体海域。

《一千零一夜》对后世文学影响深远，意大利文艺复兴时期作家薄伽丘（一译为卜伽丘，1313—1375）受它启发，创作了《十日谈》，其中的一篇讲拉韦洛富商兰多福·鲁福洛海上历险记，与《辛伯达航海旅行的故事》有颇多相似之处。它们都属于海上商贸类和商旅类航海历险故事，其中的主人公均为从事海上贸易的商人，基本情节包括憧憬海上商贸、携货出海、海难逃

---

① 李唯中译. 一千零一夜·译者小序［M］. 银川：宁夏人民出版社，2006：4；纳训译. 一千零一夜·前言［M］. 北京：人民文学出版社，2015：2.

② 纳训译. 一千零一夜·前言［M］. 北京：人民文学出版社，2015：3.

生、海上奇遇、携财渡海返乡等。我们不难从这些方面看出商旅类海洋文学与史诗类海洋文学之间存在明显的区别。

与薄伽丘同时的意大利诗人彼特拉克（1304—1374），以抒情诗闻名于当时和后世，其代表作《歌集》收录有多篇海洋诗歌。其中两首诗以"生命之舟"为题（《歌集》第 80 首题为"谁决心驾驶着生命之舟"，第 189 首题为"严寒的午夜我生命之舟"，另外，诗题即为诗篇首句），有以舟船喻人生之意。诗人认为，人生就像在黑暗中穿行于险礁暗滩和惊涛骇浪间的海中帆船，随时会驶入死亡之地，随时会面临倾覆之险；他希望在天主的引导下，驶入爱情的港湾，如果相见爱人无望，死亡则是可以接受的安排。很显然，这两首诗中的海、舟、水手、礁石、海浪、港湾等，充满着想象和象征的味道。类似的作品还有美国诗人朗费罗（1807—1882）《停船》一诗，其中的海其实是思想和心灵之海，写诗被比喻为心灵之船在思想海洋中航行的过程，笔端完成的诗篇则象征着这一航程的目标海港。

17 世纪以前外国海洋文学当然还有其他很多作品，如古希腊诗人阿尔凯奥斯的《海上风暴》、古希腊诗人西摩尼德斯的《达娜埃》、古希腊作家伊索的涉海寓言故事、古罗马诗人奥维德《变形记》中的涉海传说故事、日本和朝鲜半岛的海洋诗歌等，恕笔者无法在此一一介绍。

四、结语

综合上文分析，从产生时间看，古埃及中王国时期的作品《遇难水手的故事》是目前已知外国海洋文学最早的渊源，《伊利亚特》和《奥德赛》则是西方海洋文学的直接源头。三部作品中含有诸多为后世常见的海洋文学要素，如大海、海船、水手（荷马史诗中的希腊联军战士往往也是水手）、海洋战争、海岛、海滩、海盗、海神、海上风暴、海难、海上历险、海上奇遇、海上贸易等。从这个意义上说，这三部作品都堪称世界文学的早期"海洋文学样板"，是海洋文学的奠基之作。两部荷马史诗的产生时间，虽然远晚于《遇难水手的故事》，但它们对世界文学和海洋文学的影响远甚于后者，其中《奥德赛》对西方海洋文学的影响尤甚，后一点已是学界的共识。

从文学地理的视角考察，我们可以大略看出 17 世纪以前外国海洋文学与海洋空间的关系及其涉海空间的演变。在《遇难水手的故事》中，故事的发生地是红海或者阿拉伯海，这表明目前已知世界上最早的海洋文学作品跟印度洋及其附属海域直接相关。在此很久之后，地中海长期成为欧洲海洋文学的基本要素和地理空间，这方面的早期代表为《伊利亚特》《奥德赛》和《埃涅阿斯纪》，它们都是公元前的英雄史诗，可称为地中海英雄史诗。同样完成于公元前 1 世纪但稍早于《埃涅阿斯纪》的《高卢战记》，记载有凯撒渡海远征不列颠之事，跟北海密切相关，这表明：至晚在公元前 1 世纪，大西洋或其附属海域已经成为海洋文学地理空间。在 17 世纪以前，以大西洋或其附属海域为文学空间的海洋文学名作，至少还有古罗马小说家卢安奇的《真实的故事》、英国史诗《贝奥武甫》和葡萄牙诗人卡蒙斯的史诗《卢济塔尼亚人之歌》。由印度洋而地中海再到大西洋，这可能是外国海洋文学第一次重要的海洋地理空间演变；而从地中海到大西洋，则毫无疑问是欧洲海洋文学地理空间第一次重要的嬗变。值得注意的是，凯撒的《高卢战记》和英国史诗《贝奥武甫》都跟北大西洋有关，这表明这片海洋区域，尤其是北海，至晚在公元前 1 世纪就已经登上了文学、政治和军事的舞台，而随着英法两国从 16 世纪开始的快速崛起，北海将日益为世人瞩目。

完成于 16 世纪下半叶的《卢济塔尼亚人之歌》是大航海史诗，跟达·伽马开辟通往印度的新航路有关，因此印度洋也跟大西洋一样，同为史诗的基本要素和海洋地理空间，它隔着三千多年的岁月，与《遇难水手的故事》在烟波浩渺的印度洋上遥相呼应。此后，为我们熟知的欧洲海洋文学名著的地理空间再次回到古老的地中海：莎士比亚晚年传奇剧《泰尔亲王配瑞克里斯》和《暴风雨》中的海洋故事，发生在这里；塞万提斯在《堂吉诃德》中，将堂吉诃德和桑丘主仆二人唯一的涉海故事，也放在了这里，而这里也是作家年轻时以海军战士身份为自己国家浴血奋战之地。由以上诸例可见，在 17 世纪以前，地中海在欧洲文学中的地位，远比大西洋厚重；而大西洋要扭转这一局面，最早也要等到 18 世纪。

以上关于海洋文学地理空间演变的分析，主要围绕 17 世纪以前欧洲海洋文学展开，至于同期中国之外亚洲海洋文学与海洋空间的关系及其涉海空间的演变情况，因笔者能力有限，留待以后再论。

18 世纪以来欧美海洋文学作品中的
形象分析[①]

阎怀兰[②]

18 世纪以来欧美海洋文学的繁荣，是建立在 15 世纪葡萄牙和西班牙的航海大发现及此后大西洋沿岸西方强国海洋扩张的基础上的。到 17 世纪末，大西洋沿岸的西方强国依靠海洋公共资源所开展的一系列活动，如非洲奴隶买卖、美洲和亚洲商业贸易激增、海外殖民地扩张、海上捕捞业发展等，已经成为重要的社会主题。

18 世纪以来欧美海洋文学的繁荣，可以从以下几个方面理解：一是海洋文学作品数量的激增，体裁上包括小说、戏剧、诗歌、散文、童话、寓言等；二是海洋文学作家的增加，这些作家大多有着丰富的海上生活阅历，有的甚至常年作为水手航于海上，他们中的一些人创作了多种海洋文学作品，如詹姆斯·费尼莫尔·库柏、赫尔曼·麦尔维尔、康拉德、杰克·伦敦等；三是海洋文学作品中展现了多种形式的海上活动，如海盗活动、海洋贸易、海外殖民地发展、海洋战争、捕鲸和捕鱼活动等，它们揭示了当时人们的海洋意识和海洋精神的变化；四是作品中的海洋文学形象丰富，构筑了瑰丽宏大的海洋世界。

为全面把握 18 世纪以来欧美海洋文学的概貌，我们可以从文学形象的角度来梳理 18—21 世纪的欧美海洋文学作品，归纳出三种海洋文学形象：场域形象、事物形象、人物形象。

---

① 基金项目：《网络营销》创新创业教育课程（PX－40223403）。
② 作者简介：阎怀兰，广东海洋大学文学与新闻传播学院副教授。

一、海洋文学作品中的场域形象

场域形象主要是海洋形象和岛屿形象。18 世纪以来欧美海洋文学作品涉及的海洋几乎遍布全世界，有时虚指某处的大海。海洋诗歌中的海洋大都没有明确的方位信息，它们是诗人情感的依托且富有象征意味，所以其形象意蕴深刻、深入人心。爱伦·坡《海中之城》中的大海弥漫着诡异的死亡气息，普希金《致大海》中的大海是自由的象征，约翰·梅斯菲尔德《航海热》中的大海是理想的象征，阿诺德《多佛海滩》中的大海是思想之海、信仰之海，朗费罗《潮水升，潮水落》中的大海有诗人的人生思考，塞尔努达《绯红的海》和《水手是爱神的翅膀》中的大海是情欲的化身，洛尔迦《海水谣》中的大海是獠牙利齿、吞噬人生命的苦海形象。

小说中的海洋一般确有实指，不仅是故事展开的背景，还是小说重点塑造的形象。"作为海洋小说，基本要素是对海洋本身的出色描写，能够表现出海洋本身的独特魅力和威力，这是文本故事得以发生的客观环境，海洋环境描写是否成功直接影响小说的质量。……一部杰出的海洋文学作品不仅仅是出色的海景、海事的白描，也不是单纯的以感官刺激为目的的海洋探险故事，而是通过航海体验，传达普适价值。"[①] 赫尔曼·麦尔维尔的《白鲸》以写实主义风格表现了波诡云谲的大西洋和太平洋，雨果的《海上劳工》以浪漫主义手法描写了地中海的伟大力量，理查德·康奈尔《最危险的游戏》和欧内斯特·海明威《老人与海》中的加勒比海危险重重，约瑟夫·鲁德亚德·吉卜林《少年与海》中的北大西洋和大浅滩美丽、慷慨而又残酷，杰克·伦敦《海狼》中的旧金山海湾内大雾迷蒙、太平洋和白令海上抑郁阴沉，儒勒·凡尔纳《海底两万里》中的海底魅力无穷，瑞秋·卡森《周遭之海》里的海洋因生命的丰富变化而奥妙无穷，约翰·班维尔《海》中的海滩、海岸则是一种忧郁莫测的形象。

岛屿在海洋文学作品中往往是富有想象力的形象。航船来往于欧洲与亚洲、美洲等地的长途贸易过程中，风暴、海难时有发生，岛屿可能是安全的希望，寄托了水手及乘船者求生、求财的幻想。丹尼尔·笛福《鲁滨孙漂流

---

① 施经碧. 美国海洋小说传统的构建——《海洋的弟兄：从莫比·迪克至当代美国海洋小说传统》评述 [J]. 南京理工大学学报（社会科学版），2010（5）：45 – 49.

记》中的鲁滨孙在荒岛生活二十七八年，荒岛最终被建设为文明之地，成为其个人领地；乔纳森·斯威夫特《格列佛游记》中四个风俗奇幻、居民奇特的小岛代表了人类对海岛的魔幻想象；罗伯特·路易斯·史蒂文森《金银岛》中人们前往争夺宝藏的金银岛象征了人们对财富的追求；赫尔曼·麦尔维尔《奥穆》中美丽的南太平洋岛屿代表着人们想当然的理想生活；詹姆斯·马修·巴利《彼得·潘》中的缥缈岛以童话方式反映了人们的无忧和永生诉求；司各特·奥台尔《蓝色的海豚岛》中的海豚岛隐喻了人们的诗意栖居之地；扬·马特尔《少年 Pi 的奇幻漂流》中的食人岛隐喻了人们对宗教信仰的思考。

二、海洋文学作品中的事物形象

海洋文学中的事物形象主要是船只、海洋生物以及礁石。人们借助船只才能航行于海洋，因此对船有着深厚的感情和依赖，而船作为海洋文学作品中最为常见的事物形象，不仅是人物海洋活动的工具，还是人物海洋精神的寄托。《海的女儿》中的豪华游轮是美人鱼可望而不可即的人类生活圈子，《海上劳工》中的"杜兰特"号是不可能完成的任务，《海底两万里》的海底潜艇"鹦鹉螺"号是独立于殖民统治、超前于社会的新生世界，《金银岛》中的大帆船"伊斯班袅拉"号是财富之路，《冰岛渔夫》中的渔船"玛丽"号和《少年与海》中的双桅纵帆渔船是渔民艰难生活和乐观精神的见证，《海上扁舟》中的救生艇和《老人与海》中的小木舟是生命、勇气、智慧、坚韧的象征，《蓝色的海豚岛》中的单人帆船和《少年 Pi 的奇幻漂流》中的小船是一个人的战场，《黑暗之心》中的游船和《战争与风云》中的战舰是一个时代风云变幻的缩影，《醉舟》中的小船象征自由，《啊，船长！我的船长》中的大船是国家之譬喻。人物的命运、人性的多样、社会的变化与船只息息相关，船上人物的活动揭示了文学作品的主题。

独特的海洋生物也是海洋文学作品海洋特色的体现。这些海洋生物不仅是海洋风景的组成部分，还可能是人物情感和思想的依托，或者是人物完成任务的障碍。柯勒律治《古舟子咏》中为航船带来好运的信天翁被老水手射杀而导致死神降临，波德莱尔在诗歌中以信天翁在船上的窘困比拟自身不被社会认同的境遇；《蓝色的海豚岛》中的海豚是女孩在海上遭遇危难时的救星；《老人与海》中老人捕获的大鱼是对人生的隐喻；《白鲸》中的白鲸兼具大海中的传奇英雄和夺取一船人生命的恶魔的双重特质；《海上劳工》中"从来没有描写得如此深入"的暗礁①无处不在地埋伏在吉利亚特的征途中；《海燕》中的海燕是迎接暴风雨、无惧困难的革命者；安徒生《海的女儿》中有对美人鱼满腔柔情的赞美，瑞秋·卡森的"海洋三部曲"饱含着对海洋生物的热爱。

随着人类航海技术、医疗水平等方面的不断提高，如远程航海中对败血症的认识和克服、船只的安全性能越来越高，人类能够到达的海上领域越来越宽广，从海滨、近海、浅海到远海和深海，从古代的以地中海海域为中心，到沿大西洋海域，直至白令海、太平洋、印度洋等全世界的海洋，反映在文学作品中是海洋场景、海洋形象、岛屿形象的丰富。人类的海洋活动越来越多样，对海洋及其事物的态度也不断变化。粗略看来，在 18 和 19 世纪的海洋文学作品中，探险和征服海洋、抢夺海洋资源、借由海洋通道发财致富、一切海洋生物皆为人用这些以人为中心的海洋观是较为普遍的。到了 20 世纪前后，海洋文学作品出现越来越多对海洋生态的观照，海洋、海岛、船只、水鸟、海鱼等更多成为作品的审美对象，富有更多样深远的精神意蕴。

三、海洋文学作品中的人物形象

人物形象是海洋文学形象的主体，海洋文学作品中特有的海盗、海员、殖民者、捕鲸者、船长、渔民、海军等人物形象，最能打动读者。

海盗是海洋文学作品中历史悠久且颇具传奇性的人物形象，这实际上缘于人们对海盗的误解。人们了解的海盗在海上抢掠，看似财富唾手可得，实际可能非常危险。以英国为例，16 世纪政府鼓励海盗和走私活动，很多下层青年赶赴海上发财。但自 17 世纪开始，大西洋西岸的欧洲海洋强国着手培育更有效的海军力量，展开海上霸权的争夺。海盗逐渐被边缘化，受到政府和国家海军力量的夹击。以现实为背景，欧美海洋文学作品中的海盗形象丰富多样：有的狡猾残暴，见于《金银岛》；有的抢掠而不嗜杀，见于《鲁滨孙漂流记》和《格列佛游记》；有的追求自由反对暴政，见于拜伦的《海盗》和

---

① 玛格丽特·科恩. 小说与海洋［M］. 陈橙，杨春燕，倪敏，译. 上海：上海译文出版社，2018：348.

库柏的《红海盗》。具有非凡想象力和传奇色彩的海盗形象，甚至溢出海洋文学作品范围，成为欧美现代文学作品中具有普遍性的文学符号。

海员和海上殖民者也是海洋文学作品中的重要人物形象。基于欧洲海洋强国在海洋贸易、海外殖民、海军活动范围等方面的扩张，荷兰、西班牙、葡萄牙、法国、英国等因争夺海上霸权和海外殖民地而冲突不断，各国都有很多男性青壮年出海谋求个人发展。作为现代小说萌蘖的《鲁滨孙漂流记》，就是通过英国中产阶级青年鲁滨孙这样一个海员和殖民者形象，叙述了一个积累财富、开拓殖民地的历程。这本书的畅销，有效地点燃了英国社会乃至英语国家大众对海洋的激情，自此海员成为18世纪以来海洋文学作品中最主要的人物形象，海洋殖民者形象也成为欧美海洋文学作品中的独特类型，甚至在其他类型的文学作品中也很常见。"在18世纪初，航海被认为是异乎寻常的甚至可能是致命的，之后才逐渐变成司空见惯之事。探险者们开拓了此前遥远而陌生的陆地，发现了新的人群，由此建立起与世界其他国家之间的联系。"① 在这个过程中，有个人、航队的成功，以致捍卫了民族和国家安全，但遭遇挑战、磨难甚至失败，也是海员海上活动的常态。很多欧美海洋文学作家亲身体验过不为外人所知的艰苦的海上生活，以自己的海上经历为创作素材，刻画了深刻立体的文学形象。如《领航人》的故事原型是美国独立战争中一个卓越的航海家；《鲁滨孙漂流记》和《格列佛游记》中一门心思远航发贸易财的主人公，可谓艰苦卓绝、九死一生；康拉德《吉姆爷》的主人公命运多舛，吉姆爷在世界海洋不断迁徙，没有甩脱厄运，悲剧仍不断上演。远航海上的生活异常艰辛，船员们的报酬却很少，上岸后他们往往报复性地酗酒、享乐，甚至招惹是非。如莫泊桑《港口》中的水手塞勒斯坦·杜克洛离家远航几年，竟然在妓院与相互不能认出的妹妹发生了乱伦；《我的叔叔于勒》中发过财的于勒沦落到在旅游船上卖蚝为生；尤金·奥尼尔《天边外》中的哥哥罗伯特多次出海，最终不过财去影单。

捕鲸者是18世纪以来欧美海洋文学作品中特有的人物形象。捕杀怪兽一般的庞然大物鲸鱼，刺激而又血腥，从业者往往在文学作品中被赋予浪漫英雄主义色彩，如《海底两万里》中的捕鲸手内德·兰德。在18世纪以前，捕

---

① 林肯·佩恩. 海洋与文明 [M]. 陈建军，罗燚英，译. 成都：四川人民出版社，2019：525.

鲸业受鲸脂提炼技术所限，只能与海滨驻点密切联系在一起，巴斯克、荷兰和英国的捕鲸船长期活跃在纽芬兰和北极圈附近的海域。自18世纪中期开始，随着船上鲸油提炼炉的采用，捕鲸船可以远航至南大西洋、印度洋、太平洋、巴西及福克兰群岛（现马尔维纳斯群岛），需要航行于海上数月数年之久。捕鲸航行时间的漫长，捕鲸船上生活的乏味难熬，捕杀鲸鱼危险的难料，提炼鲸鱼油工作的疲劳，这些都反映在赫尔曼·麦尔维尔的《白鲸》中，这部小说塑造了一群在陆上世俗社会看来潦倒不堪的捕鲸者，他们在大海上英勇坚韧、齐心协力挑战力量远超人类个体的鲸鱼。除此以外，捕鲸船与世隔绝，船就是一个独立的社会，船长具有无上权威，可能会虐待船员，船员也可能杀害船长、造反夺船。如《白鲸》中的埃哈伯和《海狼》中的拉森，是性情暴躁、暴力统治、心理扭曲的船长；埃德加·爱伦·坡《南塔克特的亚瑟·戈登·皮姆的故事》中的皮姆在航行中经历了船员叛变、互相残杀的过程；赫尔曼·麦尔维尔《泰比》描写了船上枯燥无味的生活和船长对船员的虐待。

生活贫困且以捕鱼为生、命运悲惨的渔民，也是海洋文学中常见的人物形象。从文学作品中可以得知，小团体、小规模的捕鱼业在世界各地的分布十分广泛，一直是近海渔民赖以为生的手段。《渔夫和他的妻子》中渔夫与妻子穷苦一生，一有致富显贵的机会便失去了理智；《少年与海》中的渔民常年在海上冒着生命危险捕鱼，不过仅够各家维持生计而已；《老人与海》中的老人住在棚子里，捕鱼八十多天、与鲨鱼搏杀后只能带着一副鱼骨靠岸；赫尔多尔·奇里扬·拉克司内斯《青鱼》中的老妇人疯魔般刮杀青鱼来赚取生活费用。

海洋文学中的多种人物形象，无一例外都与海有着紧密的联系，对海都有着深厚的感情，虽然可能爱恨交织，但都是靠海而生，他们可能是海洋的受害者和征服者，也可能是海洋的敬畏者和守护者。尤其随着世界海洋捕鲸捕鱼业的发展，过度捕捞严重地威胁到海洋生态，如20世纪鲸鱼已濒临灭绝，海洋污染渐趋严重。人与海洋的关系、海洋生态问题，越来越成为人们解读海洋文学的角度。《鲁滨孙漂流记》《海上劳工》《海底两万里》等，反映了人类征服海洋的坚强意志和伟大成果；《白鲸》《黑暗之心》《最危险的游戏》等，描写了人类的贪婪自私，揭示了人类放任疯狂本性掠夺大自然就必被大自然埋葬的道理；《蓝色的海豚岛》刻画了人爱惜海洋生物、与海洋和谐相处的美好场景；《周遭之海》探索海洋奥秘，表达敬畏和爱护海洋之情。海洋文学作品中形色色的人物形象、方方面面的人类活动，反映了"人类由求生到求真再到求善的追寻历程，以及由利用海洋、征服海洋到尊重海洋、亲近海洋"① 的变化。

四、结语

18 世纪以来的环太平洋欧美资本主义诸国，其文学作品的创作和传播越来越注重市场运作，更好的海洋文学作品要满足更多读者的阅读期待。这些惊险奇幻、波澜壮阔的场域形象，新鲜奇妙、异与日常的事物形象，经历奇特、性格鲜明的人物形象，对读者有着强烈的吸引力，尤其适合青少年阅读和了解。很多 18—21 世纪的欧美海洋文学作品，被划归经典儿童文学，有的还被中小学列入阅读书目，如笛福的《鲁滨孙漂流记》、斯威夫特的《格列佛游记》、格林兄弟的《渔夫和他的妻子》、安徒生的《海的女儿》、史蒂文森的《金银岛》、吉卜林的《少年与海》、巴利的《彼得·潘》、海明威的《老人与海》、奥台尔的《蓝色的海豚岛》等。这些作品有着高超的艺术水准，用制造现场感、绘制插图、使用现在时、使用对话等童趣化写作②，固然是吸引儿童以及成人读者的艺术手法，但它们成为经典海洋文学作品的原因主要还是其丰富生动的文学形象，是描述了海洋风暴、海难事故、海洋生物、荒岛求生、海上捕鲸等极富震撼力的海洋场景和故事情节，展现了远洋荒岛、海上孤岛、海底猛兽的海洋事物形象，塑造了开荒勇者、捕鲸英雄、杀鲸老人、捕鱼少年等丰富立体的人物形象，揭示了征服、成长、自由、独立的主题思想，蕴含了奋斗、坚毅、冒险、追求财富、实现个人价值、民主平等的海洋精神，表达了对人与自然、人与人、人与自我关系的思考，向社会大众尤其是青少年儿童群体展示了惊险、自由、奇幻的海洋和海外世界，有助于增强读者的海洋意识、强国意愿和人生自信。

---

① 关合凤. 从海洋文学名著看海洋意识的嬗变：以《鲁滨孙漂流记》、《白鲸》和《蓝色的海豚岛》为例［J］. 河南社会科学，2009（4）：146－148.

② 张军平. 谁是《彼得·潘》的读者：儿童小说之成人书写［J］. 外国文学评论，2017（4）：178－192.

《启蒙辩证法》中的海洋叙事及劳动异化反思

陈　剑①

法兰克福学派的名篇《启蒙辩证法》并非单纯批判启蒙，而是要拯救启蒙，复苏启蒙之真谛。作品开篇明义，启蒙的目的是唤醒世界、驱除恐惧和迷信，以知识反欺骗，使人类获得自主和清醒。遗憾的是，它违背初衷，沦为盲目的统治原则和人类历史上庞大的欺诈。究其原因，它讲求算计和实用规则，建立包罗万象的理性同一性体系，实施异化的社会管制。因此，它在审判神话时也落入了神话的魔爪，在消除旧的不平等不公正时产生了新的不平等不公正。

人在启蒙过程中企图支配自然、掌控社会，却不料自身反被启蒙奴役。理性被奉上统治神龛，彻底灭除异端和异数。启蒙不再与神话对立，而是新的统治神话。它建立了不可摧毁的资本主义技术母体（matrix）。启蒙因此从历史解放叙事转变成神话叙事，作者（霍克海默和阿道尔诺）进而借用奥德修斯的航海诗章来批判和重塑启蒙，彰显精神对"物化"的否定。②

正如列维·施特劳斯在《当神话成为了历史》中打破客观历史和主观神话分界的藩篱，将历史及其研究看作"神话的一种延续而绝非与神话完全分离的历史"③，《启蒙辩证法》同样令人诧异地令近代以来宏大叙事之一的启蒙叙事与其战无不胜的死对头——神话叙事熔注一炉，交相辉映。它不仅限

---

① 作者简介：陈剑，博士，广东海洋大学文学与新闻传播学院副教授，主要研究西方文学和哲学。

② 马克斯·霍克海默，西奥多·阿道尔诺. 启蒙辩证法［M］. 渠敬东，曹卫东，译. 上海：上海人民出版社，2006：4. "精神的真正功劳在于对物化的否定，一旦精神变成了文化财富，被用于消费，精神就必定会走向消亡。"

③ 列维·施特劳斯. 神话与意义［M］. 杨德睿，译. 开封：河南大学出版社，2016：65.

于声称启蒙是一个关于生产力进步或人类解放的世纪迷信、一个以"资本主义英雄和神祇"为中心的形而上学宇宙之建构及崇拜，而且如施特劳斯一样主张在社会情境张力中解放神话细胞（mythical cell），将原本具有神话性的叙事元素或事件进行可能性重组，从而确保历史文本的开放性和新的叙事权利。

本文将指出，《启蒙辩证法》在反抗启蒙的同时试图拯救启蒙，并从阶级、献祭、性爱三个层面探寻突破劳动异化的途径，还原以自由目的超越自然必然性、以个体创造突破技术生产程序的劳动本色。为此，它激活了整个西方文明和文学的源头《荷马史诗》中的"海洋叙事"：奥德修斯的十年历险、漂洋返家。在其中，一方面，史诗的启蒙性质、新型资产阶级的革命力量在瓦解奥林匹斯神话系统的同时变身资本家剥削劳动力、掌控权柄的新神话——理性同一性的盲目统治原则；另一方面，神话细胞的重组式诠释又超脱了虚伪野蛮的资本主义专制主义，上升为法兰克福学派力图拯救的远离经济、政治、法制等社会必然性的"自由启蒙之魂"——那"是君王们用金银财宝买不到，用金科玉律决定不了，更是他们的密探和媚臣所打听不到的"①，是先驱者培根所梦想的东西，是"理论的革命实践""毫不妥协的理论精神"。

一、阶级—生产关系中的劳动

作为人类改造自然并从中发展自我意识的对象物，海洋既是劳动及劳动异化的时空，也是劳动主体斗争、反抗和自我确认的场域。这涉及诸如启蒙、殖民、阶级、民族、性爱、宗教等人类解放事业的众多范畴。只要扫一眼海洋文学一长串名单，读者自会心知肚明，譬如《白鲸》《黑暗的心》《冰岛渔夫》《海狼》《老人与海》《海的女儿》《彼得·潘》等。正如马克思认为劳动既是"由自然强加的永恒必然性"，也是由自然承载的最富人性和创造力的自由活动，海洋施加给劳动者精神和物质双重苦役及超越苦役的希冀。

在《启蒙辩证法》的《附论1：奥德修斯或神话与启蒙》中，作者将启蒙辩证法及劳动异化反思的历史源头推至《荷马史诗》，准确说是《奥德赛》，将奥德修斯的远航定位为资本家奴役劳动者、剥夺自然的获胜归来，是和《鲁滨孙漂流记》一样的殖民者远征世界、确立统治的丰盛战绩。

---

① 马克斯·霍克海默，西奥多·阿道尔诺. 启蒙辩证法［M］. 渠敬东，曹卫东，译. 上海：上海人民出版社，2006：34.

作者指出，古希腊史诗和神话是两个截然不同的概念，史诗具有资本主义启蒙的要素，它以规范理性的成就粉碎古老神话的宇宙秩序；奥德修斯是资产阶级个体的原型，在航海历险中，他从神话的原始力量中摆脱出来，逐渐确认自身主权；在史诗中，我们认识到尼采早就揭示过启蒙具有"启民和愚民"的双重性：一方面，它可以开发人民的自主、自由精神，揭穿统治者或神父、政客的欺骗手段；另一方面，它可以服务于统治者，压制下层民众，导向意识形态的欺骗和盲目。这种辩证法鲜明地体现在奥德修斯组织的劳动分工中，主人公既是旧神话的摧毁者，也是新阶级神话的建立者。因此，"除了荷马史诗，没有任何作品能更有力地揭示出启蒙和神话之间纠缠不清的关系"①。

作者以逃过塞壬（Siren）歌声这一段为例，认为这是启蒙辩证法充满预见的隐喻：奥德修斯用蜂蜡封住水手的耳朵，命令他们竭力划桨，将作为领主的自己牢牢捆绑在桅杆上享受海妖的歌声。于是，劳动者顺从地劳作，感官被堵塞，丧失希望，和享乐绝缘。统治者则不参与劳动也不需要指挥。塞壬那诱人寻死的歌声已收编为安全的艺术品和劳动的创造物，他有权独自享受。

恩德特·卡希尔在《人论》中首次将劳动视为公共空间的符号创造，视为政治、神话、宗教、艺术、科学等符号化产品的建构和兴盛，这是可能性、理想化世界的实现及"人不断解放自身的历程"。但作者认为，奥德修斯战胜塞壬的辉煌劳动昭示着马克思笔下资本奴役劳动、资产阶级统治无产阶级以及劳动异化之主题的文学发端，其创造的元叙事是现代社会劳动灾难的文化镜像。

一方面，奥德修斯战胜了以塞壬魔力所代表的惩罚神话，那令旅行者一听到歌声就发狂毁灭的命运。它建立在奥林匹斯式的正义基础上，是主人公不得不屈服却最终用狡诈化解的远古法律形式；另一方面，奥德修斯缔造了新的神话，使水手和塞壬、盟友和敌人都沦为他的阶级统治工具或对象。

既然奥德修斯代表资本家，水手们代表劳动者，新的神话就只能是浩渺大海上统治者利用水手、船只、塞壬等原始资本进行财富积累的奇迹。这里

---

① 马克斯·霍克海默，西奥多·阿道尔诺. 启蒙辩证法［M］. 渠敬东，曹卫东，译. 上海：上海人民出版社，2006：38.

不仅揭露了人和人之间的生产关系被转换为生产资料和工具对人的物化宰制，而且预示了后工业化时代的自动化剥削模式。奥德修斯利用新的统治原则操控与中和塞壬具有疯狂酒神破坏力的艺术资本，在前工业化的劳动组织中使其从自然性转变为社会性，生成为驯化在资本经济和艺术体制中充满动人力量、令往来过客渴望的音乐产品。他如同出席一场在束缚中遗忘了解放而静静聆听的音乐会，期待已久地享用智能控制下劳动流水线上生产出来的文化大餐。从此，整个西方音乐都在劫难逃。

自塞壬落败、战船消失后，正如那些闭目塞听、麻木奋战的水手以及被绳索困缚却暗地里运筹帷幄的船长所预示：艺术享乐从此与手工劳动及后来的工业劳动等相分离；劳动人员在强行统一的集体中彼此孤立、软弱无援，在恐惧死亡、获得调息生养的同时自愿出售劳动力；长久的管制压迫、墨守成规和逆来顺受使他们耳目失聪、心智低幼，丧失解放精神；资产者则在权力膨胀的同时坚定否定自身的享乐，将自由和美的事物转化作沉思默想的艺术或学术对象，同时使生产工具和统治对象物化为高高在上的统治秩序，独立于占有者意志之外，这既调和了经济压迫的明显不公，也使资产者和无产者"同上一条贼船"，使他们的身体同样被纳入复杂精致的社会机构、经济机构和科学机构等生产系统。

众所周知，黑格尔在《精神现象学》中认为，人的自我意识必须通过与另一个自我意识的生死斗争才能自证和确立，主人由于其敢于面对死亡因而战胜奴隶、令其自我意识臣服于自身的自我意识从而被承认为主人。同样，在奥德修斯、水手和塞壬三者的纠葛中，奥德修斯敢于面对和挑战塞壬具有死亡诱惑的歌声、水手却只为躲避死亡而听命主人、精疲力竭地划船，他们构成了黑格尔意义上的主奴关系。作者借此指出，主人不再和物有直接关系，他们将奴隶放在自己和物之间，从而享有改造之后的物；奴隶们直接和具有独立性的物打交道，对其加工改造，却不能享有物。因此，"奴隶在灵魂和肉体上受到了双重压迫，而主人却相反"①。

黑格尔的主奴辩证法认为独立性主人在与劳动对象的脱离中沦为非独立

---

① 马克斯·霍克海默，西奥多·阿道尔诺. 启蒙辩证法 [M]. 渠敬东，曹卫东，译. 上海：上海人民出版社，2006：28.

意识，而依赖性奴隶则在改造物的否定关系中上升为独立意识的真理①，历史的真理是奴隶劳动的真理。与之相反，作者认为自神话时代开始，奴隶，亦包括现代无产阶级不再具有比资产者更多的优越条件。如今，他们被有关统治知识和生产力科学的假启蒙洗脑，被彻底贬低为被管理和雇佣的对象，是广大群众中随时可能失业的、多余的一员。作者于是在人类共同解放的意义上呼唤启蒙，要求它远离历史客观必然性的幻象、反抗资本主义剥削体制和进步神话，返回其源头：未被支配性科技所征服的"自然"。② 或许，这"自然"意指黑格尔笔下奴隶们在劳动中陶冶事物、自我发展、扬弃其依赖性和自然状态、自在自为的一片快乐天地，是马克思所说的"劳动者的自由联合"，那里不再区分主人和奴隶、资本家和劳动者。

二、献祭—消费中的劳动

《启蒙辩证法》认为奥德修斯已经是鲁滨孙式的经济人（homo economicus），带着人们前所未闻的大量财富还乡，他的冒险可类比为打破封闭家庭经济、追求资本主义风险利润的投资。这一投资的胜利首先在于奥德修斯在航海经历中通过献祭或牺牲（sacrifice）打破了古老神话中的律法、权力和惩罚循环，并以此操控神灵、妖精和奴隶，令其融入自身的劳动生产。

笔者以为，这揭示了宗教/巫术献祭和资本运作的逻辑相似性：资本家借助资本/市场大他者在风险不确定性中投资盈利，原始人借助巫术因果律或宗教大他者在灵力不确定性中献祭盈利。一开始这是挑战自然（文化）、意义开放乃至具革命精神的新生力量的夺利争权。③ 然而，一旦这种行为凝结出体制化、稳固化的理性仪式和威权身份，就会转变为只赢不赔的权力神话。献祭因而具有反抗和统治的双向效应。同样，作者区分了奥德修斯献祭的两种结

---

① 黑格尔. 精神现象学：上 ［M］. 贺麟，王玖兴，译. 北京：商务印书馆，1996：129.

② 马克斯·霍克海默，西奥多·阿道尔诺. 启蒙辩证法 ［M］. 渠敬东，曹卫东，译. 上海：上海人民出版社，2006：34.

③ 根据弗雷泽《金枝》中的观点，宗教诞生于操控自然力的巫术失灵之后。人们认识到无能于"引导天地运行"进而承认并祈求超人类力量的庇佑。它具有人类对自身有限性的认知和对宇宙神圣事物的虔敬。根据涂尔干《宗教生活的基本形式》中的观点，巫术形成于原始宗教之后，它是对宗教神话、仪典、经文、信仰及其道德共同体（教会）的脱离和反抗。巫师始终保持个人主义姿态，亵渎并企图支配神圣事物。笔者无心论辩奥德修斯的献祭是宗教还是巫术。但总之，就其信仰和效果而言，原始巫术和宗教都没有当代科技或生产力叙事的傲狂，它们是否定人类万能、反思俗世权柄的萌蘖。

果：颠覆神权和自封为神。

第一，奥德修斯欺骗性的献祭使神服从于他自身的目的，并以此瓦解了神的权力，将单个自我从神话变化多端的命运中拯救出来，树立了自我意识。他的许多诡计都建立在祭祀自然神（如波塞冬）的背景上。在荷马史诗中，"祭祀……变成了一种人支配神的工具，对众神的僭越恰恰是通过遵奉众神的制度而实现的"①。

第二，奥德修斯式的献祭一旦被有条不紊地付诸实行，成为一种顽固僵硬的祭祀仪式，就会带来神父、祭司对信仰者的欺骗，他们将死亡合理化，要求个体以生命献祭，这在历史中进一步发展为强迫牺牲的崇高信仰、压抑人性的模式："根据这种模式，受奴役者不仅不断把别人强加的不公施加在自己身上，而且还为了忍受它们，不断施行着这些不公。"② 于是，文明接纳了神话，变成集体统治个体、理性支配精神的噩梦以及特权阶层的贪婪淫想，自主的个体被牺牲掉，如同古老宗教中的神（奥丁、基督）的自我牺牲。祭祀制度甚至变成历史灾难的契机，变成能够同时毁灭人类和自然的暴力成分（这指涉法西斯）。

由此，作者一针见血地指出，奥德修斯本人"同时扮演了牺牲和神父的双重角色"，他既有效地否定了献祭所体现的权力，同时自身也渲染令人膜拜的神灵特质。当他归家后，做了强大的奴隶主，他极力摆脱的那种强权的审判和报复再度赢得胜利。

可见，启蒙的原始形式是献祭。人类在献祭中本想控制非人的自然（神）和他者，最后却歪曲为反控自身：一方面，它代表摆脱诸神统治，凭全新的理性和劳动开创历史。人类在把自己奉献给自然的过程中出卖和改造了自然。另一方面，它是确立统治的野蛮形式，是控制自然和人类的意识形态手段。奥德修斯在献祭中，既摧毁了古老的神话大他者，又建立了一个新的大他者——资本主义理性主人。他扮演了革命者和资本家，抑或无神论者和神父的双重形象。

---

① 马克斯·霍克海默，西奥多·阿道尔诺. 启蒙辩证法 ［M］. 渠敬东，曹卫东，译. 上海：上海人民出版社，2006：41.

② 马克斯·霍克海默，西奥多·阿道尔诺. 启蒙辩证法 ［M］. 渠敬东，曹卫东，译. 上海：上海人民出版社，2006：42.

乔治·巴塔耶在其普遍经济理论中区分了生产性消费和功能性耗费。前者对应资本主义经济，要求"生命的保存"和"一个既定社会中个人的持续生产活动"①；后者对应偏离功利性生产和生命持存的无条件消耗，就像太阳毫无目的地熊熊燃烧，那是财富和生命彻头彻尾的丧失，是"各种形式的奢华的能量浪费"②，其中之一正是宗教献祭。"献祭就像悲剧一样，是一种节庆要素；它显示了一种盲目而又永恒的狂喜，以及这种狂喜所带来的一切危险，甚至这种危险就是人类狂喜的原则。"③ 然而，奥德修斯的献祭不同于节日、游戏、施舍等避免等级盘剥而仅为维持名誉、地位、文化、过剩能量消耗和快感享受的挥霍，它是资本家统治神灵、自然和劳动者的诡计，是服从于生产性原则、谨慎计量的消费或投资。

且回顾战胜塞壬那一段，奥德修斯将自己捆绑在船桅上直面死亡的危险实则是一种道貌岸然的奉献，资本家并不比劳动者承受更多的付出或死亡风险，献祭服从于生产过程中的理性同一性：只要绳索捆绑得牢固有力，只要水手们井然有序奋力划桨，只要船只朝固定方向行驶，他就不再面对丧失。在战船远去、紧锣密鼓的操作仪式中，献祭不再具有风险，而是资本家回避劳动阶级的独自享乐，他要求劳动者艰辛流汗的牺牲，却无力承担并拒绝了功能性耗费，也拒绝了马塞尔·莫斯所说的原始部落的礼物经济，只迎合了现代资产阶级的内部消费。正如巴塔耶所说：

> 现代资产阶级的主要特征就是拒绝了这种义务（功能性耗费）。……它总是为自己消费，只是在自我内部消费，换句话说，就是尽其所能地将其耗费避开其他阶层的眼光。……资本主义为了援助无产阶级并给予他们爬上社会阶梯的机会而从事的耗费，只能证明他们（由于耗尽）无力实施一个彻头彻尾的奢华过程。④

---

① 乔治·巴塔耶. 色情、耗费与普遍经济：乔治·巴塔耶文选 [M]. 汪民安，编. 长春：吉林人民出版社，2003：27.
② 乔治·巴塔耶. 色情、耗费与普遍经济：乔治·巴塔耶文选 [M]. 汪民安，编. 长春：吉林人民出版社，2003：156.
③ 乔治·巴塔耶. 色情、耗费与普遍经济：乔治·巴塔耶文选 [M]. 汪民安，编. 长春：吉林人民出版社，2003：264.
④ 乔治·巴塔耶. 色情、耗费与普遍经济：乔治·巴塔耶文选 [M]. 汪民安，编. 长春：吉林人民出版社，2003：35，37.

三、性爱意义上的劳动

大海作为人类不可掌控的和温情化的崇高客体，承载着无法和理性秩序调和的混沌爱欲，在文学中素来扮演人类史前史的甜蜜回忆抑或丛林野兽般残酷斗争的形象。奥德修斯征服大海不仅通过献祭神灵的诡计，而且抵制和逃脱了种种异端色情的狂喜和危险，正如巴塔耶认为献祭和色情是沟通世俗世界和神圣世界的两座桥梁。色情和献祭一样，既可以抵达神圣目的之功能性耗费，也可以贯通父权制度中的婚姻价值体系。

《启蒙辩证法》认为，《奥德赛》沿着男性斗争欲和女性柔情两条路径描述人类史前史爱恨纠葛的诱惑和危殆。不同于海神波塞冬、独目巨人波吕斐摩斯等一系列可怕神怪——那些狩猎、畜牧时代的野蛮主人像极了弗洛伊德笔下随意践踏儿子婚配、财产乃至生命权的原始父亲，塞壬的歌声、喀耳刻的魔杖、卡吕普索的恋情代表了另一种远古母系或舅系社会的甜蜜记忆和引诱。奥德修斯必须走出这些极乐世界的幻象，通过历史劳动去创造自己的乌托邦。他必须摆脱使水手释放性本能、变成快乐牲畜的喀耳刻以及同样引诱他驻留母系社会的卡吕普索，才能横跨汪洋大海，进入以经济目的和财产权为核心的父权制家庭。

因此，奥德修斯的凯旋不仅是鲁滨孙式的拓殖盈利，而且是父权制婚姻的胜利，是性爱意义上劳动统治的实现。唯有扬弃那些不合社会目的的另类快感，唯有不屈服于妓女和交际花的主权，在享有女人的同时断绝欲望，令充满魅力的妖女和神女都落败为明日黄花，并将唯一的女人稳固在妻子和母亲的宝座，奥德修斯才能开创历史，获得资本家的顽固意志和自主性。他亲历了种种非父权制性爱的阻挠和磨砺，就像幼儿经历弗洛伊德笔下口腔期—肛门期—生殖器期—潜伏期—生殖期五个阶段，消除了不需外力引导而自然萌生的多形态性反常（polymorphous perversity），才纳入以异性性器交合、繁衍后代和巩固财产权为宗旨的一夫一妻制及相关家庭人格范式。

作者指出，在史诗落幕处，奥德修斯最终成长为父权文明起源处的模范丈夫和父亲，回归并巩固了自己的家庭，在信守的婚姻契约中化作火炉边白头偕老的神话和有益身心健康的温暖气氛。和妻子珀涅罗珀相认的那一幕戏表明，妻子同样具有交际花一样审时度势的天性，但那是为了致力于夫妻平等权利之上性爱和财产权的统一。那不可撼动的橄榄树枝搭建的婚床象征资产阶级家庭"支配那些靠劳动力为生的人"的经济主权。因此，"奥德修斯与珀涅罗珀（Penelope）结成的文明婚姻，代表着父权制最后一个客观阶段"，"在文明的基础上，婚姻成为了神话的基石"。①

马克思唯物史观认为将婚爱看作纯粹两情相悦或自由结合的意志只是虚假意识形态。婚爱并非超然独立的精神理念，而是受制于经济基础及其决定的上层建筑。每一时代的婚爱都是生产力发展水平所制衡的生产关系和阶级压迫的适宜形态，服膺于男女联盟进行物质生产及繁衍劳动力的社会管理模式。马克思在《费尔巴哈论纲》中激进地宣称"世俗家庭本身就应当在理论和实践中被消灭"②，他在《共产党宣言》中尖锐批判资本主义婚爱中的金钱本质、肉欲堕落和妇女奴役。

同样，马尔库塞在《爱欲与文明》中直批服从于生育和经济目的的"温柔爱慕"的婚姻图景，将父权制家庭之爱欲视为资本主义劳动异化的力比多基础，而将幼儿时期的多形态性反常视为无产阶级劳动解放的力比多前提。他指出父权制婚姻并不能消除性本能偏离性器交合、回退幼儿状态的多样反常表现。③ 资产阶级正统家庭遗忘了"弗洛伊德……对漫长而痛苦的性欲变化过程的分析。在这种性欲变化过程中，具有多形态反常行为的性欲被驯服、被抑制，直到最后可以与温柔和爱慕相融合。这是一种很不稳定的融合，因此从未消除其破坏因素"。他认为"如果工作伴有一种前生殖器的多形态爱欲的恢复，那工作就可能自在的具有满足作用，……工作转变为消遣……劳动转变为快乐……它必定是力比多快乐"④。

鉴于此，奥德修斯的婚姻制造了性爱意义上的统治神话，是两性关系的

① 马克斯·霍克海默，西奥多·阿道尔诺. 启蒙辩证法［M］. 渠敬东，曹卫东，译. 上海：上海人民出版社，2006：60，63.

② 马克思. 关于费尔巴哈的提纲［M］//中共中央马克思恩格斯列宁斯大林著作编译局. 马克思恩格斯选集：第1卷. 北京：人民出版社，2012：134－135.

③ 拉康亦认为生殖性欲只是文化幻觉，每一种性本能都是局部的，不可组织化、整合进生殖功能。他在《再来一次》（Encore）中宣称"性关系不存在"（LACACN J. Encore 1972－1973［M］. JACQUES A M eds.，BRUCE F trans. London：W. W. Norton，1993：12），意指在文明规范和两性性爱幻象中并没有统一和谐的男女关系，真实的性关系亦或"阴性快感"（female jouissance）总超脱符号秩序、打破语言言说。

④ 赫伯特·马尔库塞. 爱欲与文明［M］. 黄勇，薛民，译. 上海：上海译文出版社，2015：244，196－201.

劳动异化，它实施了父权制性爱、性别规范以及资产阶级家庭的经济所有权。然而，正如马尔库塞所说"艺术家的想象把性反常行为与完整自由和满足的形象连接在一起"，"将人与自然统一起来"，"使世界趋向美"。① 荷马史诗并不只歌颂大团圆的辉煌结局，它使我们返回曾经发生的各种事件，使无意识返回意识，使文明和野蛮、历史和记忆、理性和疯癫、逝去和现实相互交缠。它令我们回忆起"吃了比蜂蜜还甜的莲子、不想回家的人"的遥远时代——那或许不是遗忘名字和故乡、没有劳动和斗争的史前田园状态，而是劳动和性爱相互融合和解放的艺术梦想。

四、结语

马克思在《1844 年经济学哲学手稿》中揭示了资本主义劳动不是人类自由自主创造世界的过程，而是无产者维持肉体生存的手段。他们遭受了劳动产品、劳动过程和类生活三重奴役：越多的劳动创造越多的产品、积累越多的资本，也就越深地强迫劳动者献祭越多的肉体和灵魂、越深地降低到动物生活层面，以致制造越强大的资本家。这种解不开的循环使劳动者及劳动关系不仅被劳动工具和产品奴役，自身也沦为工具和产品，人的价值最终维系于"物"。

在《启蒙辩证法》对《奥德赛》的重释中，奥德修斯在阶级、献祭、性爱三重劳动压迫之上实现了资本凯旋和主权稳固，消抹了历史车轮轰轰前行中被淹没的各类异音。资本家一将功成的纪念碑下埋葬着牺牲的水手和战士、被抛弃的异域女妖及被遗忘的无意识记忆。由此可见，"资本"作为一种经济模型远非现代新鲜事物，也绝不代表一种和政治、艺术、宗教、巫术、性爱、家庭等生活形态独立无关的经济规律。自希腊时代航海路线萌芽以来，资本就无孔不入地渗透了生活文化的方方面面，形成当代人无意识生存其中、生产—消费—性本能的多环节技术架构。劳动解放因而不单是经济学问题，也必然穿透人类的整个生命时空。

---

① 赫伯特·马尔库塞. 爱欲与文明［M］. 黄勇，薛民，译. 上海：上海译文出版社，2015：10，39.

粤地文学文化

雷州穿令仪式的原始信仰

孙长军　欧阳子琪[①]

以傩仪（傩礼）为核心，以傩舞、傩戏、傩艺、傩俗为主要内容的傩文化，是中国最古老、生命力最顽强、历史积淀最深厚的口头与非物质文化遗产[②]。傩起源于原始社会，本是远古先民为了对抗恶劣的自然环境而举行的原始仪式。其以驱鬼除疫为主要目的，是人类早期认识自然能力不足的产物。雷州傩舞系统除了佩戴面具的舞傩程序仪式外，还有"穿令箭""翻棘床""爬刀梯"等一系列惊险刺激的程序仪式。以现代人的眼光来看，这些仪式无不具有神秘色彩：表演者虽是凡人肉身但拥有金刚不坏之本领，能够抵御刀枪火焰的侵袭。穿令又称"穿腮"，历史悠久，是流传于雷州半岛的一种媚神巫术。仪式中表演者将金属制成的直径约1厘米、长约1米的令箭"穿"过脸颊。有些表演者还会同时将多支令箭"穿"过脸颊，更有"穿"舌、"穿"耳等情况。这些令箭尾部呈针状，结构实心，待表演结束后取下令箭，表演者脸颊穿令处竟然毫发无损，也没有流血。

穿令仪式属于地域文化范畴，主要流传于雷州半岛地区，因此，与之相关的研究主要集中于国内，且规模较小。直到2008年穿令仪式被选入广东省省级非物质文化遗产项目，对这一仪式的介绍和保护工作才有了起色。2009年，邓碧泉主编的《湛江非物质文化遗产》一书出版，正式介绍了穿令仪式的基本内容、历史渊源以及重要价值。尽管如此，国内关于穿令仪式的研究大多附随傩舞研究出现，并未单独成篇，对仪式程序也无深入的描述。笔者能够搜索到以"穿令"为题的期刊论文只有两篇：王建文《粤西民俗"翻刺床"、"爬刀梯"及"穿令"文化探析》以及陈云君《湛江地区穿令艺术之文

---

① 作者简介：孙长军，教授，广东海洋大学文学与新闻学院院长。欧阳子琪，广东海洋大学文学与新闻传播学院2017级汉语言文学本科生。

② 曲六乙. 东方傩文化概论［M］. 太原：山西教育出版社，2006：1.

化溯源》，但内容都较为平淡浅显，对穿令文化并无过多的深入探究，仅仅停留在表面介绍。除此之外，穿令仪式更多作为基础材料出现在研究傩舞的田野调查中，如陈华丽《旧县年例中的傩舞"考兵"仪式音乐文化研究》中零星提到了穿令仪式的场面以及有关令箭材质的细节。刘岚《雷州半岛年例的表现类型及留存原因探讨》中提及有关湛江傩舞的研究论文、书籍。这些论文大多从介绍舞蹈动作本身、服饰、面具等出发，对于雷州地区独有的穿令仪式暂时还没有出现较完整的研究。穿令仪式的程序虽然简单，但拥有神奇之处，给穿令者和这一仪式蒙上了神圣色彩，其背后所代表的则是雷州传统的伦理和信仰。文化人类学家认为，文化现象的产生不可能是"突发事件"，而是一个历史过程。先民从这一仪式中获得了什么？驱使他们完成这一仪式的动力是什么？因此，本文试将穿令仪式的发展历程看作一种文化现象，在人类学的视角下，探析雷州原始信仰在穿令仪式中的反映，并且进一步分析穿令仪式之变化特点。

一、原始信仰在穿令仪式中的反映

"穿令仪式是巫俗与崇龙习俗相结合的产物。"① 在雷州地区早期文明中，穿令仪式的精神内涵源于雷州的原始信仰，而原始信仰的产生又与当时雷州的生产方式和生活环境紧密相关。作为雷州具象化与程序化的原始信仰，穿令仪式既受雷州半岛地理因素的影响，又与远古巫术相关联。一方面，文化的形成首先受自然条件的影响，一方水土养一方人，不同的地域特征会形成精神内涵各异的地域文化。在远古时期，由于生产力低下，自然条件的影响更加被放大。另一方面，从穿令仪式的过程来看，其以沟通神灵、祈求帮助的特点，从头到尾都体现出浓厚的巫术色彩。

（一）特殊自然条件下形成的雷电崇拜

雷州半岛地处中国大陆南端，位于广东省西南部，位于东经 $109°31'$ ~ $110°55'$ ，北纬 $20°12'$ ~ $21°35'$ ，属于热带季风气候，全年受海洋性气候调节，降水丰富，多雷电天气。（唐）李肇《唐国史补》卷下："雷州春夏多雷，无

---

① 邓碧泉. 湛江非物质文化遗产 ［M］. 广州：广东人民出版社，2009：149.

日无之。雷公秋冬则伏地中，人取而食之，其状类彘。"① 多雷的天气，让雷州地区形成了以雷崇拜为特色的自然力量信仰。（清）屈大均《广东新语》记载："岁之二月，雷将大声，太守至庙为雷司开印。八月，雷将闭藏，太守至庙为雷司封印。六月二十四日，雷州人必供雷鼓以酬雷神。"② 雷州的百姓多修雷祖祠，供奉雷公，如"三天"，包括万天雷首邓辛张天君、宣天玄坛赵副亚天使、都天灵官马朱陈天君，为祈求来年风调雨顺。雷州人如此频繁地祭拜雷神，不仅是惧怕雷电力量，而且是因为雷雨天气会为原始农耕带来丰沛的雨水，事关农作物收成。雷州虽然临海，但生产模式并不单一。南渡河中下游有个叫东西洋的地方，素有"天然粮仓"的称号，这里流传着"东洋熟、雷州足"的民谣，到了宋代雷州经济更是陆海、农渔并重的局面③。因此无论是耕种田地还是出海捕鱼，对于雷州人来说，天气的优劣都是一个至关重要的条件。于是，他们将雷电之力供奉起来，相信这样可以祈求风调雨顺。

穿令仪式的过程体现了雷电崇拜。首先仪式使用的令箭借鉴了龙须的形态，龙作为雷电的图腾崇拜形成于上古农耕文明时代，是原始雷州人对雷雨天象的崇拜。当穿令者跳上神轿，通过对龙图腾的模仿，对雷电的祭祀就已经完成了。除此之外，雷电还具有劝人向善、规训行为的作用。据湛江市麻章区傩文化研究会会长彭锦春介绍："传说旧县村村民的祖先曾用令箭惩治不忠、不仁和不孝的子孙，而每年年例及元宵节的穿令箭，就成为后代为表示自己不忘祖训、好好做人而必不可少的一个传统习俗。"④ 雷电力量是社会道德的警戒线，按照人类社会的伦理标准有着相应的惩罚。"原始思维观念的产生并非是意识活动发展后的产物，而是原始先民在不断的集体活动中通过部落内部自在的习俗、图腾文化、信仰等持续地加诸个体的身上，从而达到支配个体先定的、给定的心理机制。"⑤ 这样人们对于雷电力量的崇拜不仅停留在表层，而且进入了更深刻的文化内涵层次。

---

① 李肇. 唐国史补 [M]. 北京：北京中电电子出版社，2005：165.

② 屈大均. 广东新语 [M]. 北京：中华书局，1997：100.

③ 刘正刚. 唐宋依赖移民开发雷州半岛探析 [J]. 岭南师范学院学报，2015（4）：149 - 154.

④ 梁盛，周益臻. 广东湛江神奇的"穿令箭"民俗表演 [EB/OL]. （2015 - 03 - 10）. http：//www.chinanews.com/cul/2015/03 - 10/7117323.shtml.

⑤ 申晨. 列维·布留尔的原始思维思想及其当代意义 [D]. 哈尔滨：黑龙江大学，2019：15.

（二）表演方式彰显巫术崇拜

巫术是雷州原始信仰的重要组成部分。曲六乙先生将中国傩文化大致划分为六个区域，雷州地区的傩文化归属于其中的百越巫文化圈。百越是中原对南方越地诸古老部落的泛称，细分后雷州归属于其中的南越。这些地方自古就是瘴疠之地，生存环境恶劣，文明发展程度低，唐宋以前的人口多为古越原住民，使这里的傩文化保留了许多原始崇拜的色彩，这其中就有巫术。《史记·孝武本纪》中就有记录："越人俗信鬼，而其祠皆见鬼。"[1] 巫术作为原始思维形式下形成的文化，曾经在远古人类的生活实践中广泛运用。"巫术的操控仪式常常采取象征性的歌舞表演形式，表现某种超人的力量，希图达到预期的目的。"[2] "当人们认为其行为能够强迫超自然以某种特定的而且是预期的方式行动时，人类学家就把这种信念及其相关的行为称为巫术。"[3] 百越巫鬼之风盛行，这在穿令仪式中有所呈现。首先在于它的表演形式。表演时穿令者会端坐在神轿顶部，面无表情地用令箭穿刺脸颊、舌头以及喉咙，然后巡游展示。直至巡游结束，穿令者才能拔出横穿身体的令箭。之后由神汉来念唱送神的说辞，再含一口酒喷到穿令者的脸上，有的是在穿令者伤口处撒一把香灰，这两种做法的目的都是促使伤口愈合。其次在于表演者的选拔。穿令者的身份大致分为两类：一类是早已确定好表演者身份，仪式当天跟随队伍出发表演；另一类则在表演当天才接收到"神的感应"，中途加入表演队伍。后者情况更为特殊，当道士诵持经咒时，神明便会降临，在人群中挑选穿令者附身。有村民提到，很多穿令者事先是不知道自己会去表演穿令仪式，有的人甚至从未有过穿令的经历。被选中的人年龄从孩童到老者，范围甚广。

分析发现，巫术的发生大致有两个原则——"相似律"和"接触律"。"前者是指同类相生，即同果必同因。后者是指相互接触的物质实体，哪怕被

---

① 司马迁. 史记［M］. 西安：三秦出版社，2008：269.

② 赵德利. 血社火中的巫术信仰与血祭原型：陕西宝鸡三寺村人信仰心理探析［J］. 民俗研究，2019（5）：65–71.

③ C. 恩伯，M. 恩伯. 文化的变异：现代文化人类学通论［M］. 杜彬彬，译. 沈阳：辽宁人民出版社，1988：484.

分开，仍然可以跨越距离发生相互作用。”① 龙的出现常常伴随着雨水云雾，在古代是兴风伴雨的象征。穿令仪式的表演就是一种运用了相似律的交感巫术，通过模仿龙的形态来达成沟通神灵、祈求天象的目的。原始思维的神秘性在于原始人在思考问题时不把客观存在和主观精神分开，如下雨，现代人会力求弄清楚雨是怎么降下来的；而古人看见雨，则更加偏向于认为这是某种精神作用的结果，是由于自身做出了某种行为才有的降雨。想象在原始社会的主导作用，是穿令仪式得以生发的原始思维条件。

穿令仪式的思想源头是雷电崇拜以及巫术崇拜，二者的关联性在于，雷州人认为通过巫术的手段可以达到改变自然运转的目的，做到沟通神灵、趋吉避害。雷电因其巨大的威力在古代成为普遍性的崇拜，历朝历代的皇帝也会祭祀，以祈求风调雨顺。可为何雷州会形成这样的仪式呢？古代雷州山区多瘴气，热带亚热带地区山林中动植物尸体腐烂后易形成毒气，加上气候炎热，为疟原虫的出现提供了条件，而疟疾就是由疟原虫所致的虫媒传染病。因此在这种条件下，湛江地区物质资源匮乏，个体所能维护的群体较小，所以原始居民需要以不择手段的方式去争取紧缺的物质资源，这也促使雷州地区形成了彪悍的民风。在某种程度上来说，穿令仪式以自虐的方式进行是受当地朴素自然观影响而形成的，因为观念尚未开化，所以才会模仿龙的外形，将令箭插入两腮。闭塞恶劣的环境下形成相对封闭、野性的集体自然观，影响原始雷州居民的精神状态和思维模式，形成了独具特色的原始信仰。穿令仪式对原始信仰进行具象化和程式化处理，深受雷州早期人类精神文明的影响。

二、雷州穿令仪式的发展特点

列维·斯特劳斯说：“个体情感的充分表达，必须有一种集体表达被固定在具体的对象上。”② 弗洛伊德也提出，人类从原始本能来看是一种围绕原子核式动物，并非简单的群居动物，而是部落动物。穿令仪式作为一种集体活动，具有强制性，此类型的仪式势必在一代代人心中留下“过去—现在—未来”的集体记忆。在仪式参与者看来，穿令是为了媚神祈福，穿令者能够完

---

① 詹姆斯·乔治·弗雷泽．金枝［M］．赵昍，译．西安：陕西师范大学出版社，2010：17.
② 列维·斯特劳斯．图腾制度［M］．渠东，译．上海：上海人民出版社，2002：76.

成常人不能之事，都是因为神的附体。但从更远看来，穿令仪式能够成功，乃至穿令仪式能够成为年例这一全村集会的程序之一，是因为这是一个集体的仪式，集体凝聚的力量放大了个人感官能力，更容易进入集体狂欢的境界。因此从社会集体出发研究其发展特点，能够在历史演变中发现这种古老风俗的演变与坚持。

（一）以原始信仰为起点的穿令仪式之演变

随着时间推移，人类精神文明不断发展，穿令仪式也存在多个意义上的演变。社会存在决定社会意识，文化一定是随着社会生产力不断变化的。在原始社会，社会生产力不高，穿令仪式以趋吉避害、祈求雷电之力为目的。唐宋以后随着社会经济重心南移，海洋经济开始发展，各地移民迁往雷州，人口的迁徙流动带来的不仅是技术，还有思想和先进的文化。雷州原住民的朴素自然观念被淘汰，穿令仪式的功用逐渐从娱神演变为娱人。如清道光二十八年续修《遂溪县志》中就有提及："上元张灯结彩，舞狮象杂剧游戏，作'火树'放花炮烟火，打秋千，猜灯谜，士庶欢游达旦，曰庆元宵。"[1] 可以看到在清朝，祭祀求神的功能逐渐消失，穿令仪式已经变成了一项庆祝节日的喜庆活动。

"文化是整合的系统。"[2] 穿令仪式既拥有所有文化共有的普遍文化功能，又有不同于其他文化的独特功能。随着社会的发展，封建制度不断加强，穿令仪式在强化社会秩序、传承文化等方面发挥着积极作用。彭锦春会长认为在原始社会，穿令仪式还有惩罚族人的作用，以此完成社会秩序的构建。而对于其余参加者来说，其同样具有极强的规训作用。虽然只有穿令者才真正实操了穿令这一程序，但是对于参加程序的所有人来说，目睹这一场面的教化意义更为深刻。福柯提出的微观权力说认为，改造一个人并不是外在的压迫，而是内在的规训，因为改造的是人的灵魂。以穿令者为中心形成了一个辐射圈，在这个圈里的人自觉接受了仪式的程序、方式、进行时间等，这一套流程在人们的脑海中构成了完整的结构，变成了一种为大家所接受的公共

---

① 喻炳荣. 遂溪县志［M］. 北京：方志出版社，2017：274.
② 夏建中. 文化人类学理论学派：文化研究的历史［M］. 北京：中国人民大学出版社，1997：97－98.

语言，这时对于在场者来说，穿令仪式是人类在自然面前保全自我的策略。这在古希腊文明中同样有所体现。狄俄尼索斯节是古希腊的一个宗教祭祀节日，每年的三月人们都会举办这一仪式。其间，人们会跳舞唱歌，感谢酒神教会人们酿酒。狄俄尼索斯祭祀节中，人们举杯痛饮酒，人们在醉酒时达到了迷失的状态，也就达到了与神对话的境界。而当社会进一步发展，仪式中的每一个程序都具有其特定的意义时，其意义就已经超出了原本消灾祈福的初衷。酒神节在后来也被认为是第二世界的存在，在这里没有统治阶级、没有世俗观念，国王可以被打倒，小丑可以加冕称王，是一个颠倒的世界。参加这一仪式的群众在这样的仪式中受到影响和改造，于是酒神节的狂欢和无秩序便成了大家所接受的公共语言。"仪式，通常是指具有象征性、表演性特征的由文化传统所规定的一整套行为方式。它可以是神圣的，也可以是凡俗的活动。这类活动经常被功能性地解释为在特定群体或文化中沟通（人与神之间、人与人之间）、过渡（社会类别的、地域的、生命周期的）、强化秩序及整合社会的方式。"①

远古居民认为通过穿令仪式媚神、吸引神的降临，就可以求得风调雨顺。令箭在这中间充当了沟通人神的桥梁，普通人在非降神时间里穿令，脸颊处都会流血，疼痛不止。在原始居民心中，令箭便是龙须的象征。因此，当龙的长须散落人间，仍然受它本体的庇佑，不在仪式时间里使用，便是破坏了规矩，必定会受到神的警告。诗性的联想就是诗性智慧的表现，可问题在于龙并非真实存在的生物，它只是人类的美好幻想，这就代表不是每一次穿令、每一次傩仪都能够使得下一年风调雨顺，反而有可能带来意想不到的雷患灾害，那么又是什么引导着穿令仪式一步步传承至今？当结果不尽如人意时，仪式媚神祈福的初衷逐渐变成了一种祭祀性符号，一种维系社会、氏族、宗法的方式。从对土地与雷神的崇拜转化成了祭祀性的仪式，这种变化从单纯崇拜雷电力量转为对具体神或人时就已经开始。人们发现了自然运转的固定性，即不能通过哀求、恐吓的方式改变自然的模式，这时，雷州原始居民的思维已经悄然改变。到了现在，已经没有人会去想穿令仪式是否能够祈福消灾，一到新年，人们自然而然会想起年例、穿令，因为湛江人民的心理机制

---

① 郭于华. 仪式与社会变迁［M］. 北京：社会科学文献出版社，2000：21.

已然形成。正是这样，巫术认为自然的进程取决于一定的法则，到了后期穿令仪式的法则成为一种社会力量，于是穿令仪式一步步脱离了巫术的伪科学范畴，成为稳定社会结构的规训产品。

（二）永恒不变的顽强生命力

穿令仪式能够跨越历史，一直延续至当代社会，这足以证明其顽强的生命力。"自然生命是信仰存在和流传的基础和依托。"① 一方面，由于宗祠活动穿令仪式得以保存，源源不断的雷州人继续欣赏穿令仪式，接受仪式内在文化力量的规训，推动仪式的传承；另一方面，一种祭祀仪式能够生存千年，除了人为的留存继承，其自身一定具有相对独特的性质。因为无法与强大的雷电自然力量相抗衡，在雷州原始居民的意识中便对雷电产生了神秘畏惧的情感体验。出于本能的安慰和保护，民众便把依赖感寄托于心中幻化的具有强大自然力的事物，同时加以崇拜。雷州地区的原始居民赋予雷电自然现象以人的生命，使之具有了"灵"的内涵。因为雷州地区距离中原较远，受中原文化的影响较小。因此，雷州地区的自然崇拜延续的时间更长、程度更深，还处于人类童年时期对待自然社会的认知，更为干净纯粹。自然力崇拜是最原始的宗教形式，但与已形成的宗教样式相比，人与自然的关系却是截然不同的。这里可以与大宝森节做个比较。

大宝森节是一个印度教节日，相传是泰米尔人为了庆祝战神卢干消灭了魔鬼而举行的庆典。在庆典上最神奇的是会看见许多背部穿刺着无数小铁钩的忏悔者，他们神情肃穆，不喊疼痛。有些忏悔者还会用银针刺穿舌头、双颊。这是因为信徒们想借皮肉之苦来显示还愿的诚意，以表达对神明的赤诚之心。虽然大宝森节上的穿刺和湛江傩舞的穿令仪式在程序上有相似之处，都是为了与神明沟通，都有用异物刺穿身体的行为；但两者间存在一个最为明显的不同，便是生命力。穿令仪式崇龙俗，虽借助了巫术的力量，但本意上是对自然力量的崇拜，令箭在这里就起到了沟通人与自然的作用，表达了远古先民积极应对自然的心理。他们虽然承认自然力量远大于人类，但他们从未屈服于自然，仍在积极适应及改造恶劣的天气；而宗教的核心在于崇拜

① 柯金园. 广东雷州地区的雷神信仰研究［D］. 广州：广东技术师范学院，2015：65.

某个具体的神形象，如大宝森节中祭祀的战神卢干，他不是自然力量，而是获得神力的英雄，人们参加这种活动，是为了成为他们的附庸。因此，人们信仰宗教，意在寻求某种庇护以及心灵的慰藉，是一种避世的思想，这与穿令仪式所蕴含的强大生命力截然相反。

三、雷州穿令仪式与审美距离

"审美距离"这一理论由英国心理学家、美学家布洛提出。他认为人产生审美活动的基本前提是与现实保持适当的心理距离，就是审美主体与对象应该保持一种恰当的态度。穿令仪式所具有的一切精神，正是基于人这一前提来探讨的，是人赋予了穿令独特的含义。随着时间推移，穿令仪式所依赖的社会模式离我们越来越远，我们无法身临其境去感受。一方面，穿令仪式中积淀传承了人类追逐美好生活的情感，而审美主体依旧欣赏这一仪式；另一方面，依据心理距离，对于这些久远的仪式，审美主体自然而然地运用了超然的俯视角，轻松优越地、没有任何利益冲突地将穿令仪式化为艺术，时代不同让审美主体与穿令仪式产生了距离，由此，感官上的快感悄然成型。

"当人与艺术接触，或者仅仅作为欣赏者或者作为创作者的艺术家，而对艺术发生一种无我的但又如此有我的关系时，心理距离在审美欣赏和艺术创作上就代表着此中关系所固有的一种特质。是距离使得审美对象成为'自身目的'，是距离把艺术提高超出个人利害的狭隘范围。"① 据此，只有当实用功利观念与审美建立适当的心理距离，穿令仪式带来的痛感才会成为审美客体的情感体验。穿令仪式带来的痛感有直观形成的，也有因恐惧而形成的。直观上的痛感偏向肉体疼痛，与之相比因恐惧形成的痛感会更具有影响力。参加仪式的过程中，穿令者与审美主体的距离十分近，审美主体可以很清晰地观察穿令者的一举一动。在这样的条件下，审美主体早已下意识地将自己与穿令表演者放在一起比较，这样在观赏中不免首先会对生命产生未知的恐惧，美国现代著名作家 H. P. 洛伏克拉夫特说过："人类最古老最强烈的情感

---

① 布洛. 心理距离［M］//北京大学哲学系美学教研室. 西方美学家论美和美感. 北京：商务印书馆，1980：277.

是恐惧。"① 对于自然界，人类天生就具有恐惧感，它的可怕之处在于给予人类一定的生存空间，却又在人类企图模糊边界时反应激烈，因此如何维持生存的尺度是人类终生思考的问题。

从"雾海乘船"说可以看出，当审美态度和个人功利观念保持合理的距离时，更容易对审美对象产生理想的美感。例如：面对漫天飞雪，诗人们能写出饱含情感的诗作；了解战争纪念馆中的历史信物，参观者会屏息凝神。这些行为中的审美主体都已脱身这些客观现象，超脱了简单的生存问题，这样才能追寻精神上的满足。那么恐惧又是如何转化为崇高的呢？"崇高作为审美形态，最为主要的是它是一种对立与冲突的审美体验。崇高是一个相对弱小却代表正义与善的主体与强大的敌对势力奋斗抗争的过程，通过这种奋斗与抗争展示人的精神与力量。"② 彼时祖先们会自然地求助于未知力量的庇护，祈求生存与生产风调雨顺。这是一个人类通过自己渺小的力量想要与自然万物抗衡交流的故事，是人类自我保全的本能反应。而站在当代欣赏者的角度，人类早已实现了与自然社会的和谐共生，我们的能力是能够经受住自然界反常状态的。因此在欣赏时，人们是不存在生命危险的，穿令仪式既让人产生了恐惧，又无法对人形成真正的威胁。"由于自然界在我们心中唤起了我们的（非自然的）力量，以便把我们所操心的东西（财产、健康和生命）看作渺小的。"③ 审美主体在欣赏仪式时产生了恐惧的情感体验，在与审美客体无利益冲突的前提下，这种恐惧不仅转化成对先民不屈服于自然的敬意，更是对当前社会与人类智慧的自豪，因此在两者的对比中，痛苦转化为愉悦的崇高。

四、结语

民间文化是记录民俗民风的活化石，在严肃的历史之外记录了许多奇特神秘、极富原始生命力的力量。在雷州半岛，穿令仪式正像一枚活化石，记录着自古以来雷州人民对抗雷患的智慧与不屈。夸张的舞步、神奇的令箭，它们早已根植在每个雷州人的心中，从各个方面影响着他们的行为与性格，

---

① LOVECRAFT H P. Supernatural horror in literature［M］//BLOOM C. Gothic horror, New York：St Martinps Press, 1998：55.

② 朱立元. 美学［M］. 北京：北京大学出版社, 2019：231.

③ 康德. 判断力批判［M］. 邓晓芒, 译. 北京：人民出版社, 2002：101.

并且作为雷州人共同的文化价值认同，影响了雷州人文化体系的建立。雷州地处偏远，上古时期为百越族聚居地，瘴气浓重，难以生存。雷州半岛自古更深受雷患之苦，正是这样恶劣的气候形成了雷州人"野蛮"的性格——野性与不屈，穿令仪式中原始性与外放的生命力，这正是湛江精神最美的地方。

现代都市的奇幻景观①

——论广东新时期城市文学的欲望书写

李海燕②

　　新时期以来的广东欲望叙述在不同作家那里呈现不一样的面貌，可欲望笼罩下的城市却表现出同一化景观：高耸入云的摩天大厦、便利畅达的现代交通、丰富奢华的物质、时尚精致的消费、挑动欲望的身体……珠三角在广东作家那里已成为一个真正意味的现代化都市——物质、身体和消费的集合地。早在新时期之初的《雅马哈鱼档》中，广州城便已成为物质繁华之地。20 世纪 90 年代，张欣、张梅、缪永等人笔下的城市更是发展为无处不在的消费空间与欲望空间。21 世纪以来，蔡东、王威廉、唐不遇等人描述的城市精致时尚，毕亮、陈再见书写的城市空间虽被分割为高档小区与城中村，但超市、酒吧、餐馆、购物广场等消费空间诱惑着所有个体投入其中，消费欲望亦紧紧缠绕每一个个体，都市民众因此陷入眩晕、昏乱、迷惘与矛盾中。这正如鲍德里亚所说："今天，在我们的周围，存在着一种由不断增长的物质、服务和物质财富所构成的惊人的消费和丰盛现象。"③ 而这一切构成城市奇特的景观，它日益渗透人们的日常生活，将都市人群及其都市生活均异化成现代与后现代景观，"在现代生产条件无所不在的社会，生活本身展现为景观的庞大堆聚。直接存在的一切全都转化为一个表征"④。在景观生活中，大众的主体性逐渐消失，愈来愈成为消费对象，成为"单向度的人"。

　　① 基金项目：广东省 2020 年度普通高校特色创新项目"粤港澳大湾区文学中的城市形象与文化建构研究"（2020WTSCX032）、广东海洋大学科研启动经费资助项目"想象岭南：新时期广东沿海文学的空间书写研究"（R19012）。

　　② 作者简介：李海燕，广东海洋大学文学与新闻传播学院教授。

　　③ 让·鲍德里亚. 消费社会 [M]. 刘成富，全志钢，译. 南京：南京大学出版社，2008：1.
　　④ 居伊·德波. 景观社会 [M]. 王昭风，译. 南京：南京大学出版社，2006：3.

一、琳琅满目的物质景观

现代城市首先呈现给我们的是各种各样的物质性消费景观。新时期之初，广东利用靠近香港、澳门的天然优势和国家独特的优惠政策，快速推进商品经济，城市在短时间内由物质贫乏变得充裕，商品消费成为城市的主要生活方式。"到处耸立起巨厦和长龙般钢筋水泥大桥、奢华的酒店、货架上堆满商品的超级市场、随处可见的巨型广告牌等象征着繁华城市的问题在刺激着人们的消费意识。"[①] 20世纪90年代以来，随着全球化进程的加快，城市居民的消费水平进一步提高，奢华品牌已随着服装、食品、旅游、娱乐等进入大众的日常生活空间。

在《雅马哈鱼档》中，章以武、黄锦鸿以大量的物质意象给我们呈现了一个改革初期热闹繁荣的南中国城市景观：种类繁多的生猛海鲜、时尚流行的服装、便利的交通工具、现代的娱乐设施、高档的饮食场所，等等。在《你不可改变我》中，刘西鸿笔下的城市也充斥着各种现代物质。孔令凯的服装时尚多变，奔驰、劳斯莱斯时刻挂在人们的嘴边，消费广告到处都是，而都市里"每个人的眼睛都追逐着那辆与海岸线平行奔驰的吉普，还有吉普上的超艳绝伦的后生男女"。时尚的生活、永远的青春，刘西鸿写出了城市民众的欲求，也暗示了人们求而不得的痛苦与孤独。

20世纪80年代的"刘西鸿们"对物质书写尚有所节制，20世纪90年代的"张欣、张梅、黄咏梅们"则带来了铺天盖地的物质盛宴，它们通过饮食、服饰、街道、标志性建筑等呈现出来。岭南特色饮食无疑为女作家们津津乐道，双皮奶、薏米汤、牛腩粉、潮汕牛肉丸、鸡仔饼、汤包及各色靓粥不断出现在她们的笔下。张梅的《老城纪事》《早茶的滋味》《成珠楼的鸡仔饼》《烤肉》等怀旧闲适之作精细入微地介绍了老城的饮茶、烤肉、零食与糕点等传统饮食；黄茵的《食客三千》不厌其烦地交代了熬粥、炒毛瓜、炖鱼汤等岭南美食的制作过程；黄爱东西的《老广州》《夏夜花事》对广州大街小巷的美食进行了多方位呈现；黄咏梅的《骑楼》《多宝路的风》等小说绘声绘色地介绍了岭南煲汤的美味与惬意。岭南传统美食无疑是张梅等作家们的大

---

① 李洁非. 城市文学之崛起：社会和文学背景 [J]. 当代作家评论, 1998 (3)：36 – 49.

爱，现代小资生活亦是她们的向往和追求。张梅对法国红酒、绿薄荷酒、青柠酒等各种洋酒颇为迷恋；黄茵的爱买东西在朋友圈人人皆知，对精美服饰情有独钟；黄咏梅笔下的新移民们对象征都市生活的燕塘牛奶、上下九步行街等颇为迷恋……现代物质生活无疑已成为广东女作家们倾力书写的对象。

与张梅等多着力于岭南美食不同，张欣热衷于对服饰、名车、街道、购物广场、豪华酒店等都市消费景观进行无限遐想。她笔下的都市空间奢侈华美、富丽堂皇，是现代都市的符号与标志。它们不断刺激着人们的欲望，使人们彻底沦为物欲的奴仆。如在《亲情六处》中，张欣用大量笔墨渲染了都市的奢华与富足，"途经环市中路的时候，两边的宾馆、大厦格外地多，又有友谊商店和世界贸易公司傍衬，实在是灯火四射、霓虹耀眼了""柏宁俱乐部设在一个避暑山庄里面，山庄是别墅群，主楼却也气派堂皇"。张欣笔下的都市男女们穿着时尚衣物，住着现代公寓，开着豪华汽车，穿梭于商场、咖啡馆、酒吧、高档小区，原本丰富多样的都市生活被单一同质的现代生活取代。

二、无所不在的符码景观

鲍德里亚认为，"拜物教所揭示的并不是对于实体（物或者主体）的迷恋，而是对于符码的迷恋"[1]。对符码的迷恋，实质上是对上层社会地位与身份的迷恋，消费者希望借助物质符号的消费以满足自己的身份幻想。因为符码就是要造成消费的差异化体系，在整个社会里划分明确的身份团体，并且使消费者在某些物品的组合中，找到自己的身份认同，或使自己加入理想的团体，或参考地位更高的团体来摆脱本团体。新时期初期，人们对实物的追逐逐渐被后现代社会的符号迷恋取代，张欣等作家笔下的都市男女便日益沦落为消费的符号与代码。

在张欣《浮世缘》中，身为酒店大堂服务员的落虹和阿珍在得到港商的青睐后，如梦游一般过上了她们难以想象的奢华生活：整天出入高级时装店和餐厅，拼命把名牌往身上堆，在花园酒店住总统套房，在凌霄阁吃自助餐。如果说，一开始的落虹面对这些城市奇观还很震惊，之后的她便逐渐适应并迷恋上这种符号生活。不管是香港的六星级酒店、半岛酒家、太古广场，还

---

[1] 让·鲍德里亚. 符号政治经济学批判 [M]. 夏莹，译. 南京：南京大学出版社，2009：79.

是马来西亚的云顶，于她而言似乎都是日常生活的一部分。及至到了泰国曼谷，服务员落虹已经彻底成长为上流社会的优雅女人了。"目前她穿的是一件有领长袖棉质的白衬衣，下面配一条黑色钉金属片的长裤，阔脚式剪裁，黑色翻毛的皮便鞋上有一个小小的'B'字，显示了巴黎牌子的名贵，手袋是昂贵的路易·威登，精巧地挂在她的香肩上。"在《浮华背后》中，三线小艺人莫亿亿在看到价值12万元港币的"阿曼尼"晚礼服时幸福得简直要窒息，而直升机、豪华游轮更是让她感到眩晕与刺激，普通女孩一下子迷恋上这种权贵和富豪才能享受的符号生活，即便这种生活如同梦幻，莫亿亿仍一头扎了进去。

缪永的深圳更是一个完全符号化的城市，摩天大楼、超级市场、高档酒店、高级别墅等城市消费符号在其小说中更经常地呈现。作为最早放开的国家经济特区，深圳由小渔村变成了大都市，但也催生了人们前所未有的欲望，激发了人们对金钱与物质的追逐。缪永在小说中写下她对深圳的印象，"生活的橱窗里飘过大虾、钻戒、真皮沙发、宾士轿车、亚洲第一靓波、华伦天伦……"有无数人为了形形色色的消费符号献出自己的肉体和灵魂，城市新移民王棉便于商标、品牌、高档小区等符号诱惑中迷失了自我。在刚来深圳时，她便怂恿男友耗尽家资购买了POLO牌真皮手袋；在既失业又失爱、生活无着的情况下她仍怀有巨大的符号兴趣。王棉将自己的肉体交给香港老板，换取公寓楼、范思哲套装、杰克丹尼威士忌等消费符号，即使最后离开了老板、失去了爱人，沦为打字员兼清洁工，王棉仍保持着抽圣罗兰香烟和戴欧米茄手表的习惯。只有这样，被生活打回原形的都市男女才能在虚幻的符号梦中求得一点自欺欺人的精神安慰。

各种各样的符码不仅彰显人们的身份和地位，而且成为消费时代社会交流的主要方式，这正如鲍德里亚所说："流通、购买、销售、对做了区分的财富及物品/符号的占有，这些构成了我们今天的语言、我们的编码，整个社会都依靠它来沟通交谈。"① 而当人与人之间的情感关系转换为物质关系时，人也就沦为物化之人。卢卡奇指出："物化是生活在资本主义社会中的每一个人的必然的、直接的现实。"② 《浮华背后》中的莫亿亿在彭卓童的强大物质攻

---

① 让·鲍德里亚. 消费社会［M］. 刘成富，全志钢，译. 南京：南京大学出版社，2008：62.
② 罗钢，王忠忱. 消费文化读本［M］. 北京：中国社会科学出版社，2003：17.

势下很快便抛弃相恋多年的男友，《浮华城市》中的商晓燕、楚霖以截然相反的态度对待发达和落魄时期的柯智雄、柯浩雄，《浮世缘》中的瑞平在爱情与物质之间选择了后者，《爱又如何》中依附于爱宛的肖拜伦在爱宛破产后迅速离她而去，《致命邂逅》里的人们奉行的原则是："万事有价，你不会以为我单凭同学情谊就救他出来吧？"在《此情不再》中，30 万元就让思浩果断放弃女友。在张梅《破碎的激情》一文中，所有人为了物质费尽心思，即便是20 世纪80 年代的精神之父圣德也摇身一变成为企业家，在巴黎西装、老板椅、茅台酒、桑拿浴、555 香烟等物质符号中飘飘欲仙。

"这个时代是一个大规模工业化的不适于人居住的令人眼花缭乱的时代。"① 让人无比震惊的炫目的消费符号，既是富人阶层与成功人士夸耀自我身份的手段，又蛊惑着城市下层民众去追逐所谓的幸福梦。为了得到这种眩晕而虚幻的满足感，他们不惜将自我的肉体与灵魂物化，一次又一次地沦陷于物质符号的汪洋大海。蔡东竭力让她笔下的中产阶级在物质符号与诗意中寻找平衡，这只能是一种奢望。姑且不论这种闲适诗意的物质生活完全经不起资本这只大手的轻轻拨弄，而闲适与诗意也是由各种消费符号构成的：从书店买来的《闲情偶寄》类书籍装点着书架，一系列布尔乔亚生活的家具象征着优雅丰裕的生活，邵琴高雅而艺术的茶室更是装饰着各种各样的高档消费物，而邵琴本人则是"艺术的包装，闺秀的风范，最小的人格牺牲，最实在的收益"。至于毕亮、陈再见等打工作家们，有限甚至贫瘠的物质拥有与知识分子身份的错位使他们始终处于现实的痛苦和灵魂的焦虑之中。当豪华别墅、海鲜大餐、五星级酒店以及成功人士近距离地出现在身边时，他们的"内心被一股新鲜的贪欲填满，稍后又似破灭的肥皂泡，身体旋即被掏空，只剩一副躯壳和骨架"（《假面游戏》）。他们的理想与诗意在都市消费符号的袭击下变得摇摇欲坠，无处安身。

三、异彩纷呈的身体景观

现代都市不仅是物质景观的集结地、符号景观的展示台，还是现代人身体景观的表演场。与物质符号相比，身体更是一个巨大的消费符号，"在消费

---

① 瓦尔特·本雅明. 发达资本主义时代的抒情诗人：论波德莱尔［M］. 张旭东，魏文生，译. 北京：生活·读书·新知三联书店，1989：127.

的全套装备中，有一种比其他一切都更美丽、更珍贵、更光彩夺目的物品——它比负载了全部内涵的汽车负载了更沉重的内涵，这便是身体"[1]。从文学身体学的角度来看，身体是文字符号的欲望对象，对于身体的各种意义建构正是创作主体的自我想象以及社会文化的反映。于广东新时期身体书写来说，20 世纪 80 年代新启蒙思潮下的身体政治伦理性较强，20 世纪 90 年代的身体显露出更多的本体化和性别文化意蕴，而消费时代的身体则是典型的消费符号。但身体在任何时代都不单纯，它不断由一个能指滑向另一个能指，在生物体与话语体之间徘徊。

陈国凯的伤痕反思文学开启了广东身体书写的先河，在《代价》《车床皇后》等一系列作品中，陈国凯去除传统文本中身体的政治与文化属性，呈现健康自然的身体美。如《代价》多次描写余丽娜母女身体的视觉形象美。提及余丽娜，"她的美，难以用语言来形容，光是那宝石一样的眼睛就足够容易动感情的诗人写一千行诗"。而刘子峰眼中的徐慧玲则是"身材，脸型，仪态，像高明的画师用鲜明的色彩和线条勾划出来的"。

自然美的呈现意味着身体审美的传达，欲望身体的书写则标志着新时期广东作家对本真身体的回归。孔捷生的《在小河那边》虽是典型的知青伤痕小说，但姐弟俩因身体渴望而来的纠缠亦体现出广东作家创作的先锋之处。刘西鸿《你不可改变我》中的"我"与令凯的交往很大程度上源于身体迷恋，"我的手顺着她光滑的颈、肩、胳膊滑下。她的妆上得很浓。这种天气，无论谁脸上化妆只会焗得一踏糊涂，可是令凯的肌肤光爽，冰清玉洁"。这种对女性之间身体快感的细腻描绘往往在 20 世纪 90 年代林白、陈染等女性作家的身体书写中才能发现，20 世纪 80 年代的刘西鸿无疑是现代先锋小说的代表。

如果说 20 世纪 80 年代的身体书写是欲说还休，那 20 世纪 90 年代的身体言说便肆意多了，张梅、盛可以等作家们以赤裸欲望的宣告向大家呈现了一幅幅身体狂欢图。张梅笔下的现代女性对爱情游戏与身体快感的追逐乐此不疲，她们无所顾忌地进行身体景观的表演与展示。《蝴蝶与蜜蜂的舞会》中的都市女孩频繁更换男友，《爱猫及人》中的陈夫人在结婚与离婚之间不断奔

---

[1]　让·鲍德里亚. 消费社会［M］. 刘成富，全志钢，译. 南京：南京大学出版社，2008：120.

走，《破碎的激情》中的黛玲永不褪色的青春面貌竟源于肉体快感。盛可以笔下的城市小知识分子亦是快感原则驱动下的后现代女性。《无爱一身轻》中的朱妙追求无爱的情感游戏，她的周围聚集着不少男性追逐者，而朱妙也在对欲望的追逐中享受无上的轻松与乐趣。

西蒙·波伏娃认为，女人"不仅需要满足自己的肉欲，而且也需要享受令人愉悦的性冒险所提供的放松与转移"①。对女性身体进行重新编码，以身体的快感、纵欲来反抗性别权力的规训是 20 世纪 90 年代女性作家的共识。张梅、盛可以等作家在丰富而细腻的身体快感描绘中着力挖掘女性生命本真的幸福和快乐，可纯粹身体支配权的夺取只是反抗的第一步，中国女性作家们的权力争夺之路还很遥远和漫长。但张梅等作家们打开女性躯体、表演性欲狂欢的书写行为在很大程度上满足了男权社会的窥视和猎奇欲望，在无意或有意中迎合了消费市场，女性身体写作看似走向解放却陷入被消费文化和男权文化规训的陷阱。

另外，张梅、盛可以等人展示的女性身体，不仅是一具具快乐的躯体，还常常成为消费景观。"消费社会也是进行消费培训、进行面向消费的社会驯化的社会——也就是与新型生产力的出现以及一种生产力高度发达的经济体系的垄断性调整相适应的一种新的特定社会化模式。"② 消费文化以娱乐和享乐主义原则将身体规训为消费物，"作为符号的身体和消费品在理论上的等同造成了事实上的奇妙等同"③。而身体一旦沦为消费物品，身体的自主化追求也就变得自欺欺人，它势必会打上消费时代权力与金钱的烙印。张欣笔下的白领丽人常常将身体视为可交换的物品，张梅笔下的都市女孩往往是男人消费的对象，盛可以笔下的底层女性依然摆脱不了被物化、被消费的命运。如《北妹》中钱小红的身体无疑是男人偷窥和渴望的对象，而她本人也一次次利用身体得到物质或其他好处。至于其他的女人如李思江、朱丽野以及红灯区的站街女们，干脆直接将身体视为消费符号换取生存资本与生活资源。

新时期以来，广东城市化进程的迅猛推进为人们提供了繁富炫目的物质景观，它激起人们前所未有的物质追求狂潮。而个性解放思潮与消费社会享

① 西蒙·波伏娃. 第二性［M］. 陶铁柱，译. 北京：中国书籍出版社，1998：778.
② 让·鲍德里亚. 消费社会［M］. 刘成富，全志钢，译. 南京：南京大学出版社，2008：63.
③ 让·鲍德里亚. 消费社会［M］. 刘成富，全志钢，译. 南京：南京大学出版社，2008：127.

乐主义的盛行更使人们从传统的道德规范中挣脱出来，身体快感成为都市大众竞相追逐的现代体验。对物质与身体的顶礼膜拜使现代都市男女沦为欲望和消费的符号，但欲望是无止境的，"占有一物便使一物失去刺激：于是愿望、需求又在新的姿态下卷土重来。要不然，寂寞、空虚无聊又随之而起"①，人生就在痛苦与无聊之中不断摇摆。生活在现代都市的人们，更面临着景观化的危险。欲望的永不满足与身体的景观化倾向使现代都市大众日益成为分裂的存在。他们的物质欲望与精神追求冲突，他们的肉体与灵魂撕裂，他们的性与爱分离，他们无不是现代社会矛盾而痛苦的个体存在。新时期以来的广东作家在绘制丰富多彩的欲望景观时，也敏锐地发现现代"异化"已全面渗透进都市生活，可欲海浮沉中的都市男女仍如飞蛾扑火般前仆后继，至死方休。

---

① 叔本华. 作为意志和表象的世界 [M]. 石冲白，译. 北京：商务印书馆，1982：430.

论陈乔森诗文思想的先进性及其现代价值

钟嘉芳　吴晓玲①

陈乔森，原名陈桂林，字木公，号逸山、颐山、擎雷山农者，广东遂溪人，后定居雷州城，是清代岭南地区影响较大的文学家、画家和教育家，享有"岭南才子"的称号。他先天聪慧、博学多才，在诗文、书法、绘画方面造诣皆深，清朝名臣张之洞称其为"广东奇才"②。陈乔森"少即不凡"③，年仅 28 岁就中试举人，可谓少年得志。三次科举考试他都名落孙山、屡不得志，在京供职不到一年便致仕回乡，在雷阳书院从事教育三十载，为家乡的教育事业做出巨大贡献。陈乔森的诗书画皆有成就，一生创作了数以千计的艺术作品，有《海客诗文杂存》《亭榕垞诗钞》等诗文著作存世。陈乔森的诗文题材丰富、内容广泛，展现了全面真实的晚清社会，表达了他对人生、对社会的独特见解，其中蕴含的许多先进思想对我们现代的社会建设有着巨大价值，值得我们去探索和研究。

一、陈乔森诗文思想的先进性

（一）忧国忧民的爱国意识

陈乔森生活在动荡不安的晚清时期，他的诗文具有强烈的现实性和人民性，常以反讽的手法针砭时弊，揭示封建社会的种种弊端，具有批判精神。他生于道光十三年（1833），逝于光绪三十一年（1905），这段时间正是清政府由盛转衰的时期，清王朝日渐衰落和腐败，国家面临内忧外患。陈乔森在

---

① 作者简介：钟嘉芳，广东海洋大学文学与新闻传播学院讲师。吴晓玲，广东海洋大学文学与新闻传播学院本科生。
② 黄振强. 历代名人与雷州半岛［M］. 广州：广东旅游出版社，1992：114.
③ 黄振强. 历代名人与雷州半岛［M］. 广州：广东旅游出版社，1992：114.

短暂的出仕生涯中，目睹了黑暗的官场，他敏锐地看穿了清王朝的腐朽本质，提起笔杆来揭露统治阶级的种种罪行。如为遂溪城隍庙题写的对联：

> 那些差役都是鬼，这个衙门不要钱。

"鬼"字一语双关，表面上是指城隍庙中的"鬼"，实质上指政府的官员，他们表面是为百姓做主，实际是剥削百姓的吸血鬼。"衙门"句字面上说的是城隍庙，实则言在此而意在彼，对政府敛财行为进行嘲讽和批判。他借此直斥贪官污吏，表达了对腐朽统治阶级的批判，无情地揭露清政府积重难返的腐败问题。

陈乔森还以白描的手法反映动荡的时局，同情底层百姓，具有忧国忧民的爱国意识。他所处的时代，内忧外患之下国家动荡不安，百姓生活艰苦。他在《除夕新野旅社作》中叙述了战乱下国家满目疮痍的情境，控诉了战争的毁灭性，为民族的命运呐喊：

> 瘦马少安蹄，冲途失平辙。荆豫本接壤，朔南连燕粤。厥土遍涂泥，禹画未能截。十步九颠顿，毂陷马骨折。朝食每亭午，夜宿望星月。况闻鼓角哀，盗贼久不灭。军书夹道驰，壁垒凭险列。诸侯守威重，郊野时蹀血。行人避荆棘，却踏豺虎穴。恐惧聊相将，前进更自决。历思乱离顿，民心渐奸桀。

"新野"即今天的南阳。除夕本是举家团圆过节的日子，陈乔森用诗歌真实、形象地描绘了新野在战乱下的千疮百孔、生灵涂炭。新野是交通要塞，连接河南与湖北，更是沟通南北的要道。如今饱受战火的洗礼，官道被全方位破坏，时常让马车轮毂陷入坑道导致马骨折。还听闻路上不太平，盗贼常来劫掠，以致行人不敢走大路，但是走小道容易遇上豺虎等猛兽。"历思乱离顿，民心渐奸桀"直接点题，指出战乱使百姓流离失所，是民心迷乱的罪恶根源。只有早日结束社会的离乱使国家稳定，百姓生活才能安定。

（二）教育为先的救国理念

1. 弃官从教的拯世志向

"入仕"与"归隐"是古代文人普遍的两种人生选择，陈乔森开启了一条新的道路——投身于教育事业。陈乔森满腹经纶、才华横溢，受到众多名臣的赞赏。两广总督张之洞曾把他引荐给光绪帝，曾国藩曾亲书"读破牙签三万轴，收取声名四十年"① 表达对陈乔森的欣赏。即便科举落选后，好友彭玉麟、邓承修、徐振祎等人也都为陈乔森的仕途竭力奔波。可见，凭陈乔森的才华和诸多社会名流的推荐，他完全可以在仕途上继续走下去，但是落选的经历让他认识到清政府无法实现他的政治抱负，加之母亲病危，京城距离家乡太遥远，他选择辞官回乡。离开官场后的陈乔森虽然颐志林泉，但依然胸怀庙廊。据《琴泉义学记》记载，自咸丰以来，受社会动乱的影响，科举停科、学校凋敝多年，导致武缘县内"诗书之事日荒，学校之籍日少，行数十里、数百里而衣儒衣、业儒业者几于了无"②。不只是武缘县，整个国家的教育环境也是像所描述的那样萧条，处于蛮夷之地的雷州的教育更是落后。要改变教育落后的局面，就必须有更多的有学之士加入。陈乔森意识到唯有教育才能拯救一个国家，于是他主动投身教育，主讲于雷阳书院，开启了三十多年的执教生涯。

从事教育，是时代的选择，也是陈乔森实现拯世志向的主动选择。仕途受阻让他认识到清朝政府无法实现他的政治抱负，所以他离开官场，以教书育人的方式来实现自己救国拯世的志向。陈乔森主动辞官回乡执教，却对政治存有不舍，这种不舍不是对权力地位的留恋，而是对政治抱负的难以舍弃，是对民族未来难以放下的牵挂。他在写给好友杨守敬的诗歌《与杨心物上妙峰山书六百二十字并索同赋》有云：

> 众人求其求，因果自多福。吾人适其适，龙蛇忘起陆。争饶几触蛮，凿穷两忽倏。徒思千载名，忘美八州督。拯世苦陷身，近宠讵远辱。

① 曾国藩. 曾国藩日记（文白对照全译）[M]. 江河心，等，编译. 北京：京华出版社，2000：5.
② 黄君钜，黄诚沅. 武缘县图经 [M]. 桂林：广西人民出版社，2013：16.

"争饶几触蛮，凿穷两忽倏"化用《庄子》里"触蛮相争"与"七窍出而浑沌死"的典故，暗喻自己不通世事，可又不愿虚度年华，更不愿放弃"拯世"志向的矛盾心情。诗人向好友倾诉了内心的矛盾和愁闷，心中有"拯世"的梦想和抱负，却不愿与当朝黑暗势力同流合污，又不甘就此隐归，这种进退两难择的处境让陈乔森更加沉闷。对祖国命运的关怀让他最终选择了教育事业，通过为国家培养接班人的形式来完成自己的政治梦想。许振祎曾以"求珠赤水目光炯，倚剑碧天胸次高"① 之联赠予陈乔森，表达对其长远目光和胸怀天下的大局意识的敬佩。

陈乔森弃官从教不是无奈之举，而是救国救世、敢于作为的选择和责任担当。陈乔森突破"士人为官"的思想禁锢，发挥士人的才学去服务于国家教育事业，他的选择也唤醒了许多士人的历史责任担当感。

2. 先进的教育理念

在鸦片战争后，西方思想传入中国，由于地域和阶级的不同，社会各阶层，特别是知识分子阶层对于社会变革有不同的认知，形成"崇洋"和"守旧"两种流派。陈乔森从"崇洋"和"守旧"这两种固有的思维模式中跳脱出来，既包容理解新文化，又坚守中国优秀的传统道德，主张中西并蓄。

当"中学为体，西学为用"被提出后，社会上有很多反对意见。陈乔森却能够与时俱进，以开放的心态接纳这种理念。他赞同"西学为用"，其在为雷阳书院题的对联写道："雷厉风行，春夏秋冬官，有猷有为都非异学；阳开阴合，东西南北圣，此心此理俨若同堂。"② 他认为要以开放的心态接纳新事物，能让人有谋略、有作为的知识都可以学习，新式学科不是异端之学。"阳开阴合"表达了诗人要将传统儒学和西学结合起来的理念。陈乔森主动打破传统思维的禁锢，主动接纳新事物，体现了教育家的包容性和开放性，这是一种进步的意识。

陈乔森在教育上遵循"中学为体"的理念。他在题书院教室的门联写道："守道重醇儒，经师人师，文远宏开钦北斗；立名遵先哲，言教身教，士风不变式南邦。"他强调遵循传统的德育教育，提出了教师言传身教的教育理念。光绪十五年（1889），陈乔森将书院的院规刻于石上，其中一段写道：

---

① 王书第. "岭南才子"陈乔森的朋友圈［N］. 湛江日报，2017－02－02（A03）.
② 王可. 岭南人文图说之一——五——雷州陈乔森［J］. 学术研究，2013（7）.

> 毋荒而嬉，毋诡而随。正其志气，束以威仪。今有大贤学为尔师，乃念教养，如拯溺饥。曷可以继，园何为窥，俾用鼓箧，免尔断薤作宾王，家异日渐，远抱追求，志亦视其时，弦诵羽签，春秋勉之。

这是陈乔森对学生提出的要求，知识阅读和行为修养同等重视，即把知识教育和思想品德教育结合起来，也就是当代提倡的素质教育。

这些教育理念在当时是异类之举，如今却是现代教育制度的示范。陈乔森执教的雷阳书院也成为当时雷州半岛地区传播先进文化、学习先进知识的活动场地，培养了大批先进的知识分子，为国家发展做好人才储备工作。

（三）对人才选拔制度的新见解

陈乔森所处的时代处于空前未有的大变局中，中西碰撞、新旧更迭，对人才的需求有了新的变化，对人才培养的要求也有了新的方向。陈乔森站在时代的浪潮中，对人才选拔制度有着自己独特的见解。

科举制度曾被誉为选拔人才和下层人士改变命运的最佳举措，它改变了以往的九品中正制，成为底层学子实现政治抱负的桥梁。清代程朱理学使儒学思想僵化，"八股取士"的人才选拔制度以八股文为标准，限制了新的思想进入统治阶级。曾国藩曾言："世不患无才，患用才者不能器使而适宜。"[①]西方新学已经传入中国，传统的"以文章论英雄"的选才标准已经不适用于新的历史需求了。陈乔森的思想超越脱逸、不合时宜，导致他的科举考试屡次落选。这些经历也让他看清楚了科举制度的不切实际。他在《登岳阳楼》中提道："谁能民物关忧乐，不信文章解治安。"[②] 他不认为八股文中所反映的民风民情与作者的忧乐之心有多大关联，他不大相信这些文章能真正解决国家安定的问题。简而言之，诗人对"八股取士"制度持有怀疑，他认为纸上谈兵的选才方式并不能为国家选拔有用之才，这些被八股文筛选的士族群体并不真正如文章呈现的那样为民生问题而忧虑，也并不一定能在国家治理

---

① 曾国藩. 曾国藩全集：诗文 [M]. 长沙：岳麓书社，1986：3933.
② 陈乔森. 海客诗文杂存 [M]. 赵永健，张学松，点校. 北京：中国社会科学出版社，2014：64.

中发挥实际的作用。陈乔森站在国家治理的角度，指出科举制度的局限性，这已经具有进步意义了。

此外，关于人才的重要意义和选拔方式，他也有自己的独特见解。如其《登贤台》云：

> 凭高一吊召公孙，致仕终能为道存。乱世君臣如此少，昔年王霸与谁论？狗屠沉醉看燕市，骏骨惊寒滞蓟门。比乐长吟在何等，黄金毕竟是私恩。

诗歌的前六句表达对建功立业的追求、对明君的渴望，结尾两句"比乐长吟在何等，黄金毕竟是私恩"，意义深远。他认为，燕昭王筑黄金台、招纳贤才的做法只是个人行为，史上明君忠臣如此之少，归根结底是没有建立起一套完整的选贤任能的人才制度作为保障。一个国家能长久地发展不能依靠个别英明的决策者，而要以广博的人才为基础。陈乔森敏锐地看到国家治理需要稳固的制度作为支撑，一百多年前的他就能看到制度对国家建设的重要性，已经不同凡响了。

（四）和谐共生、诗意栖居的生态意识

清代晚期商品经济的发展促成重商的社会风气，唯利是图的市侩气息浓重，社会弥漫着奢靡之风。"今之士子，贬气节、慕势利。"[1] 重利主义让一贯崇尚清高的士大夫文人也开始下海经商，"官商勾结"使得社会风气日趋腐败。陈乔森用诗歌批判这种重利主义对人性的泯灭，厌恶和排斥违背了自然的物质欲望。他在《咏史》中道：

> 荣利世所趋，人心日以靡。高台置黄金，招贤亦如此。

"趋"字生动形象地表达了人们对荣誉、利益等的追求，也点明了这种重利主义的趋势，一语双关。这种过度的欲望索求必将使人心日益糜烂，作者

---

① 广东省雷州市政协文史委员会. 雷州文史：第2辑［M］. ［出版地不详］：［出版者不详］，1995：109.

批判浮躁的趋利主义对人的纯洁心灵的毁灭。他认为人在无尽的欲望长河中游荡，将会迷失掉自然的本性。在这种奢靡的环境下，陈乔森坚持本心，与花木同乐、远离喧嚣、独善其身。彭玉麟曾欲留其在府中当幕僚，但被他以"性贪山水，淡于荣利，故绝意仕进，诸当道亦雅，不欲以势位而涸之"的理由拒绝。可见，陈乔森淡泊名利地位、热衷自然山水，对仕途地位不贪不恋，向往自然的田园生活。

在陈乔森的人生经历中，自然给了诗人心灵的慰藉，他倡导和谐共生的生态意识。晚年的他与自然为伴，这样的生活使他从宦途失意的落寞中解脱出来，过上了美好闲适的生活。陈乔森把在雷州城的住宅命名为亭榕垞，院内穿池叠石，莳竹栽花。他从书院回来，就埋头花木、心无旁骛，正所谓"嚣尘远隔，不如结庐在人间也"。其门联写着"因树为屋，以书为田"，反映了诗人诗意栖居的生活状态，体现了他与自然共生的生态意识、远离喧嚣与花木自娱的人生观。

通过融入自然环境，陈乔森获得了精神的慰藉和思想的超然解脱。其《出庐外垂钓》云："长夏无炎暑，茅茨大壑西。径为蕉叶碍，门与稻花齐。聚咽青蝉小，争飞白鹭低。前陂一夕雨，垂钓水平堤。"诗歌描绘了盛夏时家乡的自然景物，大海、茅草屋、香蕉树、稻花、蝉以及白鹭，无不表达了他对家乡的热爱，也刻画了诗人垂钓时的惬意。

再如《末伏始获大雨快然》：

> 雷鸣虩虩风飂飂，浓云亦复压墙头。疏疏数阵不成湿，屡屡一洒即自休。图史畏阅不胜汗，卉药虽灌多含愁。失喜帘纤遍霄汉，旋觉霹霖喧林丘。声兼爽籁实驱暑，气挟深凉宜酿秋。瓦垄高低喷飞溜，堂坳起灭行浮沤。官人肮脏借寒卫，儿童踊跃寻芥舟。九市闻蛙米价定，两潭橛龙民气瘳。不妨著屐立檐下，竹树怒青新昔晔。

雷鸣、飓风、黑云压城是大雨来临前的自然现象。大雨驱散暑热，洗去人心中的焦虑浮躁，褪去官人的腐朽气质，孩童踊跃地在雨后嬉戏。雨后感受到的是青蛙鸣叫、丰收的香气和青葱的绿意。与遭遇大雨所形成的苦闷忧郁相比，诗人喜悦欢快，他认为大雨是自然赋予人类的收获和心灵的洗礼。

把官人和儿童放在一起，"儿童"是人类最纯真的自然本性，诗人赞颂天真无邪的童心是人类原始的本性，"官人"影射被名利欲望污染的俗人，诗人将两者放在一起，暗示着欲望让人的天然本性丧失。诗人认为大自然可以洗去人类心中的浮躁，呼吁人类回归自然，恢复自然的本性。由此可见，诗人对人与自然的关系的理解非常深刻，人与自然和谐共生，自然可以塑造人类。

二、陈乔森诗文先进思想的现代价值

（一）坚持廉洁的作风建设

陈乔森的诗文具有强烈的现实主义精神，敢于直面现实、敢于对不平等的社会现实进行批判，对劳动人民表示同情和称颂。他的许多作品反映民生疾苦和政治动乱，揭露统治者的丑恶嘴脸，表现深刻的人民意识和深厚的爱国情怀。他的诗歌从劳动人民的视角出发，抨击压制百姓的腐朽官员，为农民争取利益，这种群众意识就是我们所倡导的为人民谋福利的服务意识。陈乔森通过诗歌流露出对腐朽政治的不满和对廉洁之道的呼吁。如他在《遂溪县印金宾兴祠碑记》中说道："此后，学师顺其养，而安其尊，而修其教。庠士去其累，而专其事，而抒其学。师弟相见，崇以礼而不言贿，廉耻之道可兴而无所丧。"[1] 文中提到修养教育的重要性，强调官员要重视礼义精神而不要谈贿赂之事，要有廉洁的操守。

对廉洁之道的重视不仅体现在他的文学作品中，他还借绘画作品表达了对廉洁品质的推崇。他的绘画题材虽然范围广阔，但大多描绘梅、兰、竹、石、牡丹、仙鹤等美好的事物，从侧面反映了诗人对高贵品质的认可和追求。陈乔森爱画蟹，尤工芦蟹。今天的蟹代表横行霸道和富甲一方，可在传统的人文含义中，蟹代表着耿直耿介、特立独行。芦为青色，暗喻"清廉"。[2] 陈乔森有很多以芦蟹为题材的画作流传于世，表达了诗人不愿同流合污以及对清廉作风的推崇和追求。陈乔森主张廉洁之道和素养教育对今天的反腐倡廉的作风建设起到思想教育的重要作用。

---

① 陈乔森. 海客诗文杂存 [M]. 赵永健，张学松，点校. 北京：中国社会科学出版社，2014：18.

② 吴慧平，张伟文. 不衫不履——陈乔森的艺术世界 [J]. 中国书法，2017（8）：2.

（二）现代教育观的发展

陈乔森终生投入教育事业，他的很多教育理念和教育方法对当代教育有着重要的借鉴意义。

一是言传身教的教师观。陈乔森题联"守道重醇儒，经师人师，文远宏开钦北斗；立名遵先哲，言教身教，士风不变式南邦"①。此文上下互文，大致意思是作为教师，要循儒家先贤的精神，让自己的学问深厚、道德高尚，才能成为后来者学习的榜样，才能引领一代文化气运和时代风貌。这是陈乔森对教师的要求。为人师者，要钻研学术才能做到治学有道、立德树人，这与当代"学高为师，身正为范"的教育思想相吻合，对当代提倡终身学习、终身教育的观念仍有启发。教师只有吐旧纳新，拥有渊博的学识，才能做到传道、授业、解惑；教师只有以身作则，为人师表，才能培养学生正确的价值观和生活习惯。

二是促进学生全面发展的素质教育观。陈乔森在《遂溪县印金宾兴祠碑记》中提道："育以德而不患贫。"② 强调了德育的重要性。陈乔森在院规中也强调注重对学生知识与能力的培养，促进学生全面发展。

（三）坚持生态文明建设

陈乔森诗文中流露出的回归自然的生态意识对新时代建设中国特色社会主义生态文明建设具有重要的启示作用，号召人类尊重自然、爱护自然以及回归自然。

习近平总书记指出："自然是生命之母，人与自然是生命共同体，人类必须敬畏自然、尊重自然、顺应自然、保护自然。"③ 人与自然是命运共同体，生态文明建设也是造福人类的建设。随着市场经济的发展、工业的迅速发展，人们的物欲横流，沉浸在金钱利益的世界，为了追求物质的享受而破坏自然。陈乔森对"荣世所趋，人心日以靡"的社会现象极力反对和排斥，他不屑于

---

① 王可. 岭南人文图说之一一五——雷州陈乔森 [J]. 学术研究，2013（7）.

② 陈乔森. 海客诗文杂存 [M]. 赵永健，张学松，点校. 北京：中国社会科学出版社，2014：11.

③ 蔡永生. 中国特色社会主义与改革开放的辩证关系及其实现路径 [N]. 贵州日报，2018 - 09 - 18（13）.

人类为了一己私利而牺牲自然的利益，他认为破坏自然是丧失人性的自私行为。陈乔森曾在《田舍》一诗中说道："不竟朱门锦绣华，人生至味是烟霞。"① 不必为权力富贵而苦苦追求，因为人生的真正意义就是生活中的烟火气息。这也是诗人回归平凡生活的人生态度，呼吁从物欲的世界抽离出来，回归淳朴的生活状态。陈乔森批判破坏自然的私利主义、呼吁归根，对倡导人与自然和谐相处的生态文明建设有着重要意义。

晚年的陈乔森真正回归自然，并享受自然朴实的生活。他的学生宋鑫写诗赞扬其"人是山中蕚绿华，仙姿佛骨自成家"②。可见，陈乔森将自己融入自然山水，与自然共生。这种返璞归真的自然观也在影响着后人的生活观，如现在提倡的绿色出行、绿色饮食、绿色旅游，其实也是在鼓励人们从自然中汲取养分，在自然中放松，给心灵以解脱。

三、结语

综上所述，陈乔森在其诗文中融入了个人的情感和对人生、对世界的思考。解读陈乔森诗文中的思想内容，可以感受其传达的先进意识。这些思想破除了陈旧的思想禁锢，在黑暗的社会现实中绽露光芒，给人温暖和希望。他的进步思想可以突破时代的局限，在现代也依旧发挥着重要作用。深入挖掘陈乔森诗文所体现的思想内涵，我们可以看到其始终坚持以人民为中心，坚持反腐败的斗争，追求国家安全统一，坚持教育强国，维护社会公平，推动制度建设，倡导人与自然和谐相处的生态观。这些理念对推动新时代特色社会主义建设有着重要的现实意义。

---

① 陈乔森. 海客诗文杂存［M］. 赵永健，张学松，点校. 北京：中国社会科学出版社，2014：127.

② 广东省海康县政协文史组. 海康文史：第 1 辑［M］.［出版地不详］：［出版者不详］，1989：14.

戏源词汇泛化的方式

李玉晶①

所谓"戏源词汇"是指汉语词汇中基于戏曲艺术本身的需要而产生，以及受戏曲艺术的影响而形成，与戏曲艺术具有一定渊源关系的词语。戏源词语产生后，在使用的过程中，有些词语的用法发生了变化。表现为：①突破了专业性，不再局限于戏曲行业内使用，而是扩展到其他领域。②突破了单义性，增加了新的语义。③突破了确定性和语义的客观性，随着使用范围的不断扩大，所指变得不确定了，模糊性也逐渐增加，语义的主观性也逐渐增加。这些变化都是词语泛化的结果，戏源词语发生了不同方式的泛化。

泛化（generalization），就是指"实词语义的抽象化、一般化和扩大化，它是以实词的部分具体义素的脱离和词义的适用范围扩大为前提的"②。王吉辉（1995）认为，"所谓意义泛化，是指体现了概念的词或固定短语的 A 义在演进到 B 义过程中发生的概念内涵上的部分消失现象"。刘大为（1997）认为"语义泛化指的是词语在保持越来越少的原有语义特征的情况下，不断产生新的使用方式将越来越多的对象纳入自己的指谓范围"。综合上述学者对语义泛化概念的界定，不外乎两点：一是原有语义特征减少；二是指称范围和使用范围扩大。义素变化和跨域使用是实现戏源词汇泛化的主要方式。

一、义素变化

实现词语泛化的主要方式之一是义素的变化，词语通过义素的某些具体变化，实现了概念内涵意义的减小、外延的扩大。义素是构成义项的语义成

---

① 作者简介：李玉晶，广东海洋大学文学与新闻传播学院副教授。
② 张谊生. 论与汉语副词相关的虚化机制：兼论现代汉语副词的性质、分类与范围［J］. 中国语文，2000（1）：6.

分，按照其层级结构性，可分为中心义素和限定性义素。中心义素表示其所属语义场，而限定性义素表示对中心义素的修饰限定。两种义素的变化都可能引起戏源词语的语义泛化。

（一）中心义素的变化

义项构成中的限定性义素基本保持不变，词语语义的泛化主要由中心义素的变化来实现，即中心义素在范围上扩大。

（1）表现为中心义素从具体到抽象，如：

二进宫：传统剧目，指徐、杨二人二次进宫进谏，比喻二次入狱。泛指回到任何地方。（［＋宫殿］→［＋地方］）

潜台词：戏曲中角色台词的内在真实含义，以及隐藏在台词中的弦外之音和未尽之言。泛指言外之意。（［＋台词］→［＋言语］）

内幕：戏曲舞台内用作转换布景等的幕布。泛指内部情况。（［＋幕布］→［＋情况］）

班子：戏班。为完成某项工作或任务的组织。（［＋戏班］→［＋组织］）

草台班（子）：指演员较少、设备简陋的长期流动的戏班子。泛指临时或是比较草率组成的水平不高的组织。（［＋戏班］→［＋组织］）

主角：戏曲中的主要人物及扮演主要人物的演员。泛指主要当事人。（［＋角色］／［＋演员］→［＋人］）

配角：戏曲中的次要人物及扮演次要人物的演员。泛指做辅助性工作的人。（［＋角色］／［＋演员］→［＋人］）

后台老板：戏班经营者。泛指背后操纵者。（［＋经营者］→［＋操纵者］）

面具：戏曲演员用来塑造面部形貌的一种化妆用具。泛指伪装。（［＋用具］消失）

角色：剧本中各种人物形象。泛指在现实生活中某人的身份地位、功能作用。（［＋形象］→［＋身份］）

小生：京剧中扮相清秀英俊的年轻男性。泛指影视娱乐圈内或某一行业中有影响力的男性人物。（［＋戏曲演员］→［＋人物］）

龙套：传统戏曲角色，多扮演士兵、随从、夫役等群众角色，因身穿龙

套衣而得名。泛指无关紧要的打杂类工作，进一步泛指无足轻重的事物。（［＋角色］→［＋工作］→［＋事物］）

（2）表现为中心义素从个别到一般，如：

杨门女将：京剧新编剧目，杨家将里的众女将。泛指杨姓女强人。（［＋将领］→［＋强人］）

空城计：戏曲传统剧目，取材于《三国演义》，司马懿大军直逼西城时，诸葛亮无兵将可遣，反而大开城门，故作镇静地在城楼抚琴，使司马懿生疑退兵。泛指空无一人。（［＋策略］消失）

陈世美：戏曲传统剧《铡美案》中的男主角，忘恩负义、抛妻弃子。泛指负心汉。（［＋陈世美］消失）

秦香莲：戏曲传统剧《铡美案》中的女主角，被富贵后的丈夫抛弃。泛指被显贵的丈夫抛弃的女人。（［＋秦香莲］消失）

东郭先生：明杂剧《中山狼》中的主要角色，好心救了狼却差点被狼吃掉。泛指迂腐懦弱、滥施仁义、容易上当受骗的人。（［＋东郭先生］消失）

窦娥：杂剧《窦娥冤》里的女主角，无辜遭人陷害，被贪官判处死刑后含冤而死。泛指被冤枉的人。（［＋窦娥］消失）

法海：传统戏曲《白蛇传》中的人物，拆散白蛇和许仙的美好姻缘。泛指拆散别人夫妻、恋人的人。（［＋法海］消失）

红娘：元杂剧《西厢记》中女主角崔莺莺的侍女，聪明机智，促成了崔、张的美好姻缘。泛指媒人。（［＋红娘］消失）

水漫金山：戏曲传统剧目《白蛇传》中白蛇恼怒，与法海斗法，造成水漫金山寺。泛指大水泛滥。（［＋金山］消失）

（二）限定性义素的变化

义项构成中的中心义素基本保持不变，词语语义的泛化主要由限定性义素的变化来实现。

（1）表现为限定性义素消失，如：

编撰：剧本的编写。泛指编写。（［＋剧本］消失）

闹天宫：戏曲传统剧目，指孙悟空大闹天宫。泛指大闹。（［＋天宫］消失）

场景：戏曲中的场面。泛指情景。（［＋戏曲］消失）

扮相：戏曲演员化装成所扮演的人物后的外部形象。泛指打扮成的样子。（［＋戏曲］［＋演员］消失）

行头：戏曲演出的服饰及用具。泛指随身装备，包括衣服和其他用具。（［＋戏曲］消失）

打出手：戏曲中的武打场面。泛指打架斗殴。（［＋戏曲］消失）

插科打诨：戏曲表演中插入滑稽语言或动作使观众发笑。泛指起哄逗乐的言行。（［＋戏曲］消失）

全武行：戏曲表演中大规模的武打表演。泛指大规模的斗殴等暴力行为。（［＋戏曲］消失）

开打：戏曲中武打场面的开始。泛指动武打架、开动战争。（［＋戏曲］消失）

（2）表现为限定性义素由具体到一般，如：

借东风：戏曲传统剧目，三国赤壁之战中孙吴大军借用东风火攻曹操大军。泛指借用好的形势或外力。（［＋东风］→［＋外力］）

科班：正规培养戏曲演员的教育机构。泛指正规培养人才的教育机构。（［＋戏曲演员］→［＋人才］）

搭班：临时加入某个戏班参加演出。泛指临时加入某项任务或工作与人合作完成。（［＋戏班］→［＋工作］；［＋演出］→［＋合作］）

班底：除主要演员外的其他戏班人员。泛指一个组织或团体中的基本成员。（［＋戏班］→［＋团体组织］）

跟包：戏曲行业中专为某个演员管理服装等杂务及做这项工作的人。泛指被雇佣而跟随身边为其处理杂务及做这项工作的人。（［＋演员］→［＋雇主］）

（三）中心义素和限定性义素共同变化

义项构成中的中心义素和限定性义素都有所变化，共同实现了词语语义的泛化。

（1）表现为中心义素和限定性义素所指范围都有所扩大。如：

舞台：戏曲演员演出的台子。泛指社会活动的场所。（限定性义素：

[＋戏曲演出]→[＋社会活动]；中心义素：[＋台子]→[＋场所])

前台：戏台的前面。泛指各领域的前端。（限定性义素：[＋戏台]→[＋领域]；中心义素：[＋前面]→[＋前端])。泛指公开的地方。（限定性义素：[＋前面]→[＋公开]；中心义素：[＋戏台]→[＋地方])

台柱子：戏班中的主要演员。泛指团体组织中的骨干。（限定性义素：[＋戏班]→[＋团体组织]；中心义素：[＋演员]→[＋成员])

反串：戏曲演员扮演同本身所属行当表演特点距离较远的非本行当的角色。泛指临时充当与本职业相对的职业、身份。（限定性义素：[＋戏曲]消失、[＋角色]→[＋身份]；中心义素：[＋扮演]→[＋充当])

独角戏：由一个演员完成的小戏。泛指一个人独自完成的事情。（限定性义素：[＋演员]→[＋人]；中心义素：[＋戏]→[＋事情])

打出手：戏曲中的武打场面。泛指商业大战。（限定性义素：[＋戏曲]→[＋商业]；中心义素：[＋武打]→[＋竞争])

（2）表现为限定性义素消失，中心义素所指范围扩大。如：

后台：戏台的后面。泛指幕后的势力组织。（限定性义素：[＋戏台]消失；中心义素：[＋后面]→[＋靠山])

幕后：舞台帷幕的后面。泛指暗中。（限定性义素：[＋帷幕]消失；中心义素：[＋后面]→[＋暗中])

傀儡：木偶戏中靠后台艺人操作演出的木头人。泛指受人操纵不能自主的人或集团。（限定性义素：[＋戏曲]、[＋艺人]消失；中心义素：[＋木头人]→[＋人或集团])

范儿：戏曲表演时的规范和技巧。泛指某种风格、气质、神韵。（限定性义素：[＋戏曲]消失；中心义素[＋规范]→[＋风格])

过场：戏曲表演的调度手法，演员从舞台一侧上台从另一侧下台，不做任何实质性的表演。泛指只走形式，敷衍了事。（限定性义素：[＋戏曲]消失；中心义素：[＋调度手法]→[＋形式])。泛指方法、花样。（限定性义素：[＋戏曲]消失；中心义素：[＋调度手法]→[＋方法]／[＋花样])。

二、跨域使用与语境吸收

"语域（register）"的概念最早由 Reid 在 1956 年研究双语现象时提出①。韩礼德认为语言将随着其功能的变化而变化，这种由用途区分的语言变体就是语域。② 后来，韩礼德认为语域不仅仅是形式上的区别，意义上也有区别。因此，语域是"通常和某一情景类型相联系的意义结构"③。王珏认为："语域（register）指语言因功能不同而形成的不同语言变体（varity）。"④

从不同的角度可以划分出不同的语域。若从语境的角度，根据场景范围的不同，可以产生属于不同领域的语域，如体育语域、艺术语域、总教语域、政治语域等。语域可以根据不同的精密阶（delicacy）⑤ 进行进一步的细分。如文艺语域可再细分为属于不同学科、行业的语域，如文学语域、音乐语域、舞蹈语域、戏曲语域、话剧语域、影视语域等。

一般情况下，"语域之间的界限是清楚的，各语域的词汇具有明确的语域功能"⑥。如表达 A 领域的内容时，会使用本语域的词汇，而不会使用 B 语域的词汇，即"守域使用"。

但词汇的使用并不都是本分地"守域"，有时也会"跨域"，即人们将 A 语域的词汇突破语域限制用到 B 语域中。"跨域使用"是戏源词汇泛化的又一重要方式。我们将 A 语域称为原域、B 语域称为扩张域。

戏源词语的跨语域使用主要有以下几种情况。

（一）跨入艺术语域中的其他子语域

我们考察了"当家花旦""开幕""海报""包场"四个戏源词语，发现

---

① URE J, ELLIS J. Register in descriptive linguistics and linguistic sociology［M］. Hague：Mouton Publishers，1977：198.

② HALLIDAY M A K, MCLNTOSH A, STREVENS P. The linguistic science and language teaching［M］. London：Longman，1964：75.

③ HALLIDAY M A K. Language as social semiotic：the social interpretation of language and meaning［M］. London：Edward Arnold，1978：123.

④ 王珏. 词汇的跨域使用与词义的衍生［J］. 徐州师范大学学报（哲学社会科学版），1997（3）：45 - 47.

⑤ 指分析语言现象的详尽程度。参见张德禄（1987）注释⑫。

⑥ 王珏. 词汇的跨域使用与词义的衍生［J］. 徐州师范大学学报（哲学社会科学版），1997（3）：45 - 47.

其在艺术领域内的跨界使用，主要涉及了音乐、舞蹈、美术、文学、影视、话剧、摄影等行业的语域。戏源词语的跨界使用情况如表1所示。

表1　戏源词语的跨界使用情况

原域	扩张域	举例
戏曲	音乐	包场：包场欣赏交响音乐 海报：伦敦交响乐团的海报 开幕：卡尼基开幕节
	舞蹈	开幕：舞剧开幕 海报："亚洲最优秀表演团"的海报
	美术	开幕：画展开幕
	文学	当家花旦：文学研究界的当家花旦 开幕：青年文学创作会议开幕
	影视	开幕：电影节开幕 当家花旦：无线电视台的首席当家花旦 海报：电影海报、电视剧海报 包场：包场放映
	话剧	当家花旦：话剧团当家花旦 海报：《娜拉》的海报 包场：话剧包场
	摄影	开幕：摄影作品展开幕

戏源词语在艺术领域内的跨域使用颇有特点，表现为：①扩张域的基本固定性，主要涉及影视、音乐、舞蹈等行业。②跨语域的使用情况呈不平衡性，跨语域的难易程度和语域间关系的紧密度呈正比，一般情况下多跨入与戏曲行业较近的语域，如音乐、舞蹈、美术、文学都与戏曲艺术联系紧密，而影视、话剧与戏曲行业的相似性极高。③一般情况下，语域开始扩张，就不会止于一个语域，如表1中"开幕""海报"等词语都不止跨入一个语域。

（二）跨入艺术语域外的其他专业语域

我们考察了"当家花旦""开幕""海报""包场"四个戏源词语，发现其在艺术领域外的跨域使用，主要涉及了体育、经济、文化、科技、教育等语域。戏源词语的跨域使用情况如表2所示。

表2　戏源词语的跨域使用情况

原域	扩张域	举例
艺术	体育	当家花旦：中国女子跳板的当家花旦 开幕：奥运会开幕 海报：世界杯足球赛的海报 包场：男篮邀请赛包场
	经济	当家花旦：上海大众的三大当家花旦 开幕：米勒豪（宾馆）开幕 海报：商业海报 包场：包场预订服务
	文化	开幕：中国名食世界馆开幕
	科技	当家花旦：蜂巢游戏当家花旦 开幕：农业科学院开幕
	教育	开幕：中小学爱国主义教育现场会开幕
	历史	开幕：中国历史的开幕时期
	学术	海报：讲座的海报
	社会	海报：公益海报
	军事	当家花旦：伊拉克战机成为当家花旦
	医学	开幕：艾滋病援助组织大会开幕

戏源词语在艺术领域外的跨域使用也颇有特点，表现为：①扩张域的广泛性，仅四个戏源词语就涉及了体育、经济、科技、文化等十个语域。②跨语域的使用情况呈不平衡性：跨语域的难易程度和语域间关系的紧密度呈正比，一般情况下多跨入与戏曲行业较近的语域，如体育语域的跨入最多，因为体育竞赛的表演性、可观赏性与戏曲艺术的相似性极高；另外，跨入语域多与社会生活联系紧密或在当代受到高度重视并高速发展，如当代社会重视经济、科技的发展，因此跨入经济语域、科技语域的词语也比较多。③一般情况下，语域开始扩张，就不会止于一个语域，如表2中"开幕""海报"等

词语都不止跨入一个语域。

（三）跨入一般生活语域

有些戏源词语的使用频率高，最后往往会进入一般生活语域。如跑龙套、演戏、走过场等词语。戏源词语跨入一般生活语域的使用情况如表3所示。

表3　戏源词语跨入一般生活语域的使用情况

原域	跨域		举例
戏曲	一般生活语域	跑龙套	他把土牢的钥匙向王宏面前一扔，说："钥匙交给你吧！从此我再也不掌钥匙了。有什么任务老是龙眼、登云、喜姑，叫我跑龙套，我干不来！"（王英先《枫香树》）
		演戏	他的眼睛——虽然隔了十年，人还是那个人呵！就算他是骗她的，迟一点儿发现不好么？即使明知是骗人的，他太会演戏了，也跟真的差不多罢？（张爱玲《金锁记》）
	、	走过场	这一向忙换届选举。虽然是走过场，但场也是要走的。（六六《蜗居》）

考察一些跨入了一般生活语域的戏源词语，我们发现这类词语的使用频率大多较高，比较活跃，有些词语还先跨入与戏曲语域相近的语域中使用。如"跑龙套"，跨入了影视娱乐语域中，也指"扮演小角色"。随着使用频率的提高，再跨入一般生活语域，泛指"做无足轻重的事"。同时，大多数跨入一般生活语域的戏源词语，在使用过程中都衍生了新义，即在语用泛化的同时还伴随着语义泛化。从语言形式上来看，跨入一般生活语域的戏源词语大多成为惯用语、俗语，形象生动，丰富了语言表达。

参考戏曲艺术类词典、汉语词典，再结合语料历时、共时考察，据不完全统计，跨域使用的戏源词语有170余条。有些词语仅仅是语域上的扩张，语义基本还未改变；而有些词语在语域扩张过程中产生了新义，伴随着语义泛化。

义素变化和跨域使用都是戏源词语泛化最重要的两种方式。戏源词汇通过义素变化，所指范围得以扩大，具体表现为：中心义素从具体到抽象或是从个别到一般；限定性义素的消失或是从具体到一般；中心义素和限定性义素共同变化，中心义素和限定性义素所指范围都有所扩大，或是限定性义素消失中心义素所指范围扩大。同时，戏源词汇通过跨域使用与语境吸收，使得其适用范围变大，从而促进其语义的进一步发展。两种方式相辅相成，共同作用于戏源词汇，使其不断地发展变化。

文献考释训诂

《水经注》"溱水"考①

蔡　平②

　　溱水，今珠江北支流北江，自其正源武溪东南流至曲江与浈水汇合，折而向南，沿途汇集了众多大小支流，又至中宿（今清远县地）向南，与郁水（西江）汇合于三水附近。《水经注》对溱水的描述较详，但仍存在许多模糊不清的问题，遂不揣浅陋，在全面检讨现存相关史料基础上略考之。溱水与资水、涟水、湘江水、漓水同处《水经注》卷三十八。以下依《水经注》语顺序依次考述。

　　溱水出桂阳临武县南，绕城西北曲东流。

　　熊会贞疏："《汉志》，桂阳郡临武有秦水。《说文》，溱水出桂阳临武。段玉裁曰，溱读如秦。"③《汉书·地理志》："桂阳郡，高帝置，莽曰南平，属荆州。县十一：郴；耒山，耒水所出，西南至湘南入湖。项羽所立义帝都此。莽曰宣风。临武；秦水东南至浈阳入汇，行七百里。莽曰大武。便，莽曰便屏；南平；耒阳；桂阳，汇水南至四会入郁（林），过郡二，行九百里；阳山，侯国；曲江；含洭；浈阳，莽曰基武；阴山，侯国。"④

　　桂阳郡为汉高祖所置，属荆州刺史部。其地包括今湖南南部及广东北部韶关、清远的部分地区。临武为桂阳郡所属十一县之一，其地即今湖南临武

　　①　基金项目：湛江市哲学社会科学规划项目（湛江科规划〔2014〕11号）《湛江通史简编》。
　　②　作者简介：蔡平，博士，广东海洋大学文学与新闻传播学院教授，主要研究方向为中国古代文学及岭南史地与文化。
　　③　杨守敬，熊会贞．水经注疏：下册〔M〕．南京：江苏古籍出版社，1999：3147．以下引《水经注疏》不再出注。
　　④　班固．汉书：第六册〔M〕．颜师古，注．北京：中华书局，1962：1594．

县。汉临武县为溱水的发源地，此水源于今湘粤两省交界的九嶷山北麓，出源地后经临武蜿蜒向东，入今广东境内。《湖南古今地名辞典》："北江上源武水源起于县西部，东流出境入宜章县。"[①] 溱水（今武水）在湖南境内流经临武、宜章两县地。今临武以南有武水地名，临武以濒临武水而得名。此即《水经注》中的"溱水"。

《汉书》所谓"秦水东南至浈阳入汇"，又当作何理解呢？

其意为流经临武县的溱水向临武县治东南方向流去，至浈阳汇入其他河流（指古浈水）。这里又存在一个问题，即溱水全长七百里，如果从临武算起，到哪里谓之为七百里呢？是至浈阳为终点吗？而浈阳作为地名又在何处呢？谭其骧《中国历史地图集》第二册《荆州刺史部》中标"浈阳"在今瀓江汇入北江的英德，按照《汉志》的说法，七百里溱水应是从临武之源至浈阳（今广东英德）。

　　　　溱水导源县西南，北流经县西，而北与武溪合。

熊会贞疏："今日乐昌水，源出临武县西南华阴山。"这里同时出现了"溱水"和"武溪"，据《中国地图集》[②]，今临武附近确有两条河流，两河流均位处临武县城南面，在临武以东汇合。但纸质地图尚无法显示临武附近更为真实的地貌，又据卫星地图，今有两条河流在临武县城汇合，这两条河流在临武县城汇合以后称为武水，今县城东不远处有武水镇为证。按照《水经注》关于临武县与溱水、武溪之间位置关系的说法，古临武县城当位于今临武县城东南，临近古临武县城的是溱水，溱水北面的是武溪，今武溪上源有武源乡，正好可证明这条河流便是武水正源。《湖南古今地名辞典》的"临武县"条称："西汉初置临武县。《水经注》谓县侧临武溪东，因名。治所在今县城东北9公里土地乡古城村。"《地名辞典》所谓古临武县治所的位置与《水经注》的描述不符，误也。由此可见，溱水、武溪皆为今武水的上源，二者在古临武县城西北汇合以后，古沿用位居南者之名仍称溱水，今沿用位居北者之名称武水。古溱水、今武水皆有其称名的依据。熊会贞认为，古溱水

① 裴怀昌. 湖南古今地名辞典 [M]. 长沙：湖南出版社，1993：428.
② 中国地图集编纂委员会. 中国地图集 [M]. 北京：中国地图出版社，2010：155.

今又称乐昌水，就是溱水（今武水），入广东经乐昌城向下，并具体指明溱水发源之山——华阴山。据《隋书·地理志》"桂阳郡"条，"临武，有华阴山"[①]，今地图未标注山名。

> 《山海经》曰：肆水出临武西南，而东南注于海。入番禺西。肆水盖溱水之别名也。

《水经注》所引《山海经》之说引出又一水名——"肆水"，从源头的位置看正合于溱水，因此《水经注》称《山海经》所说的"肆水"大概就是溱水的另外一个名称。《山海经》所说的"肆水"只明其头尾两端，而未言中途行经路线。这样看来，今北江，古之溱水便又有了一个《山海经》中的名称——"肆水"。

> 武溪水出临武县西北桐柏山，东南流右合溱水，乱流东南经临武县西，谓之武溪。县临侧溪东，因曰临武县，王莽更名大武也。

武溪水为武溪（武水）的上源，武溪水离开临武县西北桐柏山源头后，流向东南，与自西南向东北流向的溱水汇合，其汇合点就是今临武县城。自源头至与溱水的交汇点，称作"武溪水"。从"乱流东南经临武县西"来看，武溪水与溱水汇合以后是从古临武县城西北经过的，那么，二水汇合之后便称为"武溪"了。这里有一"乱"字，或为衍文，或为其他字之误，但不影响整体意义的理解。从上下文意看，应是"又东南流经临武县西"，自二水汇合处至古临武县城一段就称为"武溪"了。武溪这一段的流向是自西北向东南的，而古临武县城在其东侧。然而，二水汇合之后的武溪较长一段是呈西南—东北流向的，这对古临武县城的位置又产生了疑问。真实的情况是，二水与汇合点不可能距离古临武县城太远，所谓合流之后的武溪"乱流东南"，应是指武溪总体的流向。"临武"正是因武溪从县西流过而得名。

---

① 魏征，令狐德棻. 隋书：第三册［M］. 北京：中华书局，1973：896.

> 溪又东南流，左会黄岑溪水，水出郴县黄岑山，西南流右合武溪。

武溪继续流向东南，至今广东坪石又有黄岑溪水汇入。杨守敬《水经注疏》曰："岑溪水，宜章一县之水，南出韶之乐昌，以入于曲江。"既然黄岑溪水为宜章一县之水，其必指流经今宜章城的一条河流，该水确为宜章境内最大的一条河流。但该水至今广东坪石应汇入武溪，称"南出韶之乐昌，以入于曲江"，似乎是撇开作为主流的武溪，而以黄岑溪水为主体了。如果这里是以黄岑溪水为主体，确是一路向南经坪石至乐昌，那么，在杨守敬看来，黄岑溪水（汇合了武水之后的）至乐昌便又称为"曲江"了。黄岑溪水源出郴县之黄岑山，《水经注疏》引何孟春《郴阳志》曰："黄岑山，或曰王禽山，又曰骑田岭，五岭之一也。"骑田岭呈东北—西南走向，黄岑溪水源于骑田岭南麓，为今北江左上源武水（武溪）的主要支流之一。今湖南宜章县北黄岑溪水上游有黄岑水库。黄岑溪水总的流向呈西北—东南走向，《水经注》称"西南流右合武溪"的方向与实际不符，当是"东南流右合武溪"。

> 武水又南入重山，山名蓝豪，广圆五百里，悉曲江县界。崖壁峻阻，岩岭干天，交柯云蔚，霾天晦景，谓之泷中。悬湍回注，崩浪震山，名之泷水。东至曲江县安聂邑东，屈西南流。

《水经注》的记述至此又回到武水上来。武水（武溪）自黄岑溪水汇合处的坪石始，便进入万重大山之中，此山名谓"蓝豪山"，熊会贞据《元和志》谓："蓝豪山在乐昌县西北一百九十里，广五百里。唐乐昌旧本曲江县地。此其西北境也。山在今乐昌县西北。"自坪石至乐昌一段称泷水，水流方圆五百里的山区称泷中。"泷"，本指水流的湍急，唐贾岛《寄韩潮州愈》诗云："此心曾与木兰舟，直到天南潮水头。隔岭篇章来华岳，出关书信过泷流。"齐文榜《校注》谓："岛寄往潮州的书信要越过秦地的关塞和泷水方向可到达。自京师赴潮州须出蓝田关、武关，经南阳、江陵，由湘江上溯经韶州，越泷水方可到达。泷流，泷水，即今广东北江上流韶关市西北的武水，古名泷水。"① 泷水流经的一段又称"泷峡"。唐张九龄有《赴使泷峡》诗，熊飞注曰："泷峡，指乐昌泷水峡谷。泷水，即武水，又名武溪，源出湖南临武县西，经宜章县流入广东乳源县西北，经乐昌至韶关入北江。"② 清屈大均《广东新语·水语》称"昌乐泷"，正指自乐昌西北泷口至坪石一段。其曰：

> 昌乐泷，在乐昌县西北六十里，自泷口以上至平（坪）石，凡有六泷，乃郦生所称"崖壁峻阻，岩岭干空，交柯云蔚，霾天晦景，谓之泷中"者。泷中之山名监豪（《水经注》作"蓝豪"），两峡相抵触，欲崩欲陷，枫、楠、豫章诸大木撑之。天从石罅中出，仅寻丈许，随峡势以为大小，屈曲萦回百余里，至泷口，乃稍开豁。峡中一名武溪，其水源出桂阳王禽山，入临武，经鸬鹚石南流，合泸水、泠君之水，激为大泷。……
>
> 岭南谓水之湍浚者曰泷，诸州皆有泷。英德有泷头水，罗定有泷喉，而以此六泷为大，六泷又以穿腰为大。……③

屈大均称"武溪，其水源出桂阳王禽山，入临武"，误也。王禽山，即今骑田岭，源出骑田岭之水为上文提到的"黄岑溪水"，而黄岑溪水并不流经临武。韩愈诗"南行逾六旬，始下昌乐泷。险恶不可状，船石相春撞"（韩愈《泷吏》)④ 亦言泷水之险。泷水自泷中东南流，至曲江县（今韶关市）。安聂城，熊会贞谓"邑当在今曲江县西南，对东江口"。据《韶关市武江区志》，"武江区西河，晋朝谓安聂邑，是韶关历史名城的重要组成部分"⑤。今武江区有西河镇，为韶关市武江区的中心城区，其东面滨江为武江南路，正对面为武江与今浈江交汇处，故熊会贞谓"对东江口"，此言不虚。那么，熊会贞所谓"东江口"之"东江"便是指今之浈江了。泷水（武水、武溪）与浈江（东江）汇合后，便折向西南流。

武水从黄岑溪水汇入武溪的坪石至乐昌城段，是沿线最为险要的一段水

---

① 齐文榜. 贾岛集校注 ［M］. 北京：人民文学出版社，2001：450.
② 熊飞. 张九龄集校注 ［M］. 北京：中华书局，2008：238.
③ 屈大均. 广东新语：上册 ［M］. 北京：中华书局，1985：142.
④ 方世举. 韩昌黎诗集编年笺注：下册 ［M］. 北京：中华书局，2012：579.
⑤ 韶关市武江区地方志编纂委员会. 韶关市武江区志 ［M］. 北京：方志出版社，2009：56.

路，行舟极为不易，故秦汉以来南北往来本可以取泷水而下韶州，却另外开通了陆路交通线，即后世所说的湘粤古道。

> 泷水又南出峡，谓之泷口。西岸有任将军城，南海都尉任嚣所筑也。嚣死，尉佗自龙川始居之。东岸有任将军庙。

泷水冲出泷水峡谷处称为"泷口"，泷口东西两岸有南越国时期的古城遗址。范端昂《粤中见闻》："泷口有鹅公石，在水中，险若淫豫（滟滪），过此乃敢泊舟。泷口东岸有赵佗古城，佗昔自王，首筑此城以扼楚塞。泷水至县西北三十里，县西门曰西泷，其东曰东川，南曰武水。县南有龟峰横当水口，潆洄倒流，作乐邑关键。"① 赵佗故城遗址在乐昌城西南约一公里的武江西岸。秦二世元年（前209），龙川令赵佗接任南海尉，而后称南越王。《乐昌县志》载："赵佗为南海尉，值中原大乱，移檄南安横浦关（即今南雄市梅关）、桂阳湟溪关（即今阳山县阳山关），绝新道筑城二：一在今仁化县北一百三十里，以壮横浦，一在今县治西南二里、以壮湟溪。""秦二世三年，南海尉赵佗筑城河南水。"可以想见，当年"以扼楚塞"的赵佗城，在绝了秦开辟的梅关、阳山关新道之后，为行防御，必然驻扎大量军队，岭南、岭北商贾的往返，也必然经此未绝的泷水水道。沈扬《寻找乐昌》谓："中原文化通过泷口进入赵佗城，也势必通过赵佗城与岭南各地交流。赵佗城亦非纯粹军事上的关隘，它还包含着交通要地和贸易市镇，其市井规模亦非一般的屯兵营盘可比。"② 任嚣城（赵佗城）据险以扼泷口，这里既可以阻隔来自泷水的南下船只，也可以阻断来自郴州、宜章方向的陆路交通，进可以越岭以北进，退可以据险以自保。无论是经九死一生闯过九泷十八滩的船只，还是通过乐宜古道南下者，必取径乐昌，凭借舟船下韶州，奔番禺（今广州）。因此，秦汉以来乐昌就在湘粤通道上据有极为重要的战略位置。

> 泷水又南合泠水，泠水东出泠君山，山，群峰之孤秀也。晋太

---

① 范端昂. 粤中见闻［M］. 汤志岳，校注. 广州：广东高等教育出版社，1988：120. 屈大均《广东新语》、李调元《南越笔记》之说类似。

② 沈扬. 寻找乐昌［M］. 香港：中国评论学术出版社，2005：160.

元十八年，崩十余丈。于是悬涧瀑挂，倾流注壑，颓波所入，灌于泷水。

《水经注》记述了乐昌城以下仍称"泷水"。泷水过乐昌城，于泷水之东又有泠水汇入。熊会贞曰："泠君山，《舆地纪胜》谓之灵君山，云在乐昌县东北四十五里，山下有灵君神，因名。灵溪水出灵君岭下，即出今乐昌东北之白云洞水也。"泠溪水于今乐昌市长来镇注入泷水（武水），其源于乐昌以北的白云洞，向东南流，至廊田镇折向西南汇入泷水。熊会贞谓："今白云洞水西南流至乐昌县东南，入乐昌水。"意谓白云洞水为乐昌水支流，最终汇入泷水时已称为乐昌水了。

> 泷水又左合林水，林水出县东北洹山。王歆之《始兴记》曰：林水源里有石室，室前磐石上，行罗十瓮，中悉是饼银。采伐遇之，不得取，取必迷闷。晋太元初，民封驱之家仆，密窃三饼，归发看，有大蛇螫之而死。《湘州记》曰：其夜，驱之梦神语曰：君奴不谨，盗银三饼，即日显戮，以银相偿。觉视则奴死银在矣。林水自源西注于泷水。

陈桥驿《水经注校释》作"泷水又右合林水"[①]。熊会贞曰："泷水东南流，据下文林水西注泷水，则林水在泷水之左，当作左合，今订。"熊会贞之意谓林水与之前的灵溪水同在泷水之左侧，即都在泷水之东汇入泷水。"林水出县东北洹山"之"县"，指哪个县呢？必指乐昌县与曲江县其中之一。《水经注》前文曾说泷水流经地区"悉曲江县界"，乐昌为今县名，故这里的"县"当为曲江县。《水经注》云："《一统志》又以林水所出为林源山，在今曲江县北七十里。"则证明林水必是在今乐昌至韶关之间的武水之东侧汇入武水，但不明其具体位置。"林书自源西注于泷水"之说，也证明林水确在泷水之左，熊会贞是也。

---

① 陈桥驿. 水经注校释［M］. 杭州：杭州大学出版社，1999：673.

> 又与云水合，水出县北汤泉。泉源沸涌，浩气云浮，以腥物投
> 之，俄顷即熟。其中时有细赤鱼游之，不为灼也。西北合泷水。

熊会贞疏："《类聚》九十六引王韶之《始兴记》曰，云水源有汤泉。在今曲江县北。《幽明录》载此汤泉云，每至霜雪，见其上蒸气高数十丈，生物投之，须臾便熟。乃此作熟之确证。"然"汤泉"今在何处，其名谓谁，均无从知晓。今韶关、乐昌、始兴、仁化一带是否有这一奇泉呢？尚须实地考察。"西北合泷水"，意谓云水在曲江县的西北注入泷水，亦在自乐昌至今韶关之间的武水一段。熊会贞谓："云水入泷，在林水之后，则云水在林水南，派流各别，或并二水为一者。"

> 又有藉水，上承沧海水，有岛屿焉。其水吐纳众流，西北注于
> 泷水。

郦氏的《水经注》，介绍各水应是有顺序之别的，在注"溱水"时是由上源起依次向下排开众支流的。故上承沧海水之藉水又应在云水之南，于曲江县以北自东北向西南注入泷水。然泷水乐昌—韶关一段西侧亦有多条支流汇入，按照《水经注》所述的众水与曲江县的位置关系看，众水似均在泷水东侧注入泷水。由于很难确知沧海水、藉水的位置，故对二水究竟在泷水左侧还是右侧注入泷水，则无法判断。称"西北注于泷水"，藉水如在泷水之西侧也是相符合的。但无论从左侧抑或右侧注入泷水，藉水注入泷水处依然在今乐昌至韶关之间一段。

> 泷水又南历灵鹫山，山本名虎群山，亦曰虎市山，以虎多暴故
> 也。晋义熙中，沙门释僧律，茸宇岩阿，猛虎远迹，盖律仁感所致，
> 因改曰灵鹫山。

泷水在乐昌至韶关段又经灵鹫山，此灵鹫山在哪里，也无从可知。熊会贞曰："《元和志》，灵鹫山在曲江县北六里。唐曲江即今县治，或谓在韶州府东五里，则是东江（会贞谓东江为今之浈江）所经，非泷水所经矣，与

《注》不合。"灵鹫山（虎群山）历史上曾一度为岭南名山，这里曾属岭南佛寺之最。熊会贞疏引《始兴记》云："灵鹫山台殿宏丽，面象巧妙，岭南佛寺，此为最也。"这样一座著名的山寺，是如何湮没的？又是如何连其确切的位置也不清楚？《始兴记》为南朝刘宋王韶之所撰，即在王韶之所处的刘宋时代灵鹫山佛寺还是殿宇宏丽，且规模之大属岭南第一。而今岭南第一佛寺首推曲江南华寺。曲江南华寺建于唐代，位于今韶关市曲江区与沙溪镇之间，已经是武水与浈江汇合之后的位置了，这就是说，在唐有南华寺之前，岭南曲江曾有一座名寺——灵鹫山寺，但这座"岭南为最"的山寺毁于何时，后世史料极少记载，甚至其所处具体位置也不详。熊会贞所谓灵鹫山当位处今韶关东北之浈江左右，而非泷水流经之处，实无足够证据。

> 泷水又南经曲江县东，云县昔号曲红，曲红，山名也，东连冈是矣。泷中有碑文曰：自瀑亭至乎曲红。按《地理志》曲江，旧县也。王莽以为除虏。始兴郡治。魏元帝咸熙二年，孙皓分桂阳南部立。县东傍泷溪，号曰北泷水，水左即东溪口也。

此处的"泷水"依旧是前之所述武溪（武水）。所谓"南经曲江县东"，此曲江县指三国吴孙皓所立旧县，与郦道元《水经注》的北魏时期的曲江县位置不同，旧县在左，新县在右。无论是东吴孙皓所置曲江县，还是北魏时曲江县，其位置均指今韶关市武江区一带，而并非今之韶关市地跨武江与浈江两江交汇之处。故云泷水向南经过曲江县东侧。故曲江县城东侧依傍之泷溪，正是泷水，《水经注》称为"北泷水"，泷水左侧就是"东溪口"。所谓"东溪口"，即东江口，就是今之浈江口。由此看来，六朝时期泷水与东江（今浈江）交汇处，正是今韶关市区位置，今韶关武江区正是古曲江县治所在地。

武水至曲江县（今韶关市区）以下，不再称武水之名。此水总称武水，但每一段又各有其名，如溱水、泷水等。泷水本指自坪石至乐昌西北泷口一段最险的河段，但《水经注》在行文时又时常将泷水之称向下延伸至曲江与浈水汇合。溱水也是从源头直到入海的名称。史料中对武水的记述几无异说，其行经路线及名称非常明确。《大明一统志》卷七十九《韶州府》"武水"

条："武水，在府城东（此谓明清以前，府城在今韶关市武江区一带，非今城跨三江交汇之处），源出郴州临武冈，经宜章县南流入乐昌县，又南流至此。合浈水为曲江。古名虎溪，唐改今名。岩崖峻阻，湍泷危急，又名泷水。"①

> 水出始兴东，江州南康县界石阁山。西流而与连水合，水出南康县凉热山连溪，山即大庾岭也。五岭之最东矣，故曰东峤山。斯则改装之次，其下船路，名涟溪。涟水南流，注于东溪，谓之涟口，庾仲初谓之大庾峤水也。

此处《水经注》顺东溪而述。东溪即今浈江，该水发源于六朝江州南康县（今南康市）石阁山。熊会贞谓："吴置南安县，属庐陵郡，晋改曰南康，属南康郡，宋、齐、梁因。晋初属扬州，自惠帝元康属江州，历代不改，即今县治。今水曰浈江，亦曰北江，源出南雄州东北大庾岭。《一统志》云，古大庾岭应在西北，近江西崇义县界。今所谓大庾岭，即郦《注》东溪所出之石阁山也。"这条出于石阁山的东溪（今浈江）自上源起直至曲江县与泷水相汇处，一直称为东溪（今浈江）。但其上源至今南雄一段不是秦汉时期南征军行船之水，只是这一段为东溪之正源而已。东溪从源头向西流，至南雄方汇入"连水"，此连水的源头在凉热山之连溪，《水经注》称此山即大庾岭，是非常准确的。虽然石阁山、凉热山都可称为今大庾岭山区，但狭义的大庾岭是不应该包括东溪发源地石阁山的，连溪才是名副其实地导源于大庾岭。这连溪发源地正是东峤山。《水经注》还专门解释"连溪（涟溪）"为"下船路"。熊会贞曰："《寰宇记》，楼船水在浈昌县北五十里，出大庾岭之西，傍溪横流，因名楼船水。按楼船水本以汉楼船将军出此得名，然实下船入番禺之路也，故郦氏特揭出。""浈昌县"即今广东南雄，连溪即在浈昌（今南雄）与东溪相汇，故称"涟水南流，注于东溪"。涟水大体为南北流向，而东溪大体为东西流向。连溪注入东溪处称为涟口，从源地至涟口的连溪又称为大庾峤水。

---

① 大明一统志［M］. 台北：台联国风出版社，1972：4896.

东溪亦名东江，又曰始兴水。又西，邪阶水注之。水出县东南邪阶山。水有别源，曰巢头，重岭衿泷，湍奔相属，祖源双注，合为一川。水侧有鼻天子城，鼻天子，所未闻也。邪阶水又西北注于东江。

此处明确指出"东溪"就是"东江"，也称为"始兴水"。东溪继续由东向西流，有邪阶水注入。邪阶水源自始兴县东南的邪阶山，此水当为今源于滑石山北端车八岭，向西北至今江口镇注入东溪。此水在今顿岗镇与另一由南向北流过的河流相合，即所谓"祖源双注，合为一川"。邪阶水自东南向西北注入东溪。邪阶山位于始兴县东南，另有一个称作"巢头"的也是邪阶水的祖源，两个水源汇成一条邪阶水。

江水又西经始兴县南，又西入曲江县，邸水注之。水出浮岳山，山蹙一处，则百余步，动若在水也，因名浮岳山。南流注于东江。

东江再向西流，入曲江县界。邸水当今大庾岭主峰观音崠北麓，向西南流，在周田镇注入东江的一条河流。

东江又西，与利水合。水出县之韶石北山。南流经韶石下，其高百仞，广圆五里，两石对峙，相去一里，小大略均，似双阙，名曰韶石。古老言，昔有二仙，分而憩之，弥历一纪。利水又南经灵石下，灵石一名逃石，高三十丈，广圆五百丈。《耆旧传》言，石本桂阳汝城县，因夜迅雷之变，忽然迁此，彼人来见，叹曰：石乃逃来。因名逃石，以其有灵运徙，又曰灵石。其杰处，临江壁立，霞驳有若缋焉。水石惊濑，传响不绝，商船淹留，聆玩不已。利水南注东江，东江又西注于北江，谓之东江口。

利水是东江（浈江）沿途汇入的最大的一条河流。此水当发源于今湖南汝城县南，向南流经今韶关市北部的仁化县城。据《水经注》所言，利水也是一条可供通航的水道，沿途多奇景，是极好的旅游风景点。据卫星地图，该水由北向南经仁化县城，再由仁化县城向南，在白芒坝汇入东江。这里所谓"东江又西注于北江，谓之东江口"中的"北江"，当指武水与浈江相汇合之后向南流的部分，即今地图所标注的"北江"。故"北江"之名应始于此，即始于郦道元《水经注》中的这一句。所谓"东江口"，即东江（浈江）注北江，或东江与武江汇合的地方。

> 溱水至此，有始兴大江之名，而南入浈阳县也。过浈阳县，出洭浦关，与桂水合。

前此一直称武水为泷水，溱水已经许久未提了，这里又重提，扣到主题"溱水"之上。在《水经注》的作者郦道元看来，武水（武溪）至坪石始称泷水，真正的泷水一段是从坪石至泷口（乐昌西北），乐昌以下至曲江县一段郦氏仍称泷水。溱水从与东江（今浈江）汇合起又可称为始兴大江了。据《水经注疏》所考，"《元和志》亦云，溱水一名始兴大江"。溱水自曲江县出发南流进入浈阳县。

《晋书·地理志》中载浈阳为广州始兴郡所属，"始兴郡，吴置。曲江、桂阳、始兴、含洭、浈阳、中宿、阳山"[1]。《太平寰宇记·岭南道四》"英州"条："英州，理浈阳县。本广州浈阳县。有浈阳之水，注于浈阳峡。汉旧县。梁改为东衡州。隋开皇十五年废州为浈阳县，属洭州，广南伪汉乾和五年于此置英州。皇朝开宝六年割浛光县来属。今领县二：浈阳，浛光。"[2]《太平寰宇记》"浈阳县"条："浈阳县，本汉旧县，属桂阳郡。隋为真阳县，五年属洭州。唐贞观初州废，改真阳为浈阳，属广州，以浈山为名。"洭浦关，在今广东英德市西南连江口镇。《元和志》卷三十四"浈阳县"："洭浦故关，在县西南四十五里。山谷深阻，实禁防之要地也。"连江口又称洭口，洭水即连江。杨守敬《水经注疏》谓："桂水，即洭水也。"

> 溱水南经浈阳县西，旧汉县也，王莽之慕武矣。县东有浈石山，广圆三十里，挺崿大江之北，盘址长川之际。其阳有石室，渔叟所憩。昔欲于山北开达郡之路，辄有大蛇断道，不果。是以今行者，

---

① 房玄龄，等. 晋书：第二册 [M]. 北京：中华书局，1974：467.
② 乐史. 太平寰宇记：第七册 [M]. 王文楚，等点校. 北京：中华书局，2007：3073.

必于石室前泛舟而济也。

关于"浈阳"，历代有不同别称，如"真阳""英州""英德府"等，但无论名称怎样变化，其皆指今之广东英德是确定的。《太平寰宇记》卷160《岭南道四》"浈阳县"："本汉旧县，属桂阳郡。隋为真阳县，五年属洭州。唐贞观初州废，改真阳为浈阳，属广州，以浈水为名。"所谓"以浈水为名"之"浈水"，非指谭其骧《中国历史地图集》中"秦、西汉、东汉卷"所标之浈水。《中国历史地图集》标注的"浈水"即今翁江。《太平寰宇记》所称之"浈水"当指溱水（今北江），即《舆地广记》所谓"始兴江"。《舆地广记》卷三十五"广南东路"："真阳县，本浈阳。二汉属桂阳郡。晋、宋属始兴郡，泰始二年改浈为贞，后复为浈。隋省入曲江，后复曰真阳。唐属广州。正（贞）观元年复曰浈阳。南汉立英州。皇朝乾兴元年改曰真阳。有皋石山、始兴江。"[①] 至明末，顾炎武更明确地指出"英州城"与"浈阳旧城"的关系。《肇域志·广东韶州府》"英德县"："英州城，在大庆山。南汉置，宋、元因之。洪武二年，降州为县，治浈阳县旧城。"[②] 今英德市有"浈阳中路""浈阳东路"的城市路名。

> 溱水又西南，历皋口、太尉二山之间，是曰浈阳峡。两岸杰秀，壁立亏天。昔尝凿石架阁，令两岸相接，以拒徐道覆。

据《道光英德县志》，"太尉山在县西二十二里。汉郡守邓彪尝驻此，后召为太尉，故名。皋石山在县南十五里，一名浈阳峡。浈阳峡在县南二十五里。溱水历皋口、人尉二山之间，是曰浈阳峡"[③]。又《方舆胜览》卷三十五《广东路·英德府》："真阳峡，在真阳东南十五里。崖壁千仞。"[④] 各史志文献对浈阳峡的具体位置的描述各有出入，但可以确定的是，浈阳峡一定是溱

---

① 欧阳忞. 舆地广记：下册［M］. 李勇先，王小红，校注. 成都：四川大学出版社，2003：1102.

② 顾炎武. 肇域志：第四册［M］. 谭其骧，王文楚，朱惠荣，等点校. 上海：上海古籍出版社，2004：2177.

③ 中国地方志集成·道光英德县志：第十二册［M］. 上海：上海书店，2003：229.

④ 祝穆. 方舆胜览：中册［M］. 施和金，点校. 北京：中华书局，2003：630.

水通过的峡谷，而且距离浈阳城（今英德）不远。

> 溱水出峡，左则浈水注之，水出南海龙川县，西经浈阳县南，右注溱水。故应劭日：浈水西入溱是也。

据清修《道光英德县志》：

> 唐以前无以南雄之水为浈水者，而其致误之由实始《水经注》"溱水出浈阳峡，左则浈水注之"。一条渠意水北为阳，则峡必在浈水之北，方谓浈阳。故断然谓溱水出峡，然后浈水从左来注之。不图应劭所称源出龙川之浈水在峡上，而不在峡下也。后人求浈水于峡下而不得，又不知今连平州即古南海郡龙川县地，遂不信《水经》及《汉书》二注，且因《武帝纪》有楼船将军杨朴"出豫章，下浈水"之语，遂横断大庾峤水为浈水。考《汉书》杨朴"出豫章、下浈水"，《史记》作"出豫章，下横浦"，《元和志》作"下横浦，入浈水"，三书各异。盖汉兵逾岭，破竹之势，直抵浈阳，前阻寻峡，须审虚实，必当于此一顿。而江自会浈以后得称浈水，故言其舟行之始，则曰"下横浦"，言其舟次之处，则曰"下浈水"。《元和志》并举之，亦早知横浦之非即浈水矣。总之，县名浈阳，则县必在水阳，水必在县阳。若浈水在南雄，不应至此方以名县。其经翁源而不以名县者，翁源故浈阳地也。至峡名浈阳，则又以其在浈阳县界得名，不必定在浈水之阳矣。

《道光英德县志》中的这段材料，编修者的意思是，今北江东上源之浈水，唐代之前不称此。应劭所谓古浈水出自南海郡之龙川，并非误记。浈水（今翁江）源出今河源东北之连平县，连平县的北面为江西南部的龙南、全南县，正是赣江上源之一的桃江。连平县汉时为南海郡龙川县所属，故称浈水源于南海郡龙川县并无错误。今连平县境内有自东北—西南走向的青云山，该山正是东江水系和北江（翁江水系）的分水岭。称浈江源出龙川，并非指其发源于龙川县城所在地。龙川县城有东江流经，自然不与浈江为一个水系。

洭水是在溱水入浈阳峡之前注入溱水，而非过峡之后，故《水经注》所谓"溱水出浈阳峡，左则洭水注之"的说法是错误的。这段话还给出一条信息，虽然不是很明确，但约略可以读出，即汉楼船将军杨朴所下之浈水，正是今之滃江。当初汉军过岭之后势如破竹，迅速行军至浈阳（今英德），由于横在面前的是一道浈阳峡，汉军在此略作休整，待大军过浈阳峡后便称"下浈水"，意即走出浈水。

虽然如此，汉楼船将军杨朴过岭之后的行军路线倒是可以解释得通，但是在岭北的江西南界的"横浦关"在哪里呢？难道横浦关在江西全南以南的青云山北麓？如此，则便有所谓下岭之说了。古所谓"过岭"，往往专指通过五岭，而江西全南以南、广东连平以北的山区，不能称作五岭的一部分。

明清时期的地理书则多认为楼船将军杨朴所下之浈水，当为今北江东上源之浈水，其所据大概主要因为《水经注》中提到了今浈水（古称东溪、东江等）北侧的一条支流——楼船水。《读史方舆纪要》卷一百一《广东二》"清远县"："浈水，在县东北。源出大庾岭，经韶州府英德县界，又南过废中宿县，至县东会于洭水。汉杨朴下浈水是也。经县南八十里有黄巢矶，相传黄巢尝覆舟于此。又南入三水县界。"① 又《大明一统志》"韶州府"："浈水，在府城东源出大庾岭，经保昌县南流，合武水为曲江。汉征南越楼船入浈水，即此。唐柳宗元诗，'浈水想澄湾下流'。至英德县西一十五里，两山对峙夹水上，号浈阳峡。"《大明一统志》"韶州府"："杨朴，武帝时为楼船将军，击南越，出豫章，下浈水。今保昌县有楼船水即其地。"《读史方舆纪要》和《大明一统志》说得非常明白，昔楼船将军杨朴所下的浈水，即今流经南雄向西注入北江的浈江。

> 溱水又西南，洭水入焉。《山海经》所谓湟水，出桂阳西北，东南注肄入敦浦西者也。

《水经注》虽然不断称"溱水又西南"，但实际上溱水自曲江起的流向大体上是向南的。

---

① 顾祖禹. 读史方舆纪要：第九册［M］. 贺次君，施和金，点校. 北京：中华书局，2005：4620.

　　《水经注》卷三十九有"洭水"一节，其曰："洭水出桂阳县卢聚。水出桂阳县西北上驿山卢溪，为卢溪水，东南流经桂阳县故城，谓之洭水。……《山海经》谓之湟水。徐广曰：湟水，一名洭水，出桂阳，通四会，亦曰灌水也。汉武帝元鼎五年，路博德为伏波将军，征南越，出桂阳，下湟水，即此水矣。桂水其别名也。"历代史志文献对洭水的称谓不一，除洭水以外，另有"洸水""湟水""桂水"等，其所以如此，盖因洭水由众多旁流、支流来汇，对于其流经之地，此水便冠以该地特有之名。如溱水于曲江之前则称武水，坪石至乐昌一段称泷水，流经浈阳一段又可称为浈水。此称谓主体不同，名称亦不同。其他各地水系情况大致是一样的。无论名称如何繁多，洭水等名称都是指今之连江，为发源于今湖南蓝山、临武县以南九嶷山南麓，自西北流向东南于洭口注入溱水的一条河流。

　　"桂阳县"指今连州。《舆地广记》卷三十五"广南东路"："桂阳县，二汉属桂阳郡，所谓小桂也。唐曰连州。有金银山、桂阳山、湟水。汉讨南越，伏波将军路博德出桂阳、下湟水是也，一名汇水。有海阳湖、正女峡。相传昔有女子取螺，遇风雨，昼晦，化为石。"①

　　　溱水又西南经中宿县会一里水，其处隘，名之为观峡。连山交枕，绝崖壁竦，下有神庙，背阿面流，坛宇虚肃，庙渚攒石，巉岩乱峙中川。……
　　　溱水又西南经中宿县南，吴孙皓分四会之北乡立焉。溱水又南注于郁，而入于海。

　　《水经注》介绍某一水时，自源头起，长度最长者为经，其他为纬，依次向下游推及，或入大江，或入海。若有他水注入，对于较大之水则依然采取这样的介绍顺序，取长者为源，从源头向下分别介绍。

　　溱水（今北江）至中宿（今清远县地）向南，与郁水（西江）汇合于三水附近。

---

　　① 欧阳忞. 舆地广记：下册 [M]. 李勇先，王小红，校注. 成都：四川大学出版社，2003：1092.

张缙彦著述考察三题^①

刘　刚^②

　　张缙彦（1599—1670），河南新乡人，字濓源，以"坦公"号，后人亦有尊称其"坦翁"者③。明崇祯十六年（1643），张缙彦中擢任兵部尚书④，直至明亡。李自成进京时张缙彦降闯，并被携西去，途中逃脱后"破家举义"⑤。清顺治三年（1646），张缙彦正式投清⑥。自顺治十年（1653）起，张缙彦先后任山东右布政使、浙江左布政使、工部右侍郎。顺治十七年（1660），降补江南按察使司金事分巡徽宁道，同年褫职流徙宁古塔⑦，康熙九年（1670）于塞外离世⑧。张缙彦凭借自身的文学造诣、文化贡献和其科举仕途履历，成为顺治时期诗坛、文坛风气的主要引领者之一，其在宁古塔地区亦是使流放文人得以结社、雅集的核心系联者，从而成为清初庙堂文学、贰臣文学和东北流人文学研究领域的重要关注对象。张缙彦一生致力于著述与刻书事业，除了已刻和未刻的 28 种包含诗文集、注疏、奏疏等自著文献

　　① 基金项目：教育部人文社会科学研究一般项目"清初东北流人诗群的历史描述与分析"（17YJC751019）。

　　② 作者简介：刘刚，广东海洋大学文学与新闻传播学院副教授。

　　③ 干士禛　读坦翁先生燕笺，短歌纪之［M］//《清代诗文集汇编》委员会. 清代诗文集汇编：第 12 册. 上海：上海古籍出版社，2010：627.

　　④ 张欲昌：司空公行述［M］//河南省新乡县小宋佛村村志编纂委员会. 小宋佛姓氏志：村志分册. ［出版地不详］：新风出版社，2000：506.

　　⑤ 张缙彦. 河朔杀贼始末小序［M］//《清代诗文集汇编》编委会. 清代诗文集汇编：第 13 册. 上海：上海古籍出版社，2010：97.

　　⑥ 清国史馆. 贰臣传［M］//周骏富. 清代传记丛刊：第 105 册. 台北：台湾明文书局，1986：793.

　　⑦ 清国史馆. 贰臣传［M］//周骏富. 清代传记丛刊：第 105 册. 台北：台湾明文书局，1986：793 - 795.

　　⑧ 张欲昌：司空公行述［M］//河南省新乡县小宋佛村村志编纂委员会. 小宋佛姓氏志：村志分册. ［出版地不详］：新风出版社，2000：506.

外，其实质性主持、参与纂辑刊刻的他人文献多达 18 种。张缙彦著述的存世、成书、版本等文献基本情况尚未获得完整梳理，本文拟对《菉居封事》《域外集》《宁古塔山水记》进行考察。

一、《菉居封事》

《张氏族谱》中对《菉居封事》的著录如下："《菉居封事》二卷，雍丘刘理顺序、李尔育序、云间潘复序。"① 《菉居封事》在国家图书馆有静电复制本，馆题为崇祯刻本，惜未能寓目。该书又有中州古籍出版社 1987 年王兴亚点校本。据王兴亚点校本，《菉居封事》共两卷，卷一首页题"河北张缙彦坦公著、金坛张明弼公亮选"，卷末题"西华李磐和寒石、朝歌孟瑶贯月同校"；卷二卷末题"云间潘复蓉江、西华刘九渊东表同校"。从卷一首页所题"金坛张明弼公亮选"看，《菉居封事》的编选工作系由张明弼完成。该书卷首依次为刘理顺序、李尔育序、潘复序、张缙彦自序。除张缙彦自序，其余各序的落款均未署撰写时间。张缙彦序落款题"崇祯己卯前史臣今谏臣张缙彦谨书"，但此不足为判断该书刊刻时间的依据。乾隆版《新乡县志》亦载其为两卷本，并录张缙彦自序②。

据刘理顺所作序言：

> 未几，东事亟，改兵垣都谏。议者谓史官之职，养俸数季，循序便可至卿相，兵垣危地，公必坚辞不拜。坦公曰：有言责焉，以摘发权贵，何不可？翌日，袖中弹文，即枢辅也。时举国莫敢言，言便得罪。公疏出，举朝翕然称快。嗣后，如圣孝，如邪教，如监视，如策贼，如功罪诸疏，皆侃侃正论，一时缙绅抄录怀袖间，海内无不知公者。内阁蒋公先生，至束之书笥，语人者国家经济此公尽之，不知读何书来？信乎！坦公为人敦尚孝友，循循下人，遇大事则毅然不可挫。其丁父忧也，苦诵千里，时已推馆卿，不顾去，

---

① 《张氏族谱》1916 年五修本［M］//河南省新乡县小宋佛村村志编纂委员会. 小宋佛姓氏志：村志分册.［出版地不详］：新风出版社，2000：476.

② 赵开元. 新乡县志：卷二十一［M］//中国方志丛书：华北地方第四七二号，台北：成文出版社，1976：776 - 777.

天子谕秉铨者以京卿起用。如此才诚，动当宁，贯金石，孚海内。
无意为文而信手启事，二载余得名奏议百二十焉，诵陆贾之至言，
览东莱之奏牍，庶几近之。若其诗文杂著，则读书秘阁时余暇及之，
玉屑金声止见一班。坦公读礼日编次成帙，千里而索余言弁首，余
乃书才诚之实以贻之。①

据此所言，《蓥居封事》共收奏议一百二十篇，皆为张缙彦任兵科都给事
中时所作。张缙彦任兵科都给事中的时间是明崇祯十二年（1639）正月②，
离任时间是崇祯十四年（1641）十月。张缙彦丁父忧归里期间编次成书，寄
给刘理顺索序。张缙彦丁父忧的时间是在崇祯十四年十月至崇祯十六年冬③。

据李尔育《张大司马奏疏序》：

公固早贵哉！以文章言论，为侍从臣，翱翔九列，晋位司马正
卿，……公诗逼唐而上，词赋奥博，直入汲穴，固极人才之致，而
历官奏议所关国计、官箴、廊庙、闾阎、塞垣、辇毂者，共得若干，
靡不沉痛婉到，以继长沙、忠宣之后。夫长沙、忠宣不得志于汉、
唐，当时尚能用其言，以获保数叶之安。惟公君臣之遇极难耳，今
其言具在，固不敢拟谟、训、命、誓，而役吏陆、贾则有余，奈何
令保安汉唐之格言硕画为悲殷愍周至麦秀黍离也。昔昌黎论孟子曰：
空言无施，虽切何补，然学者赖其言，知有仁义之学，传孔氏于不
息。坦公此集，庶乎谟、训、命、誓之云仍云。④

李尔育序之题目即为《张大司马奏疏序》，张缙彦任兵部尚书是明崇祯十

① 刘理顺. 蓥居封事序［M］//张缙彦. 蓥居封事. 王兴亚，点校. 郑州：中州古籍出版社，
1987.
② 张缙彦. 蓥居封事叙［M］//张缙彦. 蓥居封事. 王兴亚，点校. 郑州：中州古籍出版社，
1987.
③ 张欲昌：司空公行述［M］//河南省新乡县小宋佛村村志编纂委员会. 小宋佛姓氏志：村志
分册.［出版地不详］：新风出版社，2000：506.
④ 李尔育. 张大司马奏疏［M］//张缙彦. 蓥居封事. 王兴亚，点校. 郑州：中州古籍出版
社，1987.

六年冬以后事①。序中亦称张缙彦"晋位司马正卿"，则该序当作于崇祯十六年冬以后。序中又称"奈何令保安汉唐之格言硕画为悲殷愍周至麦秀黍离也"，则该序当作于崇祯十七年（1644）三月明亡以后。

据潘复《菉居封事小叙》：

> 《菉居封事》，张夫子前后伏阙书也。国不积则无材，士不积则无用矣，而用与时后则无成。……所谓用与时后，而气数之升降遂若不可以人事挽回，然其卓识早见，度越寻恒，与务选庸熟套语塞责于主上之前者，不啻径庭矣。今读吾师三督夹攻、剿贼急策、马政、饬农、抽练、调剂、寇祸、军政、邦政诸书，辨人物，酌时宜，明奇正，揆分合，屹如泰山，洞若明见，虽贾、晁、仲舒、公孙辈，岂有胜乎？惜哉！运遘阳九，时与愿违。使竟吾师之业，成吾师之志，异勋茂绩其遽出古人下哉？嗟嗟！此真气数之升降，而人事之不可挽回也。夫小子读是编，而不能不为之三叹云。②

通观上述文字，该序亦当作于崇祯十七年三月明亡以后。

据张缙彦自序：

> 戊寅五月，今上御中左门，召对诸郡县吏以征书至者，缙彦于时以户曹改史官，明年正月，又改谏官。儒生孤陋，不知所报，因记宋司马光曰：志其大，舍其细；先其急，后其缓；汲汲于名犹汲汲于利，夫名与利，高卑判矣。古人犹谆谆于此致箴。史巫纷若，口过丛焉，可不慎所发欤？年来金戈之气未灭，民穷盗煽，四郊多垒，皇上午夜焦劳，思扫氛祲，则言之所亟欲弭者何如？士君子分卿大夫之辱，可忘所以报乎？今封事存笥具在矣，于细大缓急之间深惧无当，然无所为而为，即动成口过，不敢隐也。古人焚草，岂

---

① 张欲昌：司空公行述［M］//河南省新乡县小宋佛村村志编纂委员会. 小宋佛姓氏志：村志分册.［出版地不详］：新风出版社，2000：506.
② 潘复. 菉居封事小叙［M］//张缙彦. 菉居封事. 王兴亚，点校. 郑州：中州古籍出版社，1987.

其然乎？则余罪深矣。崇祯己卯前史臣今谏臣张缙彦书。①

按其落款，则《蒹居封事》在崇祯十二年时当已成书。序中又言"明年正月，又改谏官"，是则《蒹居诗集》所收奏疏皆作于崇祯十二年这一年之内，此与刘理顺序中所言矛盾，刘理顺所作序中称张缙彦"无意为文而信手启事，二载余得名奏议百二十焉"。从《蒹居封事》看，最早的一篇是《剿贼急策疏》，题目下自注"时户部主事"，此应作于崇祯九年（1636）张缙彦入都后至崇祯十一年五月中左门召对前，《崇祯实录》将此疏系于崇祯十一年三月癸巳②。自崇祯十一年三月至张缙彦落款时间"崇祯十二年"，是无法构成"二载余得名奏议百二十"的；而自《剿贼急策疏》的写作时间崇祯十一年（1638）三月往后推"二载余"，恰为崇祯十四年二月张缙彦丁忧归里的时间，故张缙彦落款时间必有问题。

又《蒹居封事》卷二目录后附《举义疏》《请罪奏疏》，但《请罪奏疏》有目无文，王兴亚点校本已将其正文补入，此二疏均作于崇祯十七年八月③。

综合《蒹居封事》各序及附录的情况，可知张缙彦的自序虽作于崇祯十二年，但《蒹居封事》最终成书是在崇祯十七年八月以后。除卷二后附录的《举义疏》《请罪奏疏》作于崇祯十七年八月外，其余各篇奏疏均作于崇祯十一年三月至崇祯十四年十月之间。《司空公行述》载"所著有《蒹居封事》《改垣封事》……"④，其《改垣封事》情况不明，但从上文张缙彦的这篇自序看，其改职兵垣谏官是在崇祯十二年正月，撰序时间也是崇祯十二年，署名为"前史臣今谏臣张缙彦"，是则《蒹居封事》张缙彦自序系为《改垣封事》而作，其出现在《蒹居封事》中当是后来编辑刊刻《蒹居封事》时将其移入所致。

二、《域外集》

《张氏族谱》对张缙彦《域外集》著录如下："《域外集》一卷，江右姚

① 张缙彦. 蒹居封事叙［M］//张缙彦. 蒹居封事. 王兴亚, 点校. 郑州：中州古籍出版社, 1987.
② 台湾中央研究院历史语言研究所. 明实录：附录二［M］. 台北：［出版者不详］, 1962：325.
③ 张缙彦. 蒹居封事［M］. 王兴亚, 点校. 郑州：中州古籍出版社, 1987：77 - 80.
④ 张欲昌：司空公行述［M］//河南省新乡县小宋佛村村志编纂委员会. 小宋佛姓氏志：村志分册.［出版地不详］：新风出版社, 2000：506.

其章序。"① 上海图书馆古籍数据库有《域外集》康熙刻本，共 2 册，题为《宁古塔山水记一卷域外集一卷》，该书有黑龙江人民出版社 1984 年李兴盛整理本。《域外集》另有黑龙江人民出版社 1997 年李兴盛整理本，收于《黑水丛书》第 6 辑之《何陋居集（外二十一种）》。据 1997 年李兴盛整理本，卷首有姚其章《域外集序》、殷元福《域外集题诗》一首，正文首页题"筏喻道人张缙彦坦公著、男欲昌道子搜辑、后学刘挚枟云林编次"。殷元福《域外集题诗》为："伤心元老死穷边，命世雄裁捧数篇。谩道文山歌正气，口头笑指甲申年。"②

乾隆《新乡县志》亦收录姚其章序、殷元福诗，③ 经比对，李兴盛 1997 年版整理本姚其章序之第二段与第三段之间缺漏 600 余字，疑系整理时所据底本已阙所致。现将《新乡县志》本姚其章序全文移录如下，以便研究者参考，其与李兴盛 1997 年版整理本不同者，以随文按语指出：

　　坦公先生以文章得罪，论谪海东。既十年，复撰次其谪后所为文若干卷，曰域外集，以属序于其章。夫公天下之伟人也，以直谏致位通显，人地事功表率天下者三十年，而公犹好为文章，兵戈游宦，未尝不贲笔墨以从。天下之士读公文而相讽以学古者，不可胜数。公亦毅然以振起文学为己事（按：整理本"事"字下始阙），虽放废困折，栖托于魑魅豺虎之区，而其文益闳杰雅粹可贵，岂非非常之才卓然俪于古人者耶？余读公之文，而知古今文章之盛衰，其所以系乎人者甚重也。唐贞观之际，才士辈出，可谓盛矣，而文章犹袭陈隋之陋；开元中，玄宗慨然复古，诏学者以原本六经，而时无秀伟特出之士，不能承奉天子德意，以复其文于周秦先汉之隆；迨韩退之唱古文辞，于贞元、元和间而习之，子厚复为之，后先羽翼，而后唐室之文始与曩古同风。及有宋真、仁之时，天下无事，

---

　　① 《张氏族谱》1916 年五修本［M］//河南省新乡县小宋佛村村志编纂委员会. 小宋佛姓氏志：村志分册.［出版地不详］：新风出版社，2000：476.

　　② 张缙彦. 域外集［M］//李兴盛，安春杰. 何陋居集：外二十一种. 哈尔滨：黑龙江人民出版社，1997：298.

　　③ 赵开元. 新乡县志［M］//中国方志丛书：华北地方第四七二号，台北：成文出版社，1976：805－809.

号称治平，而学者炫于杨刘之习，以声偶摘裂为工，而险仄怪癖之弊往往至于不通，于是永叔、子固、子瞻以及尹师鲁诸公起而振之，而汉唐之风复盛于宋。盖文章当颓废之后，曼声诡制，哇咬咽哳，以胶固结辖于学士之心，如百川之东溃，汗漫横决而莫之砥柱也。于此时也，而非有力者为之抉其雾，别其黳，以暴然大著于天下，则凡古人之所恃以表衷六经而高峙乎百代之上者，不即沉沦湮灭，音鸟兽而质卉木也欤？惟夫二三钜儒相与回斡而廓清之，以道之于古人之域，故小儒曲士不得以肆其说，而闳言伟论如日星焯烁而不可掩也，则夫文章之道必待人而后盛，而能盛其衰者，其人固未可一世而遇哉？文章至今日极衰矣，世之待韩欧其人者以振之，亦甚极矣，而世卒未有能振之者，何欤？盖自制义取士以来，无贤不肖，莫不屈首敛气，以从事于章句之中，自所谓程墨房行而外，其能寓之目而寄以心者，盖亦罕矣。其为学也，抉蚀经传，揽撮音调，以求悦时人之耳目，即其间名乡硕士，不过擅长于帖括以取高第流荣誉而已，至于汉唐宋人之撰著，曾不得少窥其堂奥也。弘正嘉隆之代，空同、弇洲、应（按：整理本“应”字上始阙）德、熙甫诸先生悯士习之陋，于是作为秦汉韩欧之文，以风晓天下。虽未能尽返天下于古人，而有识之士亦稍稍从之，故余尝以旧明之文能颉颃于先代者，数公之力也。启、贞以还，海内大乱，而文学亦日以坏，虽有工文之家，而或为聱牙诘屈以自诡异，或为风云雨露以侈繁复，而于古大家之矩无闻焉。□朝海寓乂安，百务就理，而文章之事尚未致于古。夫文运之衰，于今且百年，际鼎盛之朝，而又天子神圣，方欲与贤士大夫敦勉以古学。呜呼！上之人右文如此，而文章又当衰极而盛之时，意必有环（按：整理本作瑰）伟卓异之才，可以绍韩柳之坠绪而扬国家典谟雅颂之懿者出乎其间。余观公之为文也，根抵（按：整理本作柢）乎荀孟，驰骤乎史汉，浩浩瀚瀚，若无涯涘。及细绎之，则缜密之法、苍厚之色、渊湛之度，凡古人所善者，靡不具焉。猗欤！此诚今日之韩欧也。使如公者一二人以羽仪乎艺林，则今日之文可以攀跻唐宋而上拟《西京》，又何弘、正诸公之足云耶？奈何使老徙边陲，以废弃于荒江穷漠之间，徒与迁人戍客相率为烦冤感愤之辞也。岂不惜哉？虽然，公之名位出处与夫生平之所撰次，久已暴著于天下矣，后之世读公文者，当亦伟公之才而悲公之废弃以老也。于其集之成也，书此以弁其端焉。①

　　姚其章此序言"坦公先生以文章得罪，论谪海东。既十年，复撰次其谪后所为文若干卷，曰域外集，以属序于其章"，张缙彦到达宁古塔的时间是顺治十八年（1661）四月②，则《域外集》成书当在康熙九年十月其离世前。其刊刻时间要晚得多，据其子张欲昌《司空公行述》："及跪诵先君遗言，所谆嘱于不孝者，惟生平著作未付梓及求归葬事为急。"③ 则《域外集》当刊刻于康熙九年（1670）十月张缙彦离世之后。

三、《宁古塔山水记》

　　《张氏族谱》对张缙彦《宁古塔山水记》著录如下："《宁古塔山水记》一卷，坦公自序、同城殷元福跋。"④ 上海图书馆古籍数据库有《宁古塔山水记》康熙刻本，共 2 册，题为《宁古塔山水记一卷域外集一卷》，此书有黑龙江人民出版社 1984 年李兴盛整理本。《宁古塔山水记》另有《续修四库全书》影印康熙刻本⑤，影印本自正文第二页起漫漶较严重；又有黑龙江人民出版社 1997 年李兴盛整理本，收于《黑水丛书》第 6 辑之《何陋居集（外二十一种）》。据李兴盛 1997 年整理本，卷首依次有钱威序、钱志熙序、张缙彦自序。正文首页题"筏喻道人张缙彦坦公著、男欲昌道子搜辑、后学刘孳杬云林编次"。康熙刻本《宁古塔山水记》是与《域外集》的合刻本，故其题为《宁古塔山水记一卷域外集一卷》，《续修四库全书》未影印其中的《域外集》。影印本《宁古塔山水记》封面题有"中州张坦公先生遗编、宁古塔山

---

　　① 姚其章：《域外集序》［M］//中国方志丛书：华北地方第四七二号，台北：成文出版社，1976：805 – 809.

　　② 吴兆骞. 上父母书三［M］//吴兆骞. 秋笳集. 麻守中，校点. 上海：上海古籍出版社，2009：288.

　　③ 张欲昌：司空公行述［M］//河南省新乡县小宋佛村村志编纂委员会. 小宋佛姓氏志：村志分册. ［出版地不详］：新风出版社，2000：506.

　　④ 《张氏族谱》1916 年五修本［M］//河南省新乡县小宋佛村村志编纂委员会. 小宋佛姓氏志：村志分册. ［出版地不详］：新风出版社，2000：476.

　　⑤ 张缙彦. 宁古塔山水记［M］//续修四库全书：第 731 册. 上海：上海古籍出版社，2002.

水记、松石斋藏版"。

据张缙彦自序：

> 予窜身万里，自辽沈出阴沟关，道经十八道岭、十八道河，询之土人，皆不能名。予以为骤遇之，不能知也，及再历百余山、百余河，亦迄无能名者。迨至今所已二年，环诸皆山，即予亦不能指其一峰一壑也，乃知域外之观，非耳目之可及，心思之可测，名字之可类，意天固留之以待幽人放逐之臣有如是哉。
>
> ……穷乡僻壤，耳目有穷，意兴无极，又乌可以已乎？乃与吴江钱德维、吴汉槎谋再搜索，撰为山记。山无名，姑以其地、以其里、以其所居之人姓氏名之，亦曰由其山性，与幽逐之人见弃于世者，同归之无名焉尔。……①

由此序可知该书的编撰缘由和主要内容。完稿时间可据该序的落款获知，其曰"时康熙七年，岁在戊申，长至前一日，外方子张缙彦坦公氏题"。

钱威序和钱志熙序皆有疑点。据钱威《宁古塔山水记序》：

> ……自古岂有知宁古塔之山水乎？间尝考诸方舆，稽诸传记，概谓此穷荒僻远之区，又宁有林泉溪壑，足供人之盘桓而啸傲哉？清兴，始通文轨，建为雄边，而乃有张司空至焉。公生平忧乐，在乎斯民，既至塞外，于外事泊然无所接，独以山水为乐，支颐觞咏，如对故人。既而曰："我终日好之而莫为之记，使丹崖碧流，百世之下且指为穷僻之乡，谓非人所居者，不重负此山水耶！"乃汇集为《宁古塔山水记》。……试观蔡邕徙朔方，李白流夜郎，昌黎、梦得之谪岭外，皆怨怼感愤，未肯以其文章，表扬其山川云物。柳子厚至目为囚山、愚溪，读其文辞，戚戚叹怨，趯然有远去之思，岂非处困之难哉？唯公坦然以处之，十余年来，无几微怨尤，故能网罗

---

① 张缙彦. 宁古塔山水记自序［M］//李兴盛, 安春杰. 何陋居集: 外二十一种. 哈尔滨: 黑龙江人民出版社, 1997: 268.

幽异，以使人可传而可述也如此。……后学钱威顿首拜撰。①

钱威讲明了《宁古塔山水记》的写作缘由及其意义，唯其曰"十余年来，无几微怨尤，故能网罗幽异，以使人可传而可述也如此"，不可理解。张缙彦顺治十八年（1661）四月至宁古塔，由张缙彦自序可知《宁古塔山水记》完稿于康熙七年（1668），其时张缙彦至宁古塔方七年，况且张缙彦康熙九年十月即离世，钱威何来"十余年"一说？据钱志熙序：

> 单阏之岁，余坐窜营州之东又千余里，曰宁古塔。其地皆深山穷谷，人迹罕到之地，自结绳以来，几千岁，不通于上国，惟宋末完颜氏辟居此地，建东京云。迄今三四百年，而东京旋为榛旷，近乃以为迁斥锢人之所。……司空张蒹居先生，以直道忤时，先余至宁古数载。所至辄探奇搜奥，觞咏自得，登览之暇，著《宁古塔山水记》一编，封表土俗，皆可考见。……②

该序涉及了《宁古塔山水记》的成书过程和价值。其落款为"康熙甲辰孟春，吴兴后学钱志熙拜手稽首谨序"，则钱志熙序作于康熙三年（1664）。张缙彦自序的落款时间是康熙七年，是则钱序早于全书定稿四年时间，此为钱序之不可解者。

乾隆版《新乡县志》亦收录张缙彦自序和殷元福跋全文③，其中殷元福跋未见于《续修四库全书》影印本，但见于李兴盛整理本，兹将《新乡县志》中相关内容移录如下：

> 天地精英钟于山水，六合之内、六合之外，流者峙者何可意计，一遇伟人奇士，刻画摹拟，以呈造化之灵而泄清淑之气，故柳州有

---

① 钱威. 宁古塔山水记序［M］//李兴盛，安春杰. 何陋居集：外二十一种. 哈尔滨：黑龙江人民出版社，1997：265.

② 钱志熙. 宁古塔山水记序［M］//李兴盛，安春杰. 何陋居集：外二十一种. 哈尔滨：黑龙江人民出版社，1997：266.

③ 赵开元. 新乡县志［M］//中国方志丛书：华北地方第四七二号. 台北：成文出版社，1976：759-763.

子厚而山水之胜流传千古。非然，荒徼绝塞岂少名胜如柳州者，而湮没无传可胜道哉？吾邑坦公先生亦八斗弘才被谪肃慎，流离患难不废琴书，披览之余，辄与同时被放骚人流连山巅水涯，以抒幽怀，凡所经历，必悉志之。其文雄深雅健，与子厚相颉颃，即零记碎书，皆露坚光，较其旧作，殆削尽铅华，独存真液者也。司马迁谓虞卿非穷愁不能著书，以自见于后世。先生之文，其穷而益工乎？而域外名胜，得先生而始传，是地与人之相遇，固有时也。嗣君出其遗编剞劂问世，而丰城龙剑光耀人间矣。然则杜武库之石未必永留，而先生撰著洋洋岩岩，如江流岳峙，千秋不坠，奕祀而下应有虞翻之知己也。化鹤归来，又奚憾哉？又奚憾哉？①

由"嗣君出其遗编剞劂问世，而丰城龙剑光耀人间矣"可见，《宁古塔山水记一卷域外集一卷》系张欲昌家刻本。据《望江公行述》：

康熙三十六年欣逢皇恩浩荡，诏许骸骨回籍，府君悲喜交集，尽贷田产，数千里外扶先王父枢旋里，与先王母合葬祖阡，家计至此益萧索矣。虽食不充口，衣不完体，未尝有几微不豫之色。②

是则张欲昌将张缙彦归葬后已近破产地步，由此推测其刊刻《宁古塔山水记一卷域外集一卷》当在康熙三十六年之前。

① 殷元福. 宁古塔山水记跋［M］//李兴盛，安春杰. 何陋居集：外二十一种. 哈尔滨：黑龙江人民出版社，1997：265.
② 望江公行述［M］//河南省新乡县小宋佛村村志编纂委员会. 小宋佛姓氏志（村志分册）.［出版地不详］：新风出版社，2000：509.

嘉道朝吴川诗人黄树宾家世、交游考述①

马瑜理②

嘉道朝吴川诗人黄树宾，因其父仕宦之故，长期寓居在江苏泰州、扬州一带，与桐城派、常州词派的成员多有师友关系。与梅曾亮、魏源、陈沆、吴德旋、包世臣、陈仅、陈文述、张安保等人有诗文酬和。又与龚自珍、何绍基、何子毅等五人在京师参加陈沆所设"五箴会"。考察黄树宾的交游经历，有利于深入探究他的诗歌创作及作品风格。

一、黄树宾家世略考

祖父黄德屏，字远瞻，拔贡。任贵州平远知州。时值苗匪倡乱，黄德屏单骑深入，反复开导，致使酋长感化，缚其渠魁，其余苗匪乃降。后因事落职，归里奉母麦氏。乾隆庚寅，恭祝皇太后万寿，恩复六品职衔，降补南汇（今属上海）县丞。调任常熟，品端守洁，民皆悦服。卒于任上，民醵钱殓葬，祀常熟名宦。黄德屏父黄通理，赠修职郎。兄黄德厚，任新兴（今广东云浮）县教谕、崖州（今海南三亚）学正。

其父黄祖香，大兴籍，监生。嘉庆十五年（1810）任东台（今江苏盐城）知县，后任泰州运判、池州青阳县教谕。妻张氏，年二十九夫殁，守节四十四年卒。有子女三人：黄树宾、黄之淑、黄之驯。

黄树宾，原名之骧，字孟腾，号修存。幼年随父寓居泰州任所，年十六父殁，奉母侨居扬州，服阕，寄大兴籍中。道光十七年（1837）中顺天举人，明年联捷进士。以知县分发山西署大同太原，充癸卯乡试同考官，补灵邱

① 基金项目：广东省哲学社会科学"十三五"规划 2020 年度"明清粤东西北文学家族研究"（GD20YDXZZW29），广东海洋大学博士启动基金项目"明清时期粤西文学家族研究"（R20056）。
② 作者简介：马瑜理，广东海洋大学文学与新闻传播学院讲师。

（今属大同），因距寄籍大兴在五百里内，道光二十三年（1843）对调交城（今山西吕梁）知县。道光二十六年（1846）调安徽凤台，次年再调山西介休。山西风俗尚俭，独介休民多贸易，尚浮华。丧葬婚嫁之费，倾家不惜，黄树宾定以规条，风俗为之一变。咸丰元年（1851）春，患疟，殁于寓所。事迹可见于光绪《吴川县志》卷七"人物传"。

黄树宾生平为文多不留稿，所为诗芟削甚严，存仅百篇。任交城知县时，手录成帙，厘为四卷，失于太平天国之乱。后其弟黄之驯至晋阳，于其门生宋玉堂家得《慎六生斋残稿》二卷。今存《慎六生斋剩稿》一卷，清咸丰间刻本，藏于国家图书馆、广东省立中山图书馆。

其妹黄之淑，字耕畹，晚年自号兰娵老人。工诗善画，尤精六法。冼玉清考证其生于乾隆五十七年（1792）。适甘泉县诸生洪倬，年四十而寡，寓居维扬。后携子随兄至山西，居十余年。咸丰三年（1853），寓居江宁，时粤寇陷江宁，与其子洪葆龄一并殉难。[①] 幼时，习颜真卿书，得画竹之法。后从宜兴谢松崖先生学画，用赵子固双钩水仙法绘双钩墨兰，得时名。其《墨兰图》藏于故宫博物院，其名载《列朝画史》，其诗刻入《国朝闺秀诗选》。事迹可见光绪《吴川县志》卷九、民国《甘泉县续志》卷二十七"烈女传"及冼玉清所著《广东女子艺文考》"集部"。有《兰娵女史诗》一卷，弟黄之驯作跋。

其弟黄之驯，字季刚。绝意功名，肆力于词的创作，初学苏辛，后致力于南宋，深慕王碧山，故自号景碧山人。与秀水词人杜文澜、江都词人丁至和（字保庵，号萍绿）等交往密切，并有唱和之作，如《踏莎行·题丁保庵〈十三楼吹笛图〉》《瑶华·和萍绿咏白菊》《祝英台近·奉和曼陀罗华阁赋菊》（杜文澜有《曼陀罗华阁词》）。咸丰间曾任山西巡检，后避太平天国之乱至山西介休，又至浮山（今山西省临汾）县。著有《景碧词》《宋人词说》（四卷）。《宋人词说》未刊刻，今或已亡佚。又选存自作词六十五阕，均未刊刻。子元祯、元淇、元善均以官贵。

---

① 魏爱莲（Ellen Widmer）在《晚明以降才女的书写、阅读与旅行》一书中写道：黄之淑"1852 年她随弟弟回到广东，但在 1853 年太平天国运动时和儿子一同死去"表述有误。事实是黄之淑未随弟弟回广东，而是从山西回到江宁，并在江宁遇害。

二、黄树宾交游考述

（一）黄树宾与梅曾亮切磋艺文

梅曾亮，字伯言，一字柏岘，又字葛君，上元（今江苏南京）人，祖籍宣城。道光二年（1822）进士，官至户部郎中。后乞归，主讲扬州书院。游学于姚鼐之门，是桐城派后期重要的作家。有《柏枧山房诗文集》。

在黄树宾束发成童时，梅曾亮已识黄树宾。此后二人切磋艺文，互相赠诗、题诗、评诗。黄树宾有《书梅葛君诗后》："禹稷不可作，乾坤日悠悠。志士躬升平，含哺翻百忧。六朝江山雄，挺秀梅侯荡。……苍生命颇亟，东山安足游。曷不赓明良，黼黻皇风休。否则谱七月，艰难陈大猷。致主自有术，活国载凤谋。君如凤凰鸟，一鸣祥九州。余如南飞鸿，啁啾何所投。"①强调梅曾亮有经世情怀，指摘时政，其诗歌有拯救苍生、为民请愿之效。

梅曾亮《题黄修存诗稿》："细马红装照水滨，谁知游戏两仙真。怀中自有支机石，欲解明珰赠世人。"②赞扬黄树宾诗有奇才，作诗注重个人修养，主张诗如其人。嘉庆二十四年（1819），黄树宾有《题梅伯言曾亮诗稿》："水佩风环绝代妆，独弹瑶瑟怨潇湘。五云楼阁深如许，浪遣哀弦落下方。"③梅曾亮在壮年时期，就已经经历了长子亡故、妻子离世的人生悲痛，对人生的孤独、痛苦有着独特的体悟。黄树宾认为梅曾亮此时期的诗歌格调孤冷，情感悲凉凄怨，感人至深。

嘉庆二十三年（1818）五月，黄树宾将往京师乡试。梅曾亮有诗《送黄修存入都》赠别之，其中有"留君夜阑盈一觞""天孙聘钱不得偿，织女牵牛泣红墙""守厕乃是淮南王，作诗一笑诚荒唐""富贵快意非所望"④等语，指出入仕路途之艰难，也流露出自己在仕隐之间徘徊的心态。黄树宾有诗酬答，赋诗《戊寅五月将之京师宣城梅葛君以诗赠别率尔奉酬》四首。其一云："梅君枉诗篇，殷勤赠我行。往复见忧危，肝胆何纵横。"其二云："忆昔遭赋丧，颠倒混尘滓。三棺殡中野，五载萧寺里。茕茕何所为，营营食百指。作

---

① 黄树宾. 慎六生斋剩稿［M］. 清咸丰间刻本，第4页。
② 梅曾亮. 柏枧山房诗文集［M］. 上海：上海古籍出版社，2010：488.
③ 黄树宾. 慎六生斋剩稿［M］. 清咸丰间刻本，第24页。
④ 梅曾亮. 柏枧山房诗文集［M］. 上海：上海古籍出版社，2010：479.

贾频折阅，龊龊岂佳士。"其三云："风尘独惨澹，雄情半灰死。椓蠡未全生，况敢志千里。阿母有严命，逼迫非得已。戎装迳触热，将前转心鄙。阿母年始满，井臼力渐弛。两鬓青欲改，儿行缺甘旨。吾生厌浮名，得所即心喜。违行盗裾缨，一捷辱三褫。"①黄树宾在诗中感谢梅曾亮为自己前途担忧，叙述父亲去世后家道衰落，经商亏本的事实，表明自己厌弃功名，无奈严母相逼，为生计所迫，只得北上应试的矛盾痛苦心态。

嘉庆二十四年七月，黄树宾寓居京师悯忠寺，作《杂怀四首》，其中有怀梅曾亮诗《梅伯言》云："城门半关夜罢猎，纵马归来笑轻捷。饱饭高吟独出篇，潜往空廊扫秋叶。"②后七月二十一日，又作《苦雨》一诗，"美人不可见，日暮陇云平"③。用乐府体裁抒发民间疾苦，这与梅曾亮一贯提倡乐府诗的实录精神深相契合，由此，也可窥见黄树宾诗歌受到梅曾亮的影响。

道光十七年，黄树宾中顺天举人，次年联捷进士。后补交城知县。任交城时，寄书札与梅曾亮，书中言及交城为官的感受，常觉"初心负"，公事繁忙，财政短缺，历任亏累，"临事方知旧论疏"。梅曾亮有诗酬答，《答黄修存》诗云："今得交城黄子书，为言吏职实愁余。便文常觉初心负，临事方知旧论疏。孔奋脂膏原不计，道州抚字岂终虚。飘飘一札来千里，尚有陵云气未除。"④道出黄树宾虽然为官所累，但胸中仍有凌云之气，惜仕宦经历消减了黄树宾诗歌之豪情。

咸丰元年春，黄树宾卒于山西介休寓所。梅曾亮有诗二首悼黄树宾，《悼黄修存》其一云："见子成童日，千言笔已操。才名淹酒病，仕宦减诗豪。倏忽瞻丹旐，辛勤共白袍。重来悬榻处，何止痛三号。"其二云："宾馆留连日，君家同气亲。催伤三弟酷，支柱一官贫。已绝飞腾意，犹期老寿身。只今余第五，双影倍伤神。"⑤

（二）黄树宾与吴德旋订交

吴德旋，字仲伦，宜兴人。以廪贡生入都，三试不售，绝意举业。师法

---

① 黄树宾. 慎六生斋剩稿［M］. 清咸丰间刻本，第8页。
② 黄树宾. 慎六生斋剩稿［M］. 清咸丰间刻本，第14页。
③ 黄树宾. 慎六生斋剩稿［M］. 清咸丰间刻本，第15页。
④ 梅曾亮. 柏枧山房诗文集［M］. 上海：上海古籍出版社，2010：586.
⑤ 梅曾亮. 柏枧山房诗文集［M］. 上海：上海古籍出版社，2010：621.

张惠言、姚鼐，诗风淡雅绝俗，不事雕琢。有《初月楼诗钞》四卷。

黄树宾于嘉庆二十三年参加乡试，仅中副榜，心中自有抑郁不平之气。二十四年岁暮，归扬州娶妻。吴德旋寓居维扬期间，有诗《咏怀简黄修存》："观生固难慷，考义欲求是。居世乏苦心，云何称尚志。讵因山林逸，遂贬廊庙器。古来青云士，蓬荜愿终在。……何当返真淳，竟作成蹊树。"① 吴德旋在诗中称黄树宾为"廊庙器"与"青云士"，终有一天会"无限成蹊树，花多向客开"。

嘉庆二十五年（1820），九月十五日黄树宾同友人游郊外，有诗纪事，并呈吴德旋。《九月十五日同人游郊外作，即呈吴仲伦先生德旋》："枫林余照晚，窈窕递幽响。秋气方在肃，霜鞙鲜已长。清怀苟无依，溷俗岂非枉。拘情昧浅适，葺志得真赏。心随双眸豁，契托千古想。愿言附高踪，兹生共萧爽。"②诗中描绘了一个幽古深邃的意境，与吴德旋高淡古雅的诗风相合。

道光元年（1821）岁杪，吴德旋由寓居三年的维扬归故乡宜兴。离别时箧中携有黄树宾近作之诗。《初月楼诗钞》卷二有《留别黄修存时箧中有修存近诗将携归示阳羡诸子》："江城何意片云留，江水无心日夜流。三载维扬交一士，多生结习订千秋。龙泉剑已看新斸，明月珠宜慎暗投。狂简天容吾党在，把君行卷共销忧。"③二人均为志向高远、处事疏阔之人，性情相近，志趣相投，虽仅相交三年，但友谊千秋长存。

（三）黄树宾与魏源为乡试同年

魏源，原名远达，字默深，湖南邵阳人。嘉庆二十三年，黄树宾与魏源同年中乡试副榜。至明年，黄树宾暂时居住在京都，离乡千里，难免有索居之孤独。

是年七月，黄树宾寓居在悯忠寺，将出都，魏源为其饯别，但迟迟未至。黄树宾赋诗《迟魏默深源不至》静候魏源："静惟索居苦，相思愁绪纷。之子

---

① 吴德旋. 吴德旋集［M］//桐城派名家文集编委会. 桐城派名家文集：第 1 辑. 合肥：安徽教育出版社，2014：895.

② 黄树宾. 慎六生斋剩稿［M］. 清咸丰间刻本，第 24 页。

③ 吴德旋. 吴德旋集［M］//桐城派名家文集编委会. 桐城派名家文集：第 1 辑. 合肥：安徽教育出版社，2014：902.

迟不来，落叶空中闻。"① 魏源直至月夜方至禅寺，二人饮酒剧谈至深夜，并作《月夜访黄修存寓舍》送别黄树宾："凉天净如水，幽人悄无事。清光照人影，直到禅栖寺。不知霜华深，但见白满地。我亦随兴徂，来去知何意！谈深觉夜长，衣寒恃余醉。九衢车马静，空籁自远至。学道虽未能，已免尘俗累。飞仙不可期，独向空庭迟。"② 魏源的这首五言古诗描绘出了空寂清静之意境，但不免流露出凡世之累，因为不久之后魏源便前往山西开始游幕生涯了。

（四）黄树宾在京师与陈沆相识

陈沆，字太初，号秋舫，蕲水（今湖北浠水）人。黄树宾与陈沆的交往，集中在京师乡试期间。嘉庆二十四年，魏源在陈沆家授其子陈廷经学，据陈沆所言"我不识君，陆君（彦若）言之。陆君之言，朴然无欺。……魏子亦至，俱尉相思"③ 等言，得知黄树宾通过魏源以及丹徒人陆献（字彦若）结识了陈沆。黄树宾与陈沆二人情谊真挚，陈沆曾为黄树宾抚琴，"必逢佳客，亦为一挥。感君至意，于我依依"。

嘉庆二十四年秋，黄树宾欲南归娶康氏为妻，作《出都酬别陈太初》诗四首，赠别陈沆。诗中有"孰为怆余，离多会难""茫茫夜白，执手忘别。含情无言，有恨如月""式身金玉，以答之子"④等句；表达了朋友间欢聚少、离别多的忧愁以及对陈沆等朋友的惜别、思念之情。

陈沆亦有组诗《送黄修存南归》五首送别黄树宾："子归有喜，入门嘉偶。居室辉光，令妻寿母。"⑤ 祝贺黄树宾南归娶妻之喜。其时，陈沆在京师租赁黄叔琳之万卷楼，临别时，陈沆以所藏万卷楼磁印示黄树宾。黄树宾有诗《陈太初以所藏万卷楼磁印见示所居即昆圃故宅也，时将去京师，率尔赋此，即以为别》纪其事："还印归来三太息，抽简频行洒狂墨。得暇无须仰屋梁，好箸新书慰相忆。"⑥尽诉离别相忆之情。

① 黄树宾. 慎六生斋剩稿［M］. 清咸丰间刻本，第18页。
② 魏源. 魏源全集［M］. 长沙：岳麓书社，2011：30.
③ 陈沆. 陈沆集［M］. 武汉：湖北教育出版社，2016：47.
④ 黄树宾. 慎六生斋剩稿［M］. 清咸丰间刻本，第19页.
⑤ 陈沆. 陈沆集［M］. 武汉：湖北教育出版社，2016：47.
⑥ 黄树宾. 慎六生斋剩稿［M］. 清咸丰间刻本，第20页.

道光二年（1822），陈沆在京师设五簋会，参加者仅黄树宾、龚自珍、包世臣、何绍基、何子毅五人。其中龚自珍、包世臣、何绍基为常客，黄树宾、何子毅偶尔一至，其他人皆不得参与。五人谈论天下之事，共赏诗文之乐。陈沆曾作《秋斋饯别图》，何绍基赋诗《陈秋舫属题秋斋饯别图》，其二云："多时五簋会，客止五人来。论议几千载，酣嬉无筹杯。门稀杂宾至，日有好花开。一事君输却，明湖探早梅。"①

（五）黄树宾书法受教于包世臣

包世臣，字慎伯，号诚伯、慎斋，晚号倦翁，又自署小倦游阁外史，安吴（今安徽泾县）人。包世臣以经世之学扬名海内，工书及诗，论书法颇有见地，行草隶书，皆为史所珍藏。著有《小倦游阁文集》。

据《清史稿》卷五〇三记载："与熙载同受包氏法者，江都梅植之蕴生，甘泉杨亮季子，高凉黄洵修存，余姚毛长龄仰苏，旌德姚配中仲虞，松桃杨承汪把之。"② 黄树宾与吴廷飏、梅植之、毛长龄、刘文淇等人一同受教于包世臣。黄树宾因其父黄祖香之故得以受教于包世臣。嘉庆二十三年，包世臣见黄修存藏顾炎武遗书十种，借读之。

包世臣于嘉庆二十二年（1817）留滞京都期间，其《述书》《笔谭》稿出，录副者甚多，其中便有黄树宾。黄树宾亲授包世臣笔诀，手录《述书》。《述书》中有书法中的"双钩"技法，因多用左右或上下两笔勾描合拢，故亦称"双钩"。"中指以尖钩其阳……五指疏布，各尽其力，则形如握卵，而笔锋始得随指环转，如士卒之从旌麾矣。此古人所谓'双钩'者也。"③ 黄树宾读《述书》，有所领悟，欲作注解，终未能成，后道光五年（1825）作《题包慎伯年丈世臣笔势图》论包世臣运笔之精妙："万豪摄五指，一逆绝诸陋。盘旋荐在空，纡谲云含岫。洎乎锋布纸，譬若矢离彀。指动笔乃随，墨行水相副……思深势故远，管到法已凑。"④运锋时须逆入平出，使笔毫平铺纸上，管定而锋转，运笔要笔断而后起。从诗中所论，可知黄树宾已深得包世

---

① 何绍基. 何绍基诗文集 [M]. 长沙：岳麓书社，2008：56.

② 赵尔巽. 清史稿 [M]. 北京：中华书局，1998：3556.

③ 祝嘉. 艺舟双楫疏证 [M]. 北京：中华书局，1978：13.

④ 黄树宾. 慎六生斋剩稿 [M]. 清咸丰间刻本，第37页.

臣书法三昧。

黄树宾屡次向包世臣请教书法之道及古帖之真伪："察之尚精拟之贵似，先察后拟者，将毋必能察而后能拟耶？敢问古帖真伪优劣，如何能精其察？"包世臣答："是故曲直在性情而达于形质，圆扁在形质而本于性情。唐贤真书，以渤海为最整，河南为最暇，然其飞翔跳荡，不殊草势，筋摇骨转，牵掣玲珑，实有不草而使转纵横之妙。凡以其用笔，较江左为直，而视后来则犹甚曲之故也。能以是察，则近于精矣。"① 道光十一年（1831），包世臣《小倦游阁法帖》中，载有《答三子问》。三子者，即黄修存、梅植之、朱震伯也。

包世臣大力提倡碑学，为尊碑书风推波助澜。而黄树宾受其师影响，亦喜藏碑拓，其书法作品《此处谁家行楷七言联》，颇似包世臣之神韵。道光十三年（1833），包世臣鉴别黄树宾所藏宋拓虞世南孔子庙堂碑的优劣，有文《书黄修存藏宋拓庙堂碑后》："是本乃南宋贾拓，纸墨虽劣，而格致如一，可珍也。大都初唐书肥本多近真帖，贾恐转拓转肥，乃磨治碑面，使画瘦，始全失之。而世人或以瘦为贵，宜唐法遂荡然也。……修存知书而得此，故具以讯之。"②包世臣虽推崇北碑，但其对唐碑亦十分喜爱，他对唐碑的鉴赏，对黄树宾有较深的影响。

（六）黄树宾与陈仅的诗札往来

陈仅，字余山，一字渔珊，号涣山，浙江鄞县（今浙江宁波）人。嘉庆十八年癸酉举人，历任陕西延长知县、安康知县。有《继雅堂集》三十四卷。

嘉庆二十四年春夏，黄树宾在京师有诗寄陈仅。《颓云一章寄陈渔珊仅》："颓云成积阴，万汇噎不收。坐看林中鸟，哀鸣求匹俦。羽毛既分飞，择木斯可休。顾念同心侣，中宵涕泗流。仰惟皇天慈，匹士何足忧。寄旺亦有时，安知非中雷。焚林寡完巢，荡滫无闲鸥。运险亦已难，闭门聊寡尤。"③诗中以哀鸣求侣的林中鸟来暗喻自己在京师的处境，乡试落第，独居无依，前途渺茫，内心愁苦不堪。陈仅作《颓云篇和答黄修存》安慰黄树宾："鬼神瞰高

---

① 祝嘉. 艺舟双楫疏证 [M]. 北京：中华书局，1978：86.
② 祝嘉. 艺舟双楫疏证 [M]. 北京：中华书局，1978：130.
③ 黄树宾. 慎六生斋剩稿 [M]. 清咸丰间刻本，第20页.

明，机械纷藏幽。惨惨道理内，谁为慎所投。平生望古怀，岂愿成诗囚。……穷途嗜朋好，烈士诚有由。阳春见枯柏，沧溟下闲鸥。归欤其闭门，庶免良朋尤。"①

道光二年秋，陈仅又寄诗与黄树宾。《寄黄修存》诗云："美人如花别来久，万里秋风几杨柳。双江之水清若空，径欲寄君一杯酒。凄凄重凄凄，樽酒不可携。白石何凿凿，流水自东西。"②

道光四年（1824）岁暮大雪，黄树宾招陈仅饮于扬州高轩。陈仅有诗纪其事，《黄修存招饮》诗云："急雪洒广衢，萧萧北风响。未嫌蜡屐远，共此高轩赏。渴酒方酌斟，清言遽还往。"③

道光十三年，陈仅授陕西延长知县。中秋前后，陈仅过扬州，黄树宾招饮，并为其送行。陈仅赋诗《黄修存招饮食蟹戏成长歌》纪事："故人知我作西笑，特具佳肴佐清酌。……东南稻蟹凤称美，乡里西风居可乐。……高斋此会得餍饫，独客他年寡酬酢。几时有蟹无监州，持螯日践朋尊约。"④

（七）黄树宾与陈文述的交往

陈文述，字退庵，号云伯，钱塘（今浙江杭州）人。嘉庆五年举人。官江都、全椒等地知县。诗学吴梅村、钱牧斋，博雅绮丽。著有《碧城仙馆诗钞》《颐道堂集》等。

陈文述《颐道堂集》外集卷六《题寄女兰畹画兰》小序中道："兰畹名之淑，字耕畹，粤东黄参军祖香女。参军与余订昆弟交，以耕畹寄余膝下。"⑤可知，黄树宾其父黄祖香曾与陈文述结为昆弟，并把其女黄之淑寄养在陈文述门下，做了陈文述第三个女儿。道光元年，陈文述任江都（今属江苏扬州）知县，两年后陈文述丁父忧，离开扬州。道光六年（1826），陈文述结束丁忧，返回扬州候任。嘉庆十六年（1811），黄祖香去世，其后黄树宾与母亲一直寓居在扬州。在陈文述任职期间，黄树宾与陈文述应有较多往来。

① 陈仅. 继雅堂诗集 ［M］//清代诗文集汇编：第 557 册. 上海：上海古籍出版社，2010：201.
② 陈仅. 继雅堂诗集 ［M］//清代诗文集汇编：第 557 册. 上海：上海古籍出版社，2010：215.
③ 陈仅. 继雅堂诗集 ［M］//清代诗文集汇编：第 557 册. 上海：上海古籍出版社，2010：242.
④ 陈仅. 继雅堂诗集 ［M］//清代诗文集汇编：第 557 册. 上海：上海古籍出版社，2010：308.
⑤ 陈文述. 颐道堂集诗外集 ［M］//清代诗文集汇编：第 504 册. 上海：上海古籍出版社，2010：655.

道光五年（1825），黄树宾再次北上赴乡试，临别有诗赠别陈文述。《赠别陈大令文述》诗云："洵昔总角年，父爱常置膝。孝经昼成诵，闰课夜把笔。晨兴发未梳，稚子称有客。大人诏之前，指令呼父执。因言此陈侯，手笔燕许敌。他日领文阵，当此受经律。试教辨六书，擘窠就前席。……十年竹西地，六月南冥息。使君从南来，春风满江国。先收籍上奸，顿起沟中瘠。崩腾看流辈，持重归硕画。阶下意蒲鞭，花间两游展。登堂重携手，一笑见肝膈。高情久更笃，奇气老弥逸。推襟陈古懂，仰屋诧新得。宏奖幸值今，提携远怀昔。载欣觞咏共，永示邦国式。一朝废蓼莪，四野助哀泣。羽山蝗始飞，天船彗频出。黍苗不终膏，鸿雁逝安食。余愁及羁旅，奚止叹孤寂。离怀篇翰申，后款风雨积。歌罢缅行人，江烟散寒碧。"①诗中先回忆了幼年时初见陈文述的情景，以及陈文述曾教黄树宾六书经律、擘窠书法的经历。中间言及陈文述治理江都的政绩，叙述二人携手登堂、觞咏与共的重逢喜悦，感谢陈文述对自己的嘉奖与提携。最后诉说丧父之痛、天灾之频、生活无依之苦，抒发自己北上赴试的羁旅孤寂之愁、离别相思之情。

（八）黄树宾与张安保为文友

张安保，字怀之，号石樵，一号叔雅，晚更号潜翁。江苏仪征人。博古工书，铁笔法浙派，诗崇尚汉唐。有《味真阁诗钞》十八卷。

据吴昆田《石樵张先生墓表》载，黄树宾与张安保为文友。"所与友者周保绪、黄修存、包慎伯"② 等。黄树宾与张安保相识很可能是通过其师周济③的缘故。

嘉庆二十四年，黄树宾《杂怀四首》其四有怀张安保《张石樵安保》："谔谔史通论，咄咄追樊川。千载儿人快胸臆，只今惟有空文传。文章纵满英雄口，青眼相逢一杯酒。欲以区区望后人，我于前人亦何有。去去勿复道，丈夫多慷慨。龙渊跃冶惊不祥，有时一割凭干将。平生虎气动斗牛，勿使绕

---

① 黄树宾. 慎六生斋剩稿［M］. 清咸丰间刻本，第36页.

② 吴昆田. 漱六山房全集［M］//清代诗文集汇编：第629册. 上海：上海古籍出版社，2010：465.

③ 黄树宾曾学诗于周济。胡兆松所作《慎六生斋剩稿》序中有"曾受时于荆溪周介存先生，尽得其传，沉雄奇迈，凌踔无前"。

指韬星芒。他日连城为世贵，睨柱勿教与头碎。"①黄树宾在诗中把张安保比作才华横溢的唐代诗人杜牧，又以阮籍之"青眼"来自比，表明自己在现实中难觅知音，只有张安保可以理解自己的胸襟抱负。

张安保写有《后怀人诗》组诗，第二十八首《黄修存明经洵》怀黄树宾云："宝剑未出匣，已有干霄气。黄子富才华，年少特奇丽。腕下有烟云，胸中蕴经济。相思已十年，一别又三岁。"②张安保以匣中"宝剑""干霄"来比黄树宾的凌云之志，强调黄树宾年少时便有奇才，胸怀经世济民之理想，下笔则有豪迈沉雄之气势。

张安保又有《岁暮有怀周保绪、管异之、刘楚桢、刘孟瞻、范雨村、杨季子、黄修存、吴熙载、王句生》诗："不遇离别苦，不知聚首欢。言念诸君子，往昔常盘桓。所栖各异域，良会何艰难。"③怀念往昔与黄树宾诸君子相聚之乐，更反衬今日离别茕茕之苦。

---

① 黄树宾. 慎六生斋剩稿［M］. 清咸丰间刻本，第15页.

② 张安保. 味真阁诗钞［M］//清代诗文集汇编：第589册. 上海：上海古籍出版社，2010：354.

③ 张安保. 味真阁诗钞［M］//清代诗文集汇编：第589册. 上海：上海古籍出版社，2010：326.

明清及民国《石城县志》纂修史述①

孙长军　蔡　平②

今广东省廉江市旧为"石城县"建置，其县志之修纂见于载籍者，最早为明嘉靖二十四年（1545）至二十七年（1548）邹伯贞任石城知县时所主修。其后，万历四十一年（1631）至四十三年（1633）间，佴梦骝任石城知县，重修县志。这是有明一代有文献提及的两部县志，可惜均未得传于后世，哪怕是其中只言片语亦不见后世诸志称引，其湮没之净绝致使后来复修县志者无以为参照，故清康熙六年（1667）梁之栋之修可称为《石城县志》的重新草创。自梁之栋（康熙六年）起，经李琰［康熙十一年（1672）］、周宗臣［康熙二十五年（1686）］、孙绳祖［康熙五十一年（1712）］、喻宝忠［乾隆四十六年（1781）］、张大凯［嘉庆二十五年（1820）］、蒋廷桂［光绪十八年（1892）］，至钟喜焯［民国二十年（1931）］，先后又有八次重修或续修，总数达十部之多。今所见者，有李琰、周宗臣、孙绳祖、张大凯、蒋廷桂、钟喜焯所主修的六部《石城县志》，除了明代两部未传世外，康熙六年梁之栋、乾隆四十六年喻宝忠两部亦未见其书。以下按时间先后分说之。

《石城县志》，最早见载于文献者，为明嘉靖间石城知县邹伯贞所主修。阮元《广东通志·艺文略》："《石城县志》，明邹伯贞修，佚。"梁之栋修《康熙石城县志》下编卷三《人物》："邹伯贞，江西临川人，由举人，嘉靖间知本县。搜弊剔奸，字牧有法。清隐粮一千七百余石，复流移一百七十丁口。置学田，修县志。"邹伯贞《学田记》称"嘉靖乙巳春，邹子补官石

① 基金项目：广东省哲学社会科学规划学科共建项目"明清及民国《石城县志》纂修与版本系统研究"（GD20XTS08）。
② 作者简介：孙长军，广东海洋大学文学与新闻传播学院教授，主要从事文艺学与区域文化研究。蔡平，广东海洋大学文学与新闻传播学院教授，主要从事中国古代文学及岭南地方历史文化研究。

邑”，“嘉靖乙巳”为嘉靖二十四年，文中又提到“岁丙午”“岁丁未”，至嘉靖二十七年又清隐粮。其“置学田”，有《学田记》，然“修邑志”并无《志序》传世，据上可知《石城县志》之修应在嘉靖二十四年至二十七年间。继邹伯贞后，明代另一位主修邑志者为万历间知县佴梦骝。梁之栋修《石城县志》载：

> 佴梦骝，滇之临安人也。由选贡，明万历间知本县。甫下车，首以造士育才为己任。……诸如捐修学宫，主修县志，创桥改路以培风水，种种德政，当时勒之金石。三年政成，擢琼南别驾，邑人建祠祀之。

阮元《广东通志·艺文略》：“《石城县志》，明佴梦骝修，佚。”佴梦骝之始任石城知县，《道光广东通志》《光绪高州府志》均不言任年。县之旧志有二说，《康熙六年石城县志》《康熙二十五年石城县志》《嘉庆石城县志》皆载其“万历四十七年任”，唯《光绪石城县志》《民国石城县志》称其“四十一年任”。历代府志、县志载佴梦骝后万历朝石城知县有万历四十五年任之罗秉彝、万历四十八年任之蒋三槐，作为于万历朝出任石城知县的佴梦骝，不可能在万历四十七年到任，并在任三年，故其为石城知县当始于万历四十一年。《石城县志》之修，则在万历四十一年至四十三年间。

邹伯贞修《嘉靖石城县志》、佴梦骝修《万历石城县志》，至迟于清道光间阮元修《广东通志》时已完全散佚。梁之栋撰成于康熙六年的《石城县志序》所谓“石城旧固有志”，即指此二志。梁之栋，曲阳人，“康熙四年知本县事”（《民国石城县志》卷五《职官志》），康熙七年（1668）四川举人洪日旦任石城知县，又“康熙七年，通县士民为知县梁之栋立遗爱祠”，可知梁之栋离任在康熙六年。自万历四十七年佴梦骝离任，至康熙四年梁之栋之重辑修补县志，历时四十余年，中经明清易代，梁之栋到任石城县时所面对的石邑之志是“阙者莫补，断者莫续”，担心“因循相待，愈久而愈失”。当时明修二县志虽未失传，但已是残缺不全，因此到任不久即“偕广文何先生，复延孝廉黎先生，暨诸士合相参酌，重辑续补。或远搜典籍，或近采宿耆”（梁之栋《石城县志序》）。梁之栋修邑志面对两部分工作，一是对残缺的前志所载进行"重辑",二是对佴梦骝修《石城县志》之后四十余年县志应载之史事、人物等进行"续补"。其所据亦来自二者:"远搜典籍"与"近采宿耆",相当于《光绪石城县志》《民国石城县志》中志文后小注中的"参张《志》"和"采访"等。远搜之典籍,不限于旧志,仍有其他可资佐证之文献;近采宿耆,乃古之修志常法,以补文献载录之不足。梁之栋《石城县志序》又说:"或仍旧而删正其冗差,或取新而增益其未备。汇集成书,三阅月而乃告竣焉。"但从梁之栋《石城县志》之志文看,尚看不出孰是"仍旧而删正",孰是"取新而增益"。

《广东历代方志集成·高州府部(十三)》合《康熙六年石城县志》《康熙二十五年石城县志》《康熙五十一年石城县志》《嘉庆石城县志》为一册,其《康熙六年石城县志》当为《康熙十一年石城县志》。此所谓《康熙六年石城县志》署谓"清梁之栋纂修,李琰重辑,李尚志重订,清康熙六年刻,清康熙十一年增修本"。骆伟《岭南文献综录·方志类》:"康熙高州府《石城县志》,上编六卷,下编五卷,清梁之栋修、黎民铎纂、李琰续修、李尚志重辑,清康熙六年刊,十一年增修本。"显然《广东历代方志集成》影编之《康熙六年石城县志》,实际上是康熙十一年的增修本。《康熙六年石城县志》目次之末署谓:"高州府《石城县志》,石城县知县高阳李琰重辑,儒学训导长乐李尚志重订,原任石城县知县梁之栋纂修,原署儒学训导何峤参订,邑举人黎民铎汇编。"这又明确指出,由李琰重辑、李尚志重订的《石城县志》,是对梁之栋纂修、何峤参订《康熙六年石城县志》的补修。阮元《广东通志·艺文略》分列梁之栋、李琰各自所修为二志是准确的。梁之栋主修《石城县志》起于康熙四年,始见于蒋廷桂修《石城县志》,《民国石城县志》沿之,而张大凯以前各本县志均不提起修之年,仅称"三阅月而乃告竣"。梁之栋于康熙四年(1665)知石城县事,如果当年即着手修志,经三个月志成,直至康熙六年(1667)才为其作序并刊刻成书,似不合情理。更大可能性是于康熙四年着手准备资料,康熙六年成书。梁之栋主持修纂,具体编修工作则主要是时任石城儒学训导何峤及邑人黎民铎。何峤有《石城县志序》,该序为受知县梁之栋之命而作,与梁之栋《石城县志序》同作于"康熙六年丁未仲秋"。何峤《石城县志序》称:"爰命余参订于其末,余窃读之,若建置、若疆域、若年表、若人物、若祀典、若风俗、物产、食货,以及文苑、武备、杂志所宜仍者仍之，宜删者删之，宜补者补之。"志之初稿成后，梁之栋使何峤取订。黎民铎承担了汇辑工作，即按类择取各类典籍及采访所得史料而成初稿。梁之栋《石城县志序》反复谦称其于修志之愧心，将志之得竣归之于"诸绅士之劳，是即诸绅士共襄之力"，然修志之举必得由知县推动，非此而功不建。《石城县志》虽然昉自明代，由于遭明清之交兵燹之劫已近湮毁，起废坠以至永久之功，实自梁之栋《石城县志》起，梁之栋居功至伟。

李琰《重修石城县志叙》作于康熙十一年（1672）仲冬，距离前此蒋廷桂《石城县志》之修成仅时隔五年，照常理是不到续修之期的，这部重修本并非常态性之修，乃当时"奉上台督修县志"之意而为。《民国石城县志》卷五《职官·宦绩录》载：

> 李琰，高阳人，由举人。康熙九年知本县事。莅治有体，敷教有方，宽严互用，士民怀德畏威。捐廉四百金，改建学宫，以昌文运，续修邑志。

又卷十《纪述志下·事略》："（康熙）九年，知县李琰修邑志。"李琰《重修石城县志叙》云：

> 今奉上台督修县志，因取前所修辑者，细为翻阅，景前哲之流风而慨慕之，稽士风之好尚而损益之，于吏治之得失，不无少补。……未暇网罗遗轶，随将旧刻而删补之，以存征信。

所谓"取前所修辑者"，是指取梁之栋康熙六年修成之志，李琰续修尽本梁之栋《石城县志》而有所增损，特别指出在"吏治之得失"上"不无少补"。对于《石城县志》之体例、目次、门类均无所变动，卷首序文部分在梁之栋《石城县志》之外加入《重修石城县志叙》。依此而言，《广东历代方志集成》中取名《康熙六年石城县志》，宜名为《康熙十一年石城县志》，它已是梁之栋《石城县志》之后的又一部新的志书了。李默《广东方志要录》"石城"条云："《石城县志》，上编六卷，下编五卷，清梁之栋修，黎民铎纂，李琰重辑，李尚志重订。康熙十一年增订六年，叙事至康熙十一年。"如李琰重修《石城县志》下编卷一《年表》："李尚志，长乐人，由岁贡，（康熙）十年任。"又"康熙朝巡检"条，"戴梁，慈溪人，（康熙）十年任，卒于官。蔡瑜，凤阳人，（康熙）十一年任"。

阮元《广东通志·艺文略》："《石城县志》，国朝周宗臣修。"骆伟《岭南文献综录》："《康熙石城县志》十一卷，清周宗臣修，韩镠纂，清康熙二十五年刊本。"该志目录后附有《康熙二十五年纂修石城志书》，分列纂修人员职名：

> 广东布政使司经历署石城县事周宗臣、高州府石城县知县韩镠纂修；儒学教谕梁继鸣、训导蔡叔度参订；邑贡生黄名世、陈梓、萧作洙、李色奇同编；邑廪生陈楫、陈自知、陈浩、潘金、李纪懋、潘鉴，邑增生高凯汇校。

下编卷一《年表》："周宗臣，大兴县人，由镶红旗教习授广东布政司经历，于二十五年五月二十八日署。韩镠，蒲州人，由附学监贡，二十五年任。"《广东历代方志集成·高州府部分（十三）·康熙二十五年石城县志》卷首有三篇序文，首篇为韩镠之序，篇末署曰："时康熙二十五年岁次丙寅腊月之吉，知石城县事蒲坂韩镠谨撰。"次篇为周宗臣之序，篇末署曰："时康熙丙寅十一月冬至前一日，广东布政使司经历署理石城县事燕京周宗臣谨撰。"第三篇为儒学教谕梁继鸣所撰，篇末署曰："时康熙二十五年岁次丙寅仲冬之吉，石城县儒学教谕梁继鸣谨叙。"从三篇序文的撰作时间看，应以周宗臣所作序为首，梁继鸿的次之，最后韩镠所作之序。周宗臣于康熙二十五年之夏五月任石城知县，到任之始即索旧志披览，其所见之志或为康熙六年梁之栋《石城县志》，或为康熙十一年李琰重修《石城县志》，因此时距前志之修仅十余年，所谓"文多阙略"，非指前志散佚，在周宗臣看来前志所载史事阙略，需增补，《康熙十一年石城县志》后十余年之史事亦需补入。由于初到任还未来得及去实施，而此时"奉上台督修县志"，便"集诸绅衿录所见闻，将削牍焉"。将周宗臣所修之《石城县志》与李琰康熙十一年续修之《石城县志》对照，二者体例、结构、凡例、编次、目录、分卷、细目、县图等均同，仅少部分略有增补。李默《广东方志要录》称其"在梁《志》的基础上，按类增修"，更确切地说，应是在李琰《石城县志》的基础上增修。周宗臣修志至康熙二十五年十一月而成，其所作之序及梁继鸣作的序均为县志成时而作。韩镠继任石城知县当在康熙二十五年十一月，是为接替周宗臣之任。韩镠之序曰："前寅董其事，而稿已成，缙绅诸公问余序。"此"前寅"即指周宗臣，他到任时县志之修已经完成，邑之缙绅请其作序，韩镠以为自己到任才几日，并无功于此志之修，待览志后的感觉是"详略予夺、废兴损益，较之旧籍，觉部署一新，壁垒改色"。周宗臣修志成而未及刊行便离任，故邑绅又请新任知县韩镠为之序，并刊刻成书。严格地说，纂修者是不应列入韩镠的，李默《广东方志要录》只称"周宗臣修"，却不提韩镠，盖本于此。然而，在纂修人员职名中仍称"高州府石城县知县韩镠纂修"，只因韩镠乃现任知县罢了。对此，韩镠《石城县志序》称"无何下车才数日，何敢预人之志焉，此余之所以歉然者也"，其所"歉"，正在于此。

梁继鸣《石城县志序》亦作于康熙二十五年十一月，比周宗臣《石城县志序》略晚，此时韩镠已到任，故有"幸际周侯借恂斯土，韩侯莅任新政，召杜相继，公余搜求旧帙，补辑新编"之语。所谓"召杜相继"，是指同在康熙二十五年内前后两任知县周宗臣修纂成卷、韩镠刊刻成书，至于"公余搜求旧帙，补辑新编"是指周宗臣，与韩镠无关。李默《广东方志要录》所谓"继任韩镠续成之"，最多只能说韩镠将书刊行，于县志文本身是无所谓"续成"之功的。李琰《康熙十一年石城县志》，并未尽补梁之栋《康熙六年石城县志》，如《康熙十一年石城县志》于"大清知县康熙朝"下仅列"侯周臣，二年任""张鸣凤，元年任""梁之栋，四年任"，周宗臣《康熙二十五年石城县志》则接梁之栋而续为"洪日旦，七年任""来民服，七年任""李琰，十年任""黄永，十六年任""于继勋，十七年任""荣世盛，二十二年任""白玠，二十二年任""周宗臣，二十五年五月二十八日署任""韩镠，二十五年任"，自洪日旦至韩镠为《康熙二十五年石城县志》续补。可见，周宗臣康熙二十五年纂修之《石城县志》比起康熙十一年李琰复修之《石城县志》的缺漏，显得更为完备了。

康熙朝最后一部《石城县志》，为孙绳祖主修，阮元《广东通志·艺文略》："《石城县志》，国朝孙绳祖修。"《光绪石城县志·艺文志》："《石城县志》，五卷，国朝孙绳祖重修，康熙壬辰。"骆伟《岭南文献综录》："《康熙石城县志》五卷，清孙绳祖纂修，清康熙五十一年刊，乾隆印本。"李默《广东方志要录》引故宫博物院藏《善本目录》曰："作康熙五十一年刻，乾隆印。"据张大凯《嘉庆石城县志》卷三《职官》，孙绳祖为满洲镶红旗人，康熙四十一年知石城县事，"兴废举坠，不遗余力，创建松明书院，修邑志"，在任十年，至康熙五十一年调任清远，是历任知县中在任时间较长的一位。《光绪石城县志》《民国石城县志》之《艺文志》均录孙绳祖《志序》，其文称其"退食之暇，间阅邑志，中多弗称，有志补辑"，"访故老，稽旧编，事必求信，毋为秽史"，"兹由《舆图》以迄《杂记》，编目四十八，汇为五卷，敬付剞劂，以俟采风者达之"。文中并未提及志之始修于何时，后世目录之书据其刊刻之时而署为康熙五十一年。《广东历代方志集成·高州府部（十三）》收编此志，然该志版面字迹漫灭，不加以补辑是完全无法阅读和使用的。从李默《广东方志要录》所录其内容的四十八目看，其与前志相较在体例上有较大改变。

喻宝忠所修《乾隆石城县志》，阮元《广东通志·艺文略》未载，骆伟《岭南文献综录》不收录，《广东历代方志集成》亦未辑入。李默《广东方志要录》："《石城县志》，清喻宝忠修，乾隆四十六年。……是志至今未见，只存喻宝忠序。"张大凯《嘉庆石城县志序》提及喻宝忠所修之志，其曰："退而征诸旧乘，盖自康熙五十一年来，缺无成书矣。最后乃得喻君宝忠稿本，修于乾隆四十一年。"此言自康熙五十一年孙绳祖《石城县志》以后，仅有喻宝忠起修于乾隆四十一年的《石城县志》稿本，此志因未及刊行，张大凯之后稿本散佚，故道光以后之书不见著录。蒋廷桂修《光绪石城县志》卷五《职官志》："喻宝忠，江西新城进士，乾隆四十年知本县事。……修文庙，培县治龙脉，修邑乘，诸所当急者靡不竭力为之。""黄绍统，香山举人，乾隆三十四年借补训导，学博品端，绰有师范。在任十八载，诸生咸爱之。知县喻宝忠重其品学，延主书院讲席，同纂邑志。后升琼州府教授。"黄绍统作序曰：

> 迨乙未秋杪，心筠喻公以名进士来宰是邑，一切兴革辑宁，诸善政次第举行，即以修志之役是任。顾丁酉、戊戌两岁，灾祲见告，公心力既瘁，又卒卒弗暇。年来岁稔人和，乃起而珥笔焉。

　　"乙未秋"，即乾隆四十年（1775）之秋。喻宝忠甫上任，即推动修志之事。然由于乾隆四十二年、四十三年灾情不断，修志事搁置，直至庚子（乾隆四十五年）之秋方起笔草撰。喻宝忠所作之序曰：

　　　　庚子之秋，乃与广文黄君绍统，暨予友王君凤喈，披罗讨论，以次纂修。变旧志体例，区为纲目，纲有一十五，目三十有九。凡七十余年中之因革损益，统同辨异，有关利弊者，更深切著明焉。劝戒之意，反复见之。越辛丑十月而脱稿。

　　张大凯之序所谓"修于乾隆四十一年"，实际上此时仅决意修志，真正起修始于乾隆四十五年，至乾隆四十六年十月志稿就绪，距离康熙五十一年孙绳祖修志已有七十年。

　　嘉庆朝《石城县志》，六卷，首一卷，清张大凯纂修，嘉庆二十五年刊本，叙事至嘉庆二十五年。阮元《广东通志·艺文略》未著录，《岭南文献综录》《广东方志要录》均著录。《广东历代方志集成》辑入《高州府部（十三）》，版面多有缺损漫漶。其《纂修姓氏》云："总纂：署理高州府石城县知县张大凯、特授高州府石城县知县周国泰；分纂：特授石城县儒学教谕王公㙔、署理石城县儒学训导李化龙。"张大凯、周国泰为清嘉庆朝最后两任石城知县，二人同为嘉庆二十四年署任，居前者为张大凯，居后者为周国泰。这一年，粤东大府纂修省志（即阮元修《广东通志》），檄县采择呈送邑志。知县张大凯"征诸旧乘，盖自康熙五十一年来，缺无成书矣。最后乃得喻君宝忠稿本，修于乾隆四十一年，从而考献征文，裨残补阙，上应列宪之勤求，下备一方之事实"，在孙绳祖康熙五十一年县志的基础上，以喻宝忠乾隆四十六年志稿为蓝本，事以类从，收亡集逸，提纲振领，刘楚芟芜，五阅月而告成。《广东历代方志集成》收编《嘉庆石城县志》卷首有张大凯、周国泰作的序，前者作于嘉庆二十四年九月，后者作于嘉庆二十四年十二月。张大凯修成后不久即离石城知县任，继任周国泰于嘉庆二十四年冬到任，"下车之初，即询及县志，都人士言前令筱原张公纂修有成，将付剞劂"，可见该志的总纂之功主要归于张大凯。蒋廷桂《光绪石城县志·凡例》指出了其不足，"张《志》依喻《志》稿本编纲一十四，列目五十九，虽以纲统目，但其中门类繁琐，且有轻重失御"。

光绪朝《石城县志》，九卷，首一卷，末一卷，清蒋廷桂修，陈兰彬纂，光绪十八年刻本。《广东历代方志集成》编入《高州府部（十四）》，其卷首有蒋廷桂序文一篇，篇末署曰："光绪十八年岁次壬辰夏六月知石城县事吴县蒋廷桂谨序。"盖《岭南文献综录》《广东方志要录》著录刊本时间均据此持说。《民国石城县志》卷五《职官》："蒋廷桂，江苏吴县举人，六年十二月署，十三年复任，十七年三月复回任。廉明勤慎。重修县志。卒于官。"光绪十三年，有续修通志之举，檄请郡县先事为之，前令郭寿农（郭树榕）经始未就，即调他邑。蒋廷桂到任承郭树榕之后始举行，特延吴川陈兰彬主持纂修之任，又择邑人士之优者共襄此事。光绪十五年，蒋廷桂因乡试佐理闱务调赴省垣，直至光绪十七年夏复还石城，此时修志已告竣。《序》曰：

> 余览其书，于旧志体例多所更改，旧志门类猥杂，轻重失御，今悉省并，区为八篇：一曰舆地，二曰建置，三曰经政，四曰职官，五曰选举，六曰人物，七曰艺文，八曰纪述。子目四十有七，各条系焉。……全书共十卷，始自丁亥，迄于辛卯，岁阅五稔乃克成编。

自光绪十三年至光绪十七年，历时五年乃成此编。它继承张大凯《嘉庆石城县志》，补其阙，正其陋，于体例仿阮元《广东通志》例，而又有所变通，《序》又云：

> 旧志舆图广狭不明，惟盈方幅，今特按经纬之度，计里开方，并仿邹特夫先生《南海志》之例，总图而外，分绘都甲。明划翔实，启册了如。旧志首列典谟，具录训典，多有通志所不应载者。区区一邑，奚烦牵涉，义既无取，理宜从删。至若礼乐祭祀，率土通行，殊乡僻壤，可备观听。今以隶诸建置类坛庙下，亦创例之可通者也。旧志于赋役、刑政诸事，裁割分裂，义法懵然，今窃本通志，统以经政之名，用为隰括。至于职官、选举，非表不明，年经月纬，肇体迁固。旧志不谙此法，今改用之。又旧志于人物传，区析未宜，繁猥特甚。乡贤、忠义、孝友、齿德诸目，随臆标举，不顾其安，

今尽汰芟，统归列传。至于艺文一门，例载书目。石城著撰，虽涉寥阔，苟有可纪，无庸缺如。其旧志所载诗文，悉甄附各门本条之下，用范至能《吴郡志》例也。金石一类，旧志所无，以搜讨未富，弗能成帙，附诸纪述焉。

李默《广东方志要录》谓："评者谓是志所论列，间有特识，全编纲举目张，义例秩然，考订精详，可称佳志。"

《民国石城县志》是历代石城旧志最后的一部。《岭南文献综录》著录曰："《民国石城县志》，十卷，首一卷，末一卷，合浦钟喜焯等修，石城江珣等撰，民国二十年连江华安印务书局铅印本。"《广东方志要录》著录曰："《民国石城县志》，十卷，首末各一卷。民国钟喜焯修，江珣纂，民国二十年安铺华安印务书局铅印，叙事至宣统三年。"钟喜焯，合浦人，民国十七年任廉江县长。江珣，邑人，历任署石城县县长、吴川县知事、广东高等法院推事。因《民国石城县志》叙事至宣统三年，二人之事迹不见此志。

钟喜焯所作之序是一篇带有总结意义的序文，其曰：

> 明代县志被兵燹散失，清初梁邑令之栋重修之。数百年，续修者六七次。光绪壬辰后，久缺修纂，邑之文献惧或失坠。予以民国十七夏，承乏县事，适奉令修志。爰集邑人士，开局纂辑，延李子宜元董其事。越年，予改任广东省党部秘书，而李子亦未几辞去，继之者为邹子鹤年。迄二十年春而书成，盖阅时凡二年又十月矣。

所谓"明代县志被兵燹散失"，即指明嘉靖间邹伯贞及万历间侔梦骝所修。康熙六年梁之栋重修，此后历经康熙、乾隆、嘉庆、光绪四朝六次之续修，计民国此志总达七次。自光绪十八年至民国十七年，数十年间无县志之修，此番修志历时近三年，书成于民国二十年春。此志以蒋廷桂《光绪十八年石城县志》为基础，稍作调整类目，建置、宦者仍从旧志，将选举统归人物。图改用陆军测量局图。以近代科学分类编排子目，如物产分动物、植物、矿物。增入语言，详志实业，艺文书目按四库四部分编，记事较蒋廷桂《光绪十八年石城县志》提前，并补记其要者。历代志序归于一编，统入艺文。

其所续补者，起于光绪十九年，终于清末，"予阅其书，知就蒋《志》斟酌损益，删其繁芜，存其体要，起于光绪癸巳，迄于清末。其立例之谨严，征引之详博，发皇经纬，以视蒋志，有多足者"。

这部旧志，可称石城历代县志的集大成之作，《中国地方志集成·广东府县志辑》及台湾成文出版社《中国地方志丛书》均采录此编。1999 年，廉江市志办公室将其标点，采用简体横排形式内部出版。此番重加整理，乃为广东省雷州文化研究基地"粤西府县旧志丛书整理与出版"项目之推动，务求尊重原书，凡明显错误者仍保留原貌而以校注形式标出。在原书字号字体处理上，根据志文内容与有助于读者阅读时正确分辨的原则，有的仍旧沿用小字，有的则改为大字。整理时偶对照廉江方志办之标点本，发现其中多有文字错误和断句标点不当处，重新整理时一并予以更正。地方志书最大的特点是地方性，从纂修者到成书全过程的每个环节，都体现了本土性。特别是部分修志者之志语及入编历代本土人士之诗文，其行文语言及文字使用本就存在某些不规范性，有的文句无论如何也读不通，故断句及标点使用上难免存在问题甚至是错误，因条件所限，其中问题在所难免，待书刊行后敬请方家批评指正。

本文实际上是历代石城县旧志的简单考辨，因《民国石城县志》是石城旧志的终结，将明、清及民国诸志按时间先后一一简介，以为读者宏观认识历代石城旧志提供一点方便。

《陈与郊年谱》补正（上）

闫　勖①

　　陈与郊（1544—1611），字广野（一作子野），号隅阳（亦作玉阳、禺阳、嵎阳、虞阳），别署隅园、蒨川、齐悫、任诞轩、高漫卿、碧浪斋、玉阳仙史，浙江海宁人。万历二年（1574）进士，任河间、顺德推官，万历十年（1582）任吏科给事中，万历十八年（1590）升太常寺少卿提督四夷馆，告归，居母忧。万历二十年（1592）被劾免官，以冠带闲住，闭门著述。卒年六十八。陈与郊治学，遍及经史文学，又擅词曲，学识广博，爱好楚辞汉赋，所作散文颇受称道。他的戏曲，关目排场虽未称尽善，但曲白之清丽雅洁，则有口皆碑，故为晚明重要曲家之一。著有《隅园集》《黄门集》《蒨川集》及《詅痴符》传奇四种（《樱桃梦》《鹦鹉洲》《麒麟罽》《灵宝刀》）、杂剧五种（《昭君出塞》《文姬入塞》《袁氏义犬》《淮阴侯》《中山狼》），另有《檀弓辑注》《考工记辑注》《方言类聚》《广修辞指南》《文选章句》《三礼广义》《乐府古题考》（一作《古今乐考》）《葬录》《杜律注评》《晋书钩元》《卮言倪》《浮休杂志》《世说新语钞》②，编有《古名家杂剧》《新续古名家杂剧》③。徐朔方先生的《陈与郊年谱》（以下简称《年谱》）为我们了解这位晚明曲家提供了翔实的材料。陈与郊在万历十八年初告归，两年后被免官，从此优游林下。目前看到的有关其生平的材料也以此分为明显的两部分：为官时的记录多，虽大半是他人撰述，但有《明神宗实录》（以下简称《实录》）为纲，基本都能断定年代；退居时的记录少，且时间先后模糊，《蒨川集》几乎都是这一时期的书信，能确定年份的并不多。加上《年谱》所呈现

---

① 作者简介：闫勖，博士，广东海洋大学文学与新闻传播学院讲师。
② 《世说新语钞》未见著录，参本谱"万历二十五年"。
③ 此二集是否为陈与郊所编，学界尚有争议。

的内容已很丰富，所以本文旨在从两方面补充《年谱》，深入陈与郊生平研究。一是补充没列入的行事、人际关系，二是用新的材料证实已列入的行事、人际关系，使之更明晰，并纠正《年谱》的失误。《年谱》中出现过的人和事，本文一般不做介绍、考证。

万历二年甲戌（1574）三十一岁

三月，中进士，交读卷官田一俊，同年有邢侗、顾尔行、江铎等。

田一俊（1540—1591）《钟台先生文集》卷三《寿敕封孺人陈母严氏八十序》："今太常少卿陈君以《春秋》遇余礼闱，举进士高等。"据《明史》卷二百十六《田一俊传》，田一俊时任职翰林院。

邢侗《来禽馆集》卷十七《陈母严太恭人诔》："广野自成进士，即弟畜余。逮后为理官，为谏议，两人声迹相颉颃。"

田一俊，字德万，大田人。隆庆二年（1568）会试第一，授编修，进侍讲。张居正欲廷杖吴中行，一俊疏救，格不入，乃从王锡爵诣居正，陈大义，词独峻，居正心嗛之，一俊告归。居正败，起故官，迁礼部左侍郎掌翰林院，卒，家无余资。有《钟台文集》。传见《明史》卷二百十六。

邢侗（1551—1612），字子愿，临清人。万历二年进士，官终陕西行太仆卿。善画能诗文，书为海内所珍。家资巨万，筑来禽馆于古犁丘，减产奉客，遂致中落，卒年六十二。有《来禽馆集》，墨迹刻石曰《来禽馆帖》。传见《明史》卷二百八十八。

顾尔行（1536—1611），字孟先，号徽韦，归安人。万历二年进士，官大名府推官，擢御史，迁南康知府，致仕归，卒年七十六。初，张翰撰《疏议辑略》，所载止武宗以前。尔行复录世宗、穆宗朝诸疏为《两朝疏钞》。传参李维桢《大泌山房集》卷九十三《顾公施孺人墓志铭》。

江铎，字士振，仁和人。万历二年进士，授刑部主事，累官山西按察使，擢抚偏沅，夹攻杨应龙有功，后讨皮林诸洞蛮，平之，以劳疾归卒。传见《明史》卷二百二十八。

观政工部三月，交汪道昆。

《蠙川集》卷三《洪穆庵工部》："忆与翁丈初隶司空曹。"司空曹，工部。洪穆庵名有声，据张朝瑞《皇明贡举考》卷八，为同年第二甲第四十五名进士。

申时行《大明会典》卷二百九："宣德三年，令都察院选进士、监生、教官堪任御史者，于各道历政三个月，考其贤否。"贺长龄《皇朝经世文编》卷十七："国初进士，原照历来旧例，放榜之后，分拨各部观政三月，然后铨选，盖欲令新进之臣晓习部务，为理繁治剧地耳。"明进士观政三月，但实际有长有短。若三月则官河间当始于万历二年（1574）秋，《年谱》谓始于万历三年（1575）。

《隅园集》卷二《吴山毓秀录序》："岁甲戌，不佞隶缮部……则左司马汪先生语不佞曰……"据徐朔方《汪道昆年谱》、汪超宏《〈汪道昆年谱〉补正》，汪道昆时任兵部左侍郎。

汪道昆（1525—1593），字伯玉，号南明，歙县人。嘉靖二十六年（1547）进士，授义乌知县，教民讲武，人人能投石超距，世称义乌兵。后备兵闽海，与戚继光募义乌兵破倭寇，擢司马郎，累升兵部侍郎，乞养归，卒年六十九。有《太函集》《副墨》《玄扈楼集》传于世。传见《明史》卷二百八十七。

除河间推官，汪道昆作诗《送陈广野出理河间，其先为余邑人，兹以春秋举进士》。

诗见汪道昆《太函集》卷一百十四，云："恋恋天涯即故乡，班班车下复离觞。股肱旧属扶风郡，意气新从结客场。仙掌双瞻瀛海上，法星一系贯城傍。引经知尔文无害，自昔高门接大鄯。"

据《中国历史地名大辞典》，隋开皇九年（589）置歙州，治所在海宁县（今安徽休宁县东），大业十三年（617）移治歙县（今安徽歙县），言"其先为余邑人"或因此。但二人实非同邑，隋海宁乃今休宁，开皇十八年（598）即改现名。

万历三年乙亥（1575）三十二岁

冬，奔祖母丧去职。

万历二年闰十二月，以十月去职结算，则官河间约一年零四个月。

万历四年丙子（1576）三十三岁

谒汪道昆，乞《海宁陈处士暨配王氏合葬墓志铭》。

铭见《太函集》卷四十九，言："海宁查氏、陈氏，世为婚姻，其先皆出吾郡。岁甲戌，陈伯子与郊、仲子与相并与计偕。伯子举太常第三人，出理河间，寻以当室奔王母丧，又明年，则举丧而祔王父，乃持查参知所为王父母状谒志若铭。不佞善河间，习参知，谨按状而为之志。"参徐朔方《汪道昆年谱》万历四年。

万历六年戊寅（1578）三十五岁

复除顺德府推官。

吴亮编《万历疏钞》卷十九王汝训《贪险科臣大乱朝政乞赐罢斥以清言路疏》言陈与郊"万历六年为顺德推官"。万历十年（1582）六月升吏科给事中，则官顺德约四年半，大致与《蘋川集》卷三《郑崑岩奉常》"不佞弟补李官时，蒙台下予之畿辅，而俾得事其亲四岁"同。加河间任期，共任推官约五年零十个月，基本符合《隅园集》卷十七《自像赞》所言"六年理官"。

《康熙顺德府志》卷一："陈与郊，字广野，海宁人，进士。万历五年任，与人蔼然可掬，而凛然难犯，剖决疑狱，人咸悦服。时监司委署郡邑二篆，新法积谷不敷者降罚，公毅然曰：'民已穷矣！我复剥割以应时求，非民父母也。'卒一无所积，当时号陈佛子云。擢吏科给事中，虽妇人、孺子皆泣送之，攀辕卧辙，日暮时始获出郭。民为立去思碑。"《雍正畿辅通志》卷六十九引上文。《年谱》亦谓官顺德始于万历五年（1577），言"去年作寿序犹云'居庐'，盖以嫡长孙为亡父守祖母丧二十七月。万历十年六月自顺德府推官升吏科给事中，而《自像赞》云'六年理官'，顺德之任当此年始"。但陈与郊祖母卒于万历三年冬无疑，即以十月起算，守丧二十七月也已入万历六年。故"六年理官"当是河间、顺德推官任期之合，姑不从方志。

万历十年壬午（1582）三十九岁

十二月十二日，上《贪肆鄙臣结纳无忌乞赐显黜以杜幸门疏》劾陈思育。

疏见《黄门集》卷一。日期据《实录》卷一三一，参《年谱》万历十年。

十二月十八日，上《恳乞特召戆直诸臣以弘言路疏》请召赵用贤等。

疏见《黄门集》卷一。日期据《实录》卷一三一：是日，"四川道御史孙继先言：'自古英君谊辟，欲建久安长治之功，必重直言敢谏之士。前者，翰林院编修吴中行、简讨赵用贤、刑部员外艾穆、主事沈思孝、刑部办事进士邹元标，各以故辅张居正夺情一事，建言得罪，至廷杖遣戍。夫皇上英明天纵，岂不知诸臣无罪，但以为不如是不足以安居正耳，居正亦不请宥其罪而还其职。顷，见皇上纳御史李植言，斥冯保而没其家，纳御史江东之言，籍徐爵而置其法，纳御史杨四知言，怒居正而追问坏事之人，似非有心深罪诸臣者，奈之何赐环犹稽，使人有遗佚之叹也。至于忤触居正被黜，如南京给事中余懋学以不与送丧被黜，如御史赵应元以申救言官被黜，如御史傅应祯，南御史朱鸿谟、孟一脉以参劾居正被黜，如员外王用汲等，亦当一体复用，以开言路。'已而吏科给事中陈与郊、云南道御史向日红各有言。得旨：'朕一时误听奸言，以致降罚失中。本内有召，建言得罪者，俱起用。'因复郭维贤职，王国光以原职致仕"。

《年谱》谓万历十一年（1583）正月上疏，但推断"宗谱卷二十四大传云：'首疏请召诸诤臣赵公用贤、吴公中行、沈公思孝、邹公元标、艾公穆，疏入，报闻。'未即采纳也。上疏当在复召诸臣之前"，正确。万历十年十二月上疏，万历十一年（1583）正月复召。此乃《宗谱》之误，"首疏"当是劾陈思育疏。陈与郊未按确切时间编《黄门集》，陈氏后人据此修谱，遂误。

赵用贤（1535—1596），字汝师，号定宇，常熟人。隆庆五年（1571）进士，万历时官检讨，疏论张居正夺情，与吴中行同杖戍。居正没，起官，终吏部侍郎，卒年六十二，谥文毅。有《松石斋集》《三吴文献志》《国朝典章》《因革录》。传见《明史》卷二百二十九。

吴中行（1540—？），字子道，号复庵，武进人。隆庆五年进士，授编修，万历中张居正遭父丧，夺情视事，中行上疏极论。居正怒，廷杖之几毙。居正死，累迁侍讲学士，被劾归卒。有《赐余堂集》。传见《明史》卷二百二十九。

沈思孝（1542—1611），字纯父，号继山，嘉兴人。隆庆二年（1568）进士，授番禺知县，以廉洁闻，万历间累官右都御使。沈思孝素以直节高天下，然尚气好胜，动辄多忤，颇被物议，引疾归。有《秦录》《晋录》《溪山堂草》。传见《明史》卷二百二十九。

艾穆（1534—1600），字和父，号纯卿，平江人。嘉靖三十七年（1558）举人，累迁刑部员外郎。张居正遭丧夺情，抗疏谏，杖戍凉州。居正死，复起员外郎，累迁佥都御史巡抚四川，以病归。有《熙亭文集》。传见《明史》卷二百二十九。

邹元标（1551—1624），字尔瞻，别号南皋，江西吉水人。九岁通五经，弱冠从庐山先生胡直游，即有志为学。举万历五年进士，累官至刑部右侍郎，天启初首进和衷之说。元标立朝，以方严见惮，晚节造诣纯粹，不复形崖岸，务为和易。后魏忠贤窃柄，因建首善书院，集同志讲学，将加严遣，遂力求去位。卒于家，年七十四，谥忠介。有《愿学集》。传见《明史》卷二百四十三。

万历十一年癸未（1583）四十岁

正月，疏救骆问礼。①

《实录》卷一三二：是月十五日，"吏部会同都察院考察天下诸司官……得旨：'黜调如例。'"。

骆问礼《万一楼集》卷首陈性学《万一楼居士墓表》："迨癸未大计，而刘中丞、董直指议疏至，其故可知也。廷论愕然。余方承乏西台，与吏垣都谏陈君与郊、河南道侍御贺君一桂谭而扼腕，昌言排前议，得免。则二君与有力焉。"

骆问礼（1527—1608），字缵亭，诸暨人。嘉靖四十四年（1565）进士，历南京刑科给事中。隆庆初陈皇后移别宫，问礼偕同官张应治争之，不报。张居正请行大阅，御史詹仰庇以直言褫官，问礼皆力谏。帝不悦，宦寺构之，谪楚雄府知事。万历初官至湖广副使卒。有《万一楼集》传世。传见《明史》卷二百十五。

闰二月二十三日，上《恳乞遵制题名疏》请立题名碑。

疏见《黄门集》卷一。日期据《实录》卷一三四：是日，"吏科给事中陈与郊言：'臣伏睹会典，进士廷试后，命工部于国子立石题名。自隆庆辛未以来，四科寝阁。夫曲江雁塔，自昔荣之。乌可遗搜罗，盛美不载？'章下礼部"。

病告。

萧彦《掖垣人鉴》卷十六："陈与郊……万历二年进士，十年六月由直隶顺德府推官选吏科给事中，十一年以疾告归。"卷首叙署"万历甲申仲春日"，

---

① 汪超宏. 汤显祖二十三题·骆问礼与汤显祖诗三首［M］//汪超宏. 明清曲家考. 北京：中国社会科学出版社，2006：246.

则万历十二年（1584）二月犹未回京复官，参《年谱》万历十二年。

    七月，小住杭州，闻屠隆赴京任礼部主事，追送至嘉兴、苏州，盘桓虎丘数日，别于丹阳。嘱屠隆与书报平安，屠隆有诗相赠。①

书见屠隆《白榆集》文集卷十二《与陈广野给谏》，诗见《白榆集》诗集卷六《赠陈广野给谏二首》，皆抵京后作。

万历十三年乙酉（1585）四十二岁

    六月初三日，复除吏科给事中。

《实录》卷一六二：是日，"复除礼科给事中陈与郊原官"，未载何时改礼科。或因病告暂改，《黄门集》中亦无礼科任上疏。

《黄门集》卷三《蒙谤不敢辩白乞赐罢免以息人言疏》言"臣三任吏科"，指两任本科给事中及升都给事中。

    六月二十一日，上《狂悖抚臣怀奸逞诋乞赐罢斥以昭公论疏》劾雒遵。

疏见《黄门集》卷二。日期据《实录》卷一六二：是日，"谪巡抚四川右佥都御史雒遵外任。时遵以参治州官及兵乱二事为都御使赵锦所抑，衔之不得发，会京师旱，乃托以谏言当退奸臣进忠臣，奸臣谓锦，忠臣则海侍郎瑞、邹主事元标及原任巡抚今革职邹应龙也。初锦以论分宜被逮为民，后起为南吏部尚书，复与江陵不合去，至是总宪，甚有时望；而邹应龙者，亦尝论分宜子世蕃，其抚滇以贪败；又遵以巡抚挟总宪，一时大骇。御史周希旦、科臣陈与郊交章攻之。下其事吏部会议，皆不直遵。上乃以混淆公论斥之外，遵又上其为给事时进贤退不肖疏略，盛自夸大，有诏切责"。

① 汪超宏.《屠隆年谱》补正［M］//汪超宏.明清浙籍曲家考.杭州：浙江大学出版社，2009：180.

《明史》卷二百十《赵锦传》："锦摘陈御史封事可采者数条，请旨行之。四川巡按雒遵憾锦，假条奏指锦为奸臣。御史周希旦、给事中陈与郊不直遵，交章论列，遂调遵外任。"

雒遵，字道行，号泾坡，陕西泾阳人。嘉靖四十四年（1565）进士，历吏科都给事中。神宗初，冯保窃权，帝每御便殿，保辄侍立御座，遵斥其无礼。寻以劾兵部尚书谭纶，谪浙江布政司照磨，保败，迁右佥都御史，巡抚四川。罢归卒。传见《明史》卷二百三十四。

八月初一日，李植疏言大峪山非吉壤。

《实录》卷一六四：是日，"太仆寺少卿李植、光禄寺少卿江东之、尚宝司少卿羊可立疏言大峪山非吉壤，时行与故尚书徐学谟昵，故赞其成，憾尚书陈经邦异议，故致其去，以倾阁臣。时行疏辩……乃传谕内阁：'……李植等亦在扈行，初无一言，今吉舆方兴，辄敢狂肆诬构。'"。

《明史》卷二百三十六《李植传》："八月，役既兴矣，大学士王锡爵，植馆师，东之、可立又尝特荐之于朝，锡爵故以面折张居正，为时所重。三人念时行去，锡爵必为首辅，而寿宫地有石，时行以学谟故主之，可用是罪也，乃合疏上言：'地果吉则不宜有石，有石则宜奏请改图。乃学谟以私意主其议，时行以亲故赞其成。今凿石以安寿宫者，与曩所立表，其地不一。朦胧易徙，若弈棋然，非大臣谋国之忠也。'时行奏辩，言：'车驾初阅时，植、东之见臣直庐，力言形龙山不如大峪。今已二年，忽创此议。其借事倾臣明甚。'帝责三人不宜以葬师术责辅臣，夺俸半岁。"

李植，字汝培，云中人。万历五年进士，选庶吉士，授御史，以风节自许，抵排群枉。历光禄卿，累官右佥都御史巡抚辽东，被劾，家居卒。传见《明史》卷二百三十六。

九月初七日，上《骄臣玩主抗旨愤争恳乞圣明显黜以严朝典疏》劾李植。

疏见《黄门集》卷一，比李植为舜所诛四凶中"傲狠乱经之梼杌、服谗搜逆之穷奇"。

《明史》卷二百三十六《李植传》："锡爵忽奏言耻为植三人所引，义不可留，因具奏不平者八事。大略言：'张、冯之狱，上志先定，言者适投其会，而辄自附于用贤等撄鳞折槛之党。且谓舍建言别无人品；建言之中，舍采摭张、冯旧事，别无同志。以中人之资，乘一言之会，超越朝右，日寻戈矛。大臣如国、巍、化辈，曩尝举为正人。一言相左，日谋割刃，皆不平之大者。'御史韩国桢，给事中陈与郊、王敬民等因迭攻植等，帝下敬民疏，贬植户部员外郎，东之兵部员外郎，可立大理评事。"

《明史》卷二百十八《王锡爵传》："初，李植、江东之与大臣申时行、杨巍等相构，以锡爵负时望，且与居正贰，力推之。比锡爵至，与时行合，反出疏力排植等，植等遂去。"

谈迁《国榷》卷七十三："李植等始撄其鳞，终触其藩，尚口乃穷，不其然与？太仓（王锡爵，引者注）摘孤臣善类，微文刺讥，类于轻儇，无关邪正，而《实录》独诋李植等，非通论也。"

　　九月十八日，江东之等疏言大峪山非吉壤。上《妖孽奸臣上干变异恳乞圣断亟斥以答天心疏》劾江东之等。

疏见《黄门集》卷一，言"八月十一日京师地震，九月二十一日彗星出羽林星旁"，"李植初疏不十日而地震，江东之再疏不三日而彗星出"。

江东之，字长信，号念所，歙县人。万历五年进士，授行人，擢御史，于时政多所疏论，每疏出，都中争相传诵。历太仆少卿，以事左迁兵部员外郎，仕终金都御史巡抚贵州，削籍归卒。有《瑞阳阿集》。传见《明史》卷二百三十六。

　　十月二十日，孙陈之爽生。

《隅园集》卷十五《亡孙稚笋圹志铭》："之爽，陈氏子……其父，国子生祖皋……郊痛而追字之曰稚笋……其生在十三年十月之二十日。"

万历十四年丙戌（1586）四十三岁

　　二月初七日，上《明旨森严馈遗禁革未尽乞赐申饬以清觐典疏》
请禁馈遗。

　　疏见《黄门集》卷一。日期据《实录》卷一七一，参《年谱》万历十
四年。

　　吴亮编《万历疏钞》卷十九王汝训《贪险科臣大乱朝政乞赐罢斥以清言
路疏》言陈与郊"万历十四年为给事中，滥受朝觐官馈遗，已毕事，入会试
场，先一日请严禁书帕，人皆笑之，阴受利而阳又收名，以欺天下耳目"。

　　六月二十七日，上《恳乞停止助工以存国体以恤民穷疏》请停
助工。

　　疏见《黄门集》卷二，言"本月二十四日"皇帝问助工事。据《实录》
卷一七五：是月二十四日，"上以寿宫工程浩大，未有次第，闻嘉靖年间朝殿
等工，抚按官各进有助工，赃罚银两是否可行，令工部议"；二十八日，"工
部覆查议助工之旨言……"。高汝栻《皇明续纪三朝法传全录》卷三：万历十
三年，"文书房传奉圣旨：'寿宫工程浩大，应用钱粮数，未有次第。闻嘉靖
年间，抚按官各进有助工赃罚银两。工部还查，见在钱粮，有无足用，助工
事例，是否可行，白明说来。'工科给事陈与郊奏言：'世庙时，曾以朝门、
午楼工程令中外献助，第门楼临政所御，势不得不朝夕急，其时虏患方殷，
故为一时权变之计。若寿宫吉典，日月绵长，尽可从容次第，少裁恩赉，动
可万千，稍假岁时，自饶接济。'疏留中"，眉批"所言甚正"。徐昌治《昭
代芳摹》卷二十九引，系于万历十二年十月。系年皆误，且陈与郊时任吏科
给事中。

　　七月，上《恭逢大霈德音恳乞推广恤民实政以弘献纳疏》请修
实政并宥起用贤等。

疏见《黄门集》卷一，言"已复敕下户、兵二部"，"即如近日右庶子赵用贤以征课等事奏，南京给事中孙世祯等、御史李一阳等以水患等事奏"。年月据《实录》卷一七六：是月十五日，"敕户、兵二部……南京工科等科给事中孙世祯等奏……疏入，上怒其烦渎取名，为首夺俸三月，其余各二月，南道御史李一阳等亦有公疏，与科疏略相似，罚治亦如之"；十六日，"右春坊右庶子兼翰林院侍读赵用贤疏奏……奉旨：'地方赋役果有情弊，该抚按官自当查奏，原籍官员如何辄来陈乞？显是徇私沽名，姑不究。近来各处陈奏，全不为公，专一市私恩、取直誉。再有如此的，治罪不宥。'"

万历十五年丁亥（1587）四十四岁

正月十九日，上《启敕蚤行考察以定群心疏》请早行考察。

疏见《黄门集》卷一，言"近顷该都察院左都御史辛自修等条奏申饬，奉旨施行而群言遂哗"。日期据《实录》卷一八二：是月十五日，"左都御史辛自修上言：'京官考察，关系重大。惟凭台谏铨曹访单为据，毁誉出爱憎，是非半讹传。中伤念多，为国念少。以致彼此抵牾，公私夹杂。今诸臣务矢心无私，鉴别必求根据，留意必及孤立，然后党同伐异之风可销。'得旨：'考察事宜，务虚心秉公，可为遵守，以称甄别大典。'"是日，"上命部院考察于旬日内急行，以绝浮议，从吏科陈与郊之请也"。

二月二十一日，升户科右给事中。

《实录》卷一八三：是日，"升左给事中唐尧钦、常居敬俱都给事中，右给事中王三宅、苗朝阳、张栋俱左给事中，给事中陈与郊、袁国臣俱右给事中。尧钦、栋、国臣俱刑科，居敬工科，三宅礼科，朝阳兵科，与郊户科"。

因考察事上《大臣私隙忿争重伤国体乞赐并容解职疏》劾何起鸣、辛自修。

疏见《黄门集》卷二。年月据《实录》卷一八三：是月二十四日，"诏责科道官：'朝廷但用一人，言官便纷纷攻击，予夺进退，皆不听上主张，是何政体？今工部尚书何起鸣已去，该科十三道灼见何人堪任，即便推举来说，不许推诿。'"上疏当在诏责之前。

《明史》卷二百二十《辛自修传》："十五年，大计京官，政府欲庇私人，去异己。吏部尚书杨巍承意指惟谨，自修患之，先期上奏，请勿以爱憎为喜怒，排抑孤立之人。帝善其言，而政府不悦。有贪竞者十余辈，皆政府所厚，自修欲去之。给事中陈与郊自度不免，遂言宪臣将以一眚弃人，一举空国。于是自修所欲斥者悉获免。已而御史张鸣冈等拾遗，首工部尚书何起鸣。起鸣故以督工与中官张诚厚，而雅不善自修，遂讦自修挟仇主使。与郊及给事中吴之佳助之。御史高维崧、赵卿、张鸣冈、左之宜不平，劾起鸣饰非诡辨。帝先入张诚言，颇疑自修。得疏益不悦，曰：'朝廷每用一人，言官辄纷纷排击。今起鸣去，尔等举堪此任者。'维崧等具疏引罪，无他举。帝怒，悉出之外……自修不自安，亟引疾归。自修之进也，非执政意，故不为所容。"

何起鸣，字应岐，号来山，四川内江人。嘉靖三十八年（1559）进士，授盩厔知县，选礼科给事中，屡升顺天府丞，选工部左侍郎。传见萧彦《掖垣人鉴》卷十四。

辛自修，字子吉，一字子言，号慎轩，襄城人。嘉靖三十五年（1556）进士，隆庆初累官礼科都给事中，有直声，擢太仆少卿，引疾归。万历中起历右佥都御史，巡抚保定六府。后入为左都御史，时大计京官，自修上奏，请勿以爱憎为喜怒，帝善其言，而执政不悦，为言官所讦，罢归。后起为南刑部尚书，卒谥肃敏。传见《明史》卷二百二十。

二月二十九日，升工科左给事中。

《实录》卷一八三：是日，"升礼科右给事中张希皋、户科右给事中陈与郊俱左给事中，吏科给事中卢迳、户科给事中穆来辅、礼科给事中钟羽正俱右给事中。希皋户科，与郊、羽正俱工科，来辅兵科，迳仍吏科"。

三月十日，顾宪成因考察事上《睹事激衷恭陈当今第一切务恳乞圣明特赐省纳以端政本以回人心事疏》，语侵执政及陈与郊等。

疏见顾宪成《泾皋藏稿》卷一，言："惟是谓维崧等之疏出自承望，则臣以为谬甚矣。臣窃见迩年以来，人心日下，猜忌繁兴，谗诽殷积，或曰'某也，某党也'，或曰'某也，某仇也'，或又曰'某也，阳为某而阴为某也'。所附在此，则济其私，不济其公；所倾在彼，则睹其非，不睹其是。遂乃饰无为有，腾一为十，涂豕杯蛇，俱成公案。甚矣时俗之过，为揣摩幸人之灾，而不乐成人之美也。幸而昨者本部奉旨考察，无论恩怨，一秉至公，命下之日，中外翕然称服，以为我皇上之明、二三执政之有容如此，无不愧恨，其昔之窥之者太浅而求之者之太深也，亦可以见人心之公不容泯而挽回有机矣。何意复睹是纷纷乎？在起鸣既疑以宿衅蒙构，在自修又疑以忤时招尤；在起鸣既见以有援而巧为排，在自修又见以受屈而急于辩。皆过矣。顾独坐维崧等承望耶？即尔彼给事中陈与郊等深诋自修何为者耶？何怪乎人言之啧啧也。若曰'一则公，一则私'，臣不能解也。试使两者平心定气，易地而观，臣恐我之所谓公，固即彼之所谓私，而彼之所谓私，亦即我之所谓公耳。奈何舍我而罪彼哉？为今之计，臣以为莫若各务自反而已。起鸣当思何以为众论所鄙，自修当思何以为侪友所猜，维崧等当思何以言出而召侮，与郊等当思何以言出而启疑。至于执政大臣，尤应倍加检省，风厉百僚。"日期据《实录》卷一八四：是日，"吏部稽勋司主事顾宪成上言……有旨：'这本党护高维崧等，肆言沽名。顾宪成姑降三级，调外任。'"

高攀龙《高子遗书》卷十一《南京光禄寺少卿泾阳顾先生行状》："时王京兆麟每语人曰：'顾勋部折衷辛、何，甚当。自反之说，拔本塞源，吾辈当各写一通置座右。'陈司寇雨亭公（瓒，引者注）谓王娄江（锡爵，引者注）曰：'顾勋部立论最公，何以不免？'娄江艴然曰：'渠执书生之见徇道路。'"

顾宪成（1550—1612），字叔时，别号泾阳，无锡人。万历八年进士，授户部主事，因上疏语侵执政，被旨切责，谪桂阳州判官，历迁至吏部郎中，以廷推阁臣忤帝意，削籍归。久之起光禄少卿，辞不就。年六十三卒，谥端文，学者称泾阳先生。有《小心斋札记》《泾皋藏稿》《顾端文遗书》。传见《明史》卷二百三十一。

　　参与寿宫工程。

李维桢《大泌山房集》卷七十八《太常寺少卿陈公墓志铭》："迁户科右，工科左。上营大峪寿宫，言者聚讼。公为折衷，辄触时讳。寿宫成，上亲临视，公以侍从受绯衣之赐。"

查慎行《人海记》卷上："昭陵（穆宗）、定陵（神宗）在太峪岭，徐尚书学谟所择。时通政司参议梁子琦等难之，为辅臣申时行、王锡爵所斥。崇祯初尚书姚思仁督理，多朽石。吾邑陈与郊以给事中巡工，言寿宫五室，中三间待御，四隅维以铁索，各大铜缸注油，左右室通门待中宫及嗣帝所生母升祔。神庙阅寿宫，自坐石室饮酒。"

万历十六年戊子（1588）四十五岁

二月二十日，孙陈之伸生。

《宗谱》卷五《第七世传》："之伸字申父，号鲁直，庠生。中天启辛酉乡试第三十一名，崇祯甲戌会试副榜第三名，历官湖南布政使司参议兼按察司金事，管理上江督粮道监军，叙功加参政衔，崇祠乡贤……生万历戊子二月二十二日，终康熙辛亥八月十一日，寿八十四。"

五月，上《乞裁织造议营作以崇修省实政疏》请修实政。

疏见《黄门集》卷二，言"五月二十二日雷火仓廒……自十年至昨十五年"。年月据《实录》卷一九八：是月二十三日，"谕礼部：'朕见入年以来，天意叠见，春则草场煨烬，昨又雷火仓廒……方今天下灾伤重大、民穷时艰之日，又上天警戒，尔部便行内外官司痛加修省。'是时，山陕、河南、江浙、南直诸处并告灾困，诸司抚缉赈救之疏日上而讫无奇策，故特有是谕"。

七月，上《请遵祖制亟命潞王之国疏》请命潞王之国。

疏见《黄门集》卷二，未有如《明史》卷二百十七《沈鲤传》所言"危言撼鲤"者。且身为言官，言事乃其职责。但申时行、沈鲤不睦亦属实。徐开任《明名臣言行录》卷七十二《大学士沈文端公鲤》："元辅申公（时行，引者注）与太宰（杨巍，引者注）俱被言，诸上章留元辅者甚多。公疏趣太宰视事，无一语及元辅。人或以讽公，公不顾也。其踽踽揆地率如此。"故申时行对沈鲤未免略含敌意。

年月据《实录》卷二〇一，参下则。高汝栻《皇明续纪三朝法传全录》卷三：万历十三年，"工科左给事陈与郊奏：'潞王府第告成，请遵祖制，亟命之国。事下部，查得本朝故事：宣宗朝，襄王二十余岁而之国；孝宗朝，益王未二十而之国；世宗朝，嘉靖三十九年冬，景王府造成，数年，因内阁之请，传示择日之国。今潞王受册已几年，居邸又复数年，府第告成者，又复几阅月，乞择日亟命之国。'"系年误。

《明史》卷一百二十《诸王传》："潞简王朱翊镠，穆宗第四子……万历十七年之藩卫辉。初，翊镠以帝母弟居京邸，王店、王庄遍畿内。比之藩，悉以还官，遂以内臣司之。皇店、皇庄自此益侈。翊镠居藩，多请赡田、食盐，无不应者。其后福藩遂缘为故事。明初，亲王岁禄外，量给草场牧地，间有以废壤河滩请者，多不及千顷。部臣得执奏，不尽从也。景王就藩时，赐予概裁省。楚地旷，多闲田，诏悉予之。景藩除，潞得景故籍田，多至四万顷，部臣无以难。至福王常洵之国，版籍更定，民力益绌，尺寸皆夺之民间，海内骚然。论者推原事始，颇以翊镠为口实云。翊镠好文，性勤饬，恒以岁入输之朝，助工助边无所惜，帝益善之。"潞王是神宗唯一的同母弟，神宗及其生母李太后深宠之，不愿其离京；但潞王望早日之国去其辖制，申时行等为借藩王之力维护内阁利益，遂按潞王之意行事。

　　　七月初八日，沈鲤上《亲王之国疏》解释不先题请原因，请
　　裁定。

疏见陈子龙编《皇明经世文编》卷四百十七，言："亲王之国，旧例以明职掌事。近该工科左给事中陈与郊、福建道试监察御史张天德、户科给事中陈尚象相继上疏请命潞王之国，臣等不知其疏中之所云如何，乃外议，徒见其疏久不下，意其词旨若委咎于臣等之不先请者，臣等不得不一明职掌以俟裁定，且以为他日持守之据焉。盖凡亲王之国，一切择日具仪，虽系礼官掌行，皆由传奉特旨，无敢辄便题请者……夫树屏建藩，国家盛典，孰不有欣

然趋事之心？乃自累朝以来，亲王之国俱由上命，旧规相沿已二百年，其中必有精意。臣等职在守法，不敢不阙其所疑以存典故，此所以不先题请也。若以时事而论，即使例所当请，亦须待秋成以后，始于择日为便焉。盖凡亲王之国，俱水陆二路，骖从齐发，所经之处劳费不可胜言。适今畿南诸郡、河南、山东与卫辉封国所在连岁饥荒，继之灾疫，皇上尝多方赈济之，若非稍待秋成，闻有丰稔之报，而明旨已下，便当择期，远近缓急，何以斟酌，此亦事体之不可不虑者也。夫论旧例则不敢擅请，论时事则不敢轻请，总之皆职掌关心，反复思惟，遂成迁缓。若言官于天下之事，无不得言，之国之请，据理而论，乃其职也。伏乞查照累朝事例，早赐宸断，以襄盛典，臣等不胜幸甚。"沈鲤认为亲王之国劳民伤财，宜秋后举行，并未不满陈与郊等言事。只因与申时行疏离，又未见陈与郊疏，故有所怀疑。日期据《实录》卷二〇一：是日，"礼部尚书沈鲤援科臣陈与郊、御史张天德等疏并累朝分封成例，请命潞王之国之期，以便戒事。上谕：'奏知圣母，于明春举行。'"。

沈鲤（1531—1615），字仲化，号龙江，归德人。嘉靖四十四年进士，授检讨。神宗立，进左赞善，累迁吏部左侍郎。屏绝私交，好推毂贤士，不使人知。拜礼部尚书，详稽先朝典制，定中制颁天下，又奏行学政八事。请复建文年号，修景帝实录。有《亦玉堂稿》《文雅社约》。传见《明史》卷二百十七。

十月初五日，蔡梦说请释张居正子张嗣修。

《实录》卷二〇四：是日，"蔡梦说请……上不允"。

黄景昉《国史唯疑》卷九："巡按广东御史蔡梦说，首请释故相张居正子嗣修雷州之戍，称义举矣！张季子允修爱尤笃，尝以制义求冯时可序，不应；属邢侗为之，邢卒蒙讥。陈与郊亦雅往来，时有'五先生'之号。使张不没者又鼎甲矣。不患无邢、陈其人，患后来如梦说者少耳。盛衰之际，可以观士，信矣。"

十一月，上《国法未彰人心共愤恳乞圣断以绝祸基疏》劾张鲸。

疏见《黄门集》卷三。年月据《实录》卷二〇五：是月十三日，"贵州道御史何出光劾内侍张鲸及其党鸿胪寺序班邢尚智、锦衣卫都督刘守有……上命张鲸策励供事，邢尚智、刘守有等革任，余犯法司提问。自是给事中张尚象、吴文梓、杨文焕，御史方万策、崔景荣相继论之，上各报闻"；二十三日，"刑部覆议张鲸、刘守有、邢尚智赃罪……鲸被切责，仍令策励供事。吏科给事中张应登再疏论之，不听"；二十六日，"都察院左都御史吴时来极言内竖之选不宜滥收，不听"。上疏当在群疏之间。

《明史》卷三百十五《宦官传》："鲸性刚果，帝倚任之。其在东厂兼掌内府供用库印，颇为时相所惮。"

沈德符《万历野获编》卷六《冯保之败》："当保盛时，群珰劫于积威，莫敢撄其锋。惟鲸为上所亲信，且有胆决，密与上定谋，决计除之。鲸以此受知，越次掌厂。既久用事，复将攘张诚位而据之，且诚本冯保余党。"

张鲸，新城人。司礼太监张宏名下，掌东厂，性刚果，帝倚任之。万历中为御史何出光等劾罢，未几复召入，言者益多，宠遂渐衰。传见《明史》卷三百十五。

十二月初一日，李沂劾张鲸。

《实录》卷二〇六：是日，"吏科给事中李沂劾东厂太监张鲸……疏入，上怒，下镇抚司即训……以沂疏有都市流传进贿一语故也"。

《明史》卷二百三十四《李沂传》："沂拜官甫一月，上疏曰：'陛下往年罪冯保，近日逐宋坤，鲸恶百保而万坤，奈何独濡忍不去？若谓其侍奉多年，则坏法亦多年；谓痛加省改，犹足供事，则未闻可驯虎狼使守门户也。流传鲸广献金宝，多方请乞，陛下犹豫，未忍断决。中外臣民，初未肯信，以为陛下富有四海，岂爱金宝；威如雷霆，岂徇请乞。及见明旨许鲸策励供事，外议藉藉，遂谓为真。亏损圣德，夫岂浅甚！且鲸奸谋既遂，而国家之祸将从此始，臣所大惧也。'是日，给事中唐尧钦亦具疏谏。帝独手沂疏，震怒，谓沂欲为冯保、张居正报仇，立下诏狱严鞫。时行等乞宥，不从。谳上，诏廷杖六十，斥为民。御批至阁，时行等欲留御批，中使不可，持去。帝特遣司礼张诚出监杖。时行等上疏，俱诣会极门候进止。帝言：'沂置贪吏不言，而独谓朕贪，谤诬君父，罪不可宥。'竟杖之。太常卿李尚智、给事中薛三才等抗章论救，俱不报。国、锡爵以言不见用，引罪乞归。锡爵言：'廷杖非正刑，祖宗虽间一行之，亦未有诏狱、廷杖并加于一人者。故事，惟盗贼大逆则有打问之旨，今岂可加之言官。'帝优诏慰留锡爵，卒不听其言。"

沈德符《万历野获编》卷六《冯保之败》："唯时在事大僚，曾受冯保卵翼者，思为保复仇，且结张诚欢，故出全力攻之。言官不过逐影随波而已。"

李沂（1555—1606），字景鲁，嘉鱼人。万历十四年进士，历吏科给事中，中官张鲸肆横，李沂疏言陛下往年罪冯保，近日逐宋坤，鲸之恶百于保而万于坤，流传谓鲸广献金宝，多方乞请，亏损圣德，夫岂浅鲜。帝震怒，杖六十，斥为民，家居十八年，未召而卒。光宗立，赠光禄少卿。有《中秘草》。传见《明史》卷二百三十四。

十二月初八日，上《乞宥狂戆小臣以光圣德疏》请宥李沂。

疏见《黄门集》卷三，言李沂非为张居正、冯保报复，劾张鲸即劾张居正、冯保。日期据《实录》卷二〇六：是日，"户科给事中薛三才疏救李沂谓……时太常寺卿李尚思等、吏科都给事中陈与郊等各有疏，语多切至，俱不报"。

《康熙字典》中所收录的方言材料研究

裴梦苏①

　　《康熙字典》作为中国古典辞书的集大成之作，一直以收录汉字资料的广博、全面闻名于世。作为一部文言辞书，《康熙字典》的释义、引例所使用的是典范的汉语文言。然而，《康熙字典》中也对一些方言材料有所收录。本文就《康熙字典》中所收录的方言材料展开搜集、整理，并对其来源、类型、体例等情况进行研究，旨在揭示《康熙字典》所收录的方言材料的价值。

一、历代辞书对方言材料的收录传统

　　历代辞书文献中其实一直不乏对方言的记载，其中以汉代扬雄的《方言》（全称《輶轩使者绝代语释别国方言》）最负盛名。据周祖谟《方言校笺》统计，《方言》所收的词条计有 675 条②。此外，历代字书、韵书中也不乏对方言词汇的记载，作为释义的补充，如《说文解字》《广韵》《集韵》等，如：

　　聿："所以书也。楚谓之聿，吴谓之不律，燕谓之弗。"（《说文解字》）
　　薰："牛居切，音鱼。东人呼荏为薰。"（《集韵》）
　　箽："潕江有鱼，滇人呼为箖窭鱼，以其干而中空也。"（《字汇》）
　　玁（獢）："狗玁，蜀人呼天狗，似小狗而肥。"（《正字通》）

　　历代传统辞书虽曾有对方言词记述的传统，但这些著作多为著者凭借一己之力完成，在方言的收集方面难免存在一定的局限性与偏向性。有学者曾对这个问题做过调查："刘熙多青徐语，许慎多汝南语，何休、郑康成多齐

---

　　①　作者简介：裴梦苏，博士，广东海洋大学文学与新闻传播学院讲师。
　　②　周祖谟，吴晓铃. 方言校笺及通检［M］. 北京：科学出版社，1956.

语，《汉书》注多陇西秦语……"① 而以文字资料广博、全面著称的《康熙字典》，则对历代辞书文献中出现的各个方言中的方言词汇进行了收录。正是由于《康熙字典》作为一部集体编著的官修辞书，所收录的方言资料无论是在方言资料的数量上，还是在来源范围上都远超其他辞书文献，体现出其集大成的特点。

二、《康熙字典》对方言材料的收录、记述模式

（一）《康熙字典》对方言材料的收录模式

《康熙字典》对方言材料展开整理与收录的模式正是延续着前代辞书文献对方言材料的记述传统。《康熙字典》中所收录的方言材料多是方言词，也有对方言读音的摹写。而《康熙字典》对方言词的记述主要是通过"以字引词"的辞书编纂模式，也就是将所涉的方言词收录在所涉字头之下，如文中"驹""鸡""粲"等字均为此种方式。但需要注意的是，《康熙字典》在对复音词进行收录时，其内在体例不尽一致：有些词收录在第一个字头下，有些词则收录在第二个字头下；其中部分方言词还有重复出现在其所涉两个字头下的情况（如文中"不律"一词，被"律""笔"兼收）。同时，若两字头处于异体字的关系时，其字头下所收的方言材料也会因词义之间的相关性重出。此外，《康熙字典》也通过词与词的相关性对方言词进行收录。如文中"蒻"例，利用二者同物异名的关系，将扬州方言"班杖"收录其中；再如"蘆"下的"茹蘆"，则也将与之相关的同物异名方言词"茜""牛蔓"等词收录其中。还有一些方言词是通过对引例的解释被收录。如文中的"囝"例，《康熙字典》先解释了闽语中"囝"为"儿"，引用了顾况《哀囝》诗中所涉的"郎罢"，顺带对"郎罢"进行训释。有时，《康熙字典》对方言材料的收录是成组出现的，或将方言间的类似用法成组收录，如文中"伙"例将齐宋之郊与吴音中方言词的相似用法均列出。此外，一些著作不乏对方言词汇、语音、地方文化等的深入探讨与分析。《康熙字典》也将这部分内容加以收录，如文中"火"例，便是从方音与共同语读音差异入手，探讨广东东乡"谓一

---

① 袁家骅，等. 汉语方言概要［M］. 2 版. 北京：语文出版社，2006：18.

年为喜"的语源理据。总的来看,《康熙字典》对方言词的收录主要是征引前代文献资料原文中的记述。但由于前代文献来源不一,著述体例不尽相同,因此《康熙字典》对方言材料的记述也存在体例不统一的情况。

(二)《康熙字典》对方言材料的记述模式

虽然《康熙字典》引述材料来源的多重性使得对方言材料的记述体例不统一,但是我们通过观察其对方言材料的整理与记述,可将其对方言材料的记述模式通过其训释术语进行总结分类,具有如下类别:

1. "呼"

在《康熙字典》中"呼"一般指对于语音的记述,其不仅用于对方言材料的记述,同时应用于对民族语言及外国语的记述。比较常见的表述方式有:"某地人呼某物(共同语)为某(方言)",见文中"驹""空""姑"例等;"某物(共同语),某地人呼为某(方言)",见文中"囝"例。

2. "谓"

《康熙字典》中对方言词的训释也常用术语"谓",常见的训释体例有"某地人谓某(共同语)曰某(方言)",见文中"沃""毛"等例;"某物(共同语),某地(人)谓之/为某(方言)",见文中"鸡""椤"等例。

3. "名"

《康熙字典》中对方言词的训释也常用术语"名",常见的训释体例为"某物(共同语),某地人名某(方言)",见文中"间"例。

4. "语"

《康熙字典》中对方言词的训释也常用术语"语",常见的训释体例为"某物(共同语),某地人语某(方言)",见义中"诈"例。

三、《康熙字典》所收录方言材料的属性与文献来源

(一)《康熙字典》所收方言材料的来源及层次

《康熙字典》主要通过对其他文献资料的旁征博引来丰富其释义及引例内容。从其编纂历史来看,《康熙字典》本身对文献材料的收集并无对文献及文献作者籍贯地域的偏向性。这里,我们将《康熙字典》收录的方言材料按照

其来源文献的种类及来源文献的历史层次进行分类。

1. 文献类型

（1）辞书文献。

《康熙字典》中援引了丰富的前代辞书资料，主要包括：字书文献如《说文》《玉篇》《字汇》《正字通》等，义类辞书文献如《释名》《方言》，韵书文献如《广韵》《集韵》等。同时，在一些辞书文献的注疏中保留了相当丰富的方言材料，如《尔雅》注疏、《方言》注疏等。此外，《康熙字典》的编者也将自身所掌握的方言信息补充其中。正如前文所述，历代辞书文献本身就收录了丰富的方言资料，而这些资料又通过《康熙字典》的征引模式将其集中在所涉字头之下。《康熙字典》这种对前代辞书资料的整理模式，一方面使各类资料集中，集合了前代辞书中的优秀文化成果；另一方面打破了原有义类辞书分类的局限，将相关资料按照其所涉文字外形特征编入，将相关方言资料集中，提高了查检效率。

（2）笔记类文献。

《康熙字典》中也收录了大量的笔记类文献。笔记类文献内容广博，常与笔记作者的个人经历相关，其中部分内容有对地方特色名物的记述与训诂。正因如此，笔记类文献也多对一些有关名物的方言词有所记述，如《青箱杂记》《菽园杂记》《广东新语》等均为此类文献。如《青箱杂记》的作者为宋代吴处厚，福建邵武人；《菽园杂记》的作者为明代陆容，江苏太仓人；《广东新语》的作者为清代屈大均，广东番禺人。这些笔记的作者本身便具备一定的方言背景，他们在对名物进行考证记述时，便会很自然地将所熟知的方言与共同语进行对比。而《康熙字典》则将这些名物训诂方面的内容作为语料进行收录，体现出其内容的广博与全面。

（3）文献注疏。

在历代文献的注疏中不免会涉及对方言词语的记述，这主要是由于古代汉语一些词义的用法仍保留在方言中，因此利用方言材料进行考据成为训诂方法之一。《康熙字典》则将这些零散的文献注疏集中起来。这些注疏文献主要是对经学、史学类文献的注疏，如《礼记》注疏、《仪礼》注疏、《史记》注疏、《汉书》注疏、《后汉书》注疏等。

（4）方志文献。

在历代方志文献中，也保留了很多对当地名物、风俗等的相关记载，其中也有对一些方言特征词进行收录。《康熙字典》在编纂过程中，也将历代各地方志文献作为引证材料，其中不乏对方言词汇的收录。据了解，《康熙字典》中出现的方志文献有《广东通志》《云南通志》《陕西通志》《杭州府志》《肇庆府志》等。

2. 来源文献的历史层次

来源文献的历史层次关系着对所辑录的方言历史层次的划分。在此，我们按照袁家骅对汉语方言发展史的分期将《康熙字典》辑录的汉语方言材料分为上古（周秦、两汉）、中古（魏晋南北朝、隋、唐、宋）和近代（元、明、清）三个历史层次。

其中，所涉上古阶段方言材料共 211 条，出自以下文献：《方言》（西汉·扬雄）、《说文解字》（东汉·许慎）、《淮南鸿烈解》（东汉·许慎）、《释名》（东汉·刘熙）、《春秋公羊传解诂》（东汉·何休）、《周礼注》（东汉·郑玄）、《礼记注》（东汉·郑玄）、《仪礼注》（东汉·郑玄）、《楚辞章句》（东汉·王逸）、《越绝书》（东汉·袁康）、《吕氏春秋注》（东汉·高诱）；所涉中古阶段方言材料共 206 条，出自以下文献：《汉书音义》（三国·孟康）、《埤苍》（魏·张揖）、《左传注》（魏晋·杜预）、《毛诗草木鸟兽虫鱼疏》（西晋·陆机）、《纂文》（西晋·何承天）、《古今注》（西晋·崔豹）、《风土记》（西晋·周处）、《尔雅注》（东晋·郭璞）、《方言注》（东晋·郭璞）、《山海经注》（东晋·郭璞）、《博物志》（西晋·张华）、《述异记》（南朝·祖冲之）、《南越志》（南朝宋·沈怀远）、《三国志注》（南朝·裴松之）、《史记集解》（南朝·裴骃）、《颜氏家训》（南北朝·颜之推）、《方言注》（唐·颜师古）、《急就篇注》（唐·颜师古）、《经典释文》（唐·陆德明）、《五经正义》（唐·孔颖达）、《后汉书注》（唐·李贤）、《周礼疏》（唐·贾公彦）、《唐韵》（唐·孙愐）、《史记索引》（唐·司马贞）、《史记正义》（唐·张守节）、《南史》（唐·李延寿）、《文选注》（唐·李善）、《佩觿》（北宋·郭忠恕）、《说文解字·大徐注》（北宋·徐铉）、《说文解字系传》（北宋·徐锴）、《尔雅疏》（北宋·刑昺）、《图经本草》（北宋·苏颂）、《埤雅》（北宋·陆佃）、《楚辞补注》（北宋·洪兴祖）、《梦溪笔谈》（北宋·沈括）、《广韵》（北宋·陈彭年）、《集韵》（北宋·丁度）、《类篇》（北宋·司马光）、《大广益会玉篇》（北宋·陈彭年）、《夔州图经》（北宋·刘德礼）、《新五代史》（北宋·欧阳修）、《古今合璧事类备要》（南宋·谢维新）、《演繁露》（南宋·程大昌）、《青箱杂记》（北宋·吴处厚）、《南唐书》（北宋·马令）、《通志》（南宋·郑樵）、《太平寰宇记》（北宋·王文楚）、《六书故》（南宋·戴侗）、《墨庄漫录》（南宋·张邦基）、《尔雅翼》（南宋·罗愿）、《五音集韵》（金·韩道昭）、《四声篇海》（金·韩孝彦）、《龙龛手鉴》（辽·释行均）；所涉近代阶段方言材料共6条，出自以下文献：《古今韵会举要》（元·熊忠）、《资治通鉴注》（元·胡三省）、《陵川集》（元·郝经）、《字汇》（明·梅膺祚）、《正字通》（明·张自烈）、《丹铅录》（明·杨慎）、《韵会小补》（明·方日升）、《通雅》（明·方以智）、《本草纲目》（明·李时珍）、《井观琐言》（明·郑瑗）、《格物要论》（明·曹昭）、《广东通志》（明·郭棐）、《闽书》（明·何乔远）、《广舆记》（明·陆应阳）、《东雅堂韩昌黎集注》（明·徐时泰）、《菽园杂记》（明·陆容）、《云南通志》（清·靖道谟）、《字汇补》（清·吴任臣）、《广东新语》（清·屈大均）。此外，《康熙字典》编者自注也当归入近代范畴。

从以上文献来源层次可见，《康熙字典》所选取的方言材料在方言发展的各个历史时期都有分布，但主要以上古和中古的材料为主。然而，虽然方言材料多为文献的编者了为了记录或考释相关词语所辑录的共时方言文献材料，但是有时候方言材料来源文献本身的层次并不能代表方言材料的层次，如一些学者对文献进行注疏时，常会援引前代材料作为考释的证据。因此，我们在对方言材料的时代分布进行统计时，不能单纯依据文献所出现的时代为依据，还应细致考察方言材料的来源。

（二）《康熙字典》所收方言材料的时空分布

《康熙字典》作为一部历史汉字辞书，所收录的文献来源众多，历史层次丰富。这也就使得各个时期的方言材料按照其所涉的汉字堆砌在其所属或相关的字头之下。而《康熙字典》的方言材料多是对一时一地方音的记述，其中虽有对同名异物方言词汇的比较，但由于人口迁移等因素，方言的地域分布又不能完全代表方言分布。然而，弄清楚《康熙字典》所收方言材料的时空分布又是一件很重要的事情，它对《康熙字典》所收录的方言材料的层次性具有十分重要的作用。在此，我们将按照方言材料的地域及其所属方言史分期进行再分类，以便更清楚地了解《康熙字典》对方言材料收录的范围与层次问题。但是，需要注意的是，当下学界对历时方言区的划分少有定论。这里我们并不逐一对这些方言材料的性质进行归类，而是采用现行的方言分区结构框架，以固定区域为观察点，对《康熙字典》在不同历史时期某地方言材料的收录情况进行调查。

1. 北方地区

《康熙字典》中所收录的北方地区方言材料最多。按照材料所属地域可分为华北、东北地区（辽东、河北、河南、山东方言等），西北地区（山西、陕西方言等），江淮地区（徐州、扬州方言等）和西南地区（四川、云南方言等），具体如下：

（1）华北、东北地区。

《康熙字典》中所涉的华北、东北地区方言材料主要为河北、河南、山东及东北的部分地区的方言。在《康熙字典》中，这些地区下属地的方言材料在各时期的分布情况如表1所示。

表1 《康熙字典》所收录的华北、东北地区方言时空分布表

地区	时期			总计
	上古（73）	中古（61）	近代（7）	（141）
东北	燕之东北、朝鲜洌水之间（3）；北燕、朝鲜间（1）	辽东（2）	—	6
河北	北燕（2）	幽州（8）；河北（3）	幽州（2）；河北（1）	16
河南	陈（1）；河内（1）；赵魏（2）；西京（1）；周（1）	河南（3）；汝南（1）；南阳（1）；中州（1）；汴（1）	汴京（1）	14
山东	兖州（7）；齐鲁（4）；齐（21）；齐东（2）；鲁（1）；东齐（5）	兖州（2）；齐鲁（3）；齐（14）；齐东（1）；鲁（2）；青州（2）	齐（3）	67

（续上表）

地区	时期			总计
	上古（73）	中古（61）	近代（7）	（141）
其他	燕齐（1）；陈楚（1）；齐宋（1）；关东/自关而东（10）；河济之间（1）；燕赵（1）；燕之北鄙（1）；北燕之郊（1）；徐州（1）；青徐（1）；沛（1）；陈楚宋魏间（1）	青徐（1）；豫州（1）；河朔（2）；自关而东/关东（3）；河济（1）；燕（3）；徐州（3）；青徐（1）；淮海（1）；徐土邳、圻之间（1）	—	38

在《康熙字典》中，华北、东北地区方言记述如下：

驹【亥集上】【马字部】崔豹《古今注》：兖州人呼赤鲤为元驹。又蚁别名。

鶝【亥集中】【鸟字部】《玉篇》：鶝鴖也。《集韵》：鴖鶝，鸟名。戴胜也。《尔雅·释鸟》：鴖鶝，戴鵀。郭注：鵀即头上胜。亦呼为戴胜。鴖鶝，犹鹕鶝。语声转耳。疏：戴胜，齐鲁之间谓之鴖鶝。

诈【酉集上】【言字部】又卒也。《公羊传·僖三十三年》：诈战不日。注：诈，卒也。齐人语也。

粲【未集上】【米字部】今河北人呼食为粲，谓餐食也。

犕【巳集下】【牛字部】又《集韵》房六切。音伏。用牛也。通作服。《说文》：《易》曰犕牛乘马。按：今《易·系辞》作服牛。《后汉·皇甫嵩传》：义真犕未乎。注：犕古服字。今河南人有此言。

蝶【申集中】【虫字部】《古今注》：蛱蝶，一名野蛾。一名风蝶，江东呼为挞末。其大者名为凤子。亦名凤车，名鬼车。生江南柑橘园中。又绀蝶，辽东人呼为绀幡。一曰童幡。一曰天鸡。

（2）西北地区。

《康熙字典》中所涉西北地区的方言材料主要包括山西、陕西地区方言材料。在《康熙字典》中，这些地区下属地的方言材料在各时期的分布情况如表 2 所示。

表 2　《康熙字典》所收录的西北地区方言时空分布表

地区	时期			总计 (72)
	上古（49）	中古（16）	近代（7）	
山西	—	晋（1）；河东（1）	晋（1）	3
陕西	秦（20）；梁（1）	秦（11）；杜阳（1）；梁（1）	秦（3）；长安（1）	38
其他	秦晋（8）；关西/自关而西（19）；晋魏河内（1）	关西/自关而西（1）	关西/自关而西（2）	31

在《康熙字典》中，山西、陕西地区方言记述如下：

空【午集下】【穴字部】《韵会小补》：秦人呼土窟为土空。

挦【卯集中】【手字部】《集韵》力锦切，音廪。扬子《方言》：挦，杀也。晋魏河内之北谓挦为残。

臺（台）【未集下】【至字部】又哈台，即台唫之声也。《世说》：许噪于丞相帐，哈台大鼾。《通雅》：哈台，晋人常语也。

砜【午集下】【石字部】《广韵》附袁切，《集韵》《韵会》符袁切，并音烦。砜石。《山海经》：女床山，其阴多㶧石。郭注：砜石也。楚人名㶧石，秦人名羽㶧。

（3）江淮地区。

《康熙字典》中所涉的江淮地区的方言材料主要包括安徽、扬州以及淮南一带的方言。在《康熙字典》中，这些地区下属地的方言材料在各时期的分布情况如表 3 所示。

表 3 　《康熙字典》所收录的江淮地区方言时空分布表

地区	时期			总计
	上古（0）	中古（10）	近代（0）	（10）
安徽	—	徽州（2）	—	2
长江以北地区（徐州蚌埠一带除外）、镇江和镇江以西、九江以东的长江南岸一带	—	扬州（2）	—	2
其他	—	淮南（5）；江西（1）①	—	6

在《康熙字典》中淮南地区方言记述如下：

姡【丑集下】【女字部】《广韵》《集韵》：并户栝切，音活。诈也，腼也。扬子《方言》：猾或曰姡。今建平郡人呼狡为姡。

蒻【申集上】【艹字部】《古今注》：扬州人谓蒻为班杖，不知食之。

蘮【申集上】【艹字部】《诗·郑风》：茹藘在阪。《尔雅·释草》：茹藘。注：今之蒨也，可以染绛。疏：一名地血，齐人谓之茜，徐州人谓之牛蔓。

蝗【申集中】【虫字部】又《唐韵古音》：户盲切，音横。《演春秋繁露》云：徽州稻苦虫害，俗呼横虫。

（4）西南地区。

《康熙字典》中所涉的西南地区方言材料主要包括川渝、云南的方言材料。在《康熙字典》中，这些地区下属地的方言材料在各时期的分布情况如表 4 所示。

---

① 此"江西"一说出自《汉语大词典》"隋唐以前，习惯上称长江下游北岸淮水以南地区为江西"。罗竹风. 汉语大词典：第 5 卷[M]. 上海：上海辞书出版社，2008：197.

表4 《康熙字典》所收录的西南地区方言时空分布表

地区	时期			总计 (33)
	上古 (7)	中古 (17)	近代 (9)	
川渝	蜀 (3); 梁益 (4)	蜀 (12); 巴蜀 (1); 梁益 (1); 夔州 (1); 巴 (1)	蜀 (6)	29
云南	—	—	滇南 (1); 滇 (1); 云南 (1)	3
广西	—	桂林 (1)	—	1

在《康熙字典》中西南地区方言记述如下:

爸【巳集中】【父字部】或巴巴。后人因加父作爸字。蜀谓老为波。宋景文谓波当作皤。黄山谷贬涪,号涪皤。

寏【午集下】【穴字部】《集韵》:卢当切,音郎。穴也。又《五音集韵》:寏寏,宫室空貌。又凡物空者皆白寏寏。《字汇》:濊江有鱼,滇人呼为寏寏鱼,以其干而中空也。

筆〔笔〕【未集上】【竹字部】《广韵》鄙密切,《韵会》逼密切,《正韵》壁吉切,并音必。《释名》:笔述也。述事而书之也。《尔雅·释器》:不律谓之笔。《注》:蜀人呼笔为不律也。《说文》:楚谓之聿,吴人谓之不律,燕谓之弗,秦谓之笔。

在北方地区方言材料中还包括一系列方言区的交界地带,我们很难用当下的分区确定其归属,故归为"其他"类。这类材料多为上古时期材料,如陈楚宋魏间(7)、秦燕之间(1)、并冀(1)。

综上,我们统计出《康熙字典》中的北方方言材料总数为265条,时空分布情况如表5所示。

表5　《康熙字典》所收录的北方方言时空分布表

时期	地区					总计
	东北、华北（141）	西北（72）	江淮（10）	西南（33）	其他（9）	（265）
上古	73	49	0	7	9	138
中古	61	16	10	17	0	104
近代	7	7	0	9	0	23

2. 福建地区

《康熙字典》中所收录的福建地区的方言材料，主要包括福建大部分地区的方言材料。由于福建自古被称为闽，字典中通常以"闽人呼为""闽人谓之"等记述该地方言，收录情况如表6所示。

表6　《康熙字典》中所收录的福建地区方言时空分布表

地区	时期			总计
	上古（1）	中古（9）	近代（7）	（17）
闽	闽（1）	闽（7）；闽瓯（1）	闽（3）	12
闽南	—	—	闽南（2）；南安（1）	3
闽东	—	—	晋安（1）	1
其他	—	闽粤（1）	—	1

《康熙字典》中对福建地区方言记述如下：

罢【未集中】【网字部】又《正韵》：补买切，音摆。闽人呼父为郎罢。《顾况诗》儿餧嗔郎罢。

囝【丑集上】【口字部】《集韵》：九件切，音蹇。闽人呼儿曰囝。（方言。儿子；儿女。）《正字通》：闽音读若宰。《青箱杂记》：唐取闽子为宦官，顾况有《哀囝》诗，又有《囝别郎罢》，《郎罢别囝》诗，以寓讽。郎罢，闽人呼父也。

沃【巳集上】【水字部】又闽南人谓雨淋曰沃。

毛【辰集下】【毛字部】又闽南人谓毛曰膜。见《井观琐言》。

蛎【申集中】【虫字部】《唐韵》《集韵》《韵会》力制切，音例。《说文·虫部》作蠣。蚌属。似蠊微大，出海中，今民食之。《类篇·虫部》：雕百岁化为蠣。《广韵》：牡蛎也。《酉阳杂俎》：牡蛎言牡，非谓雄也，介虫中唯牡蛎是咸水结成也。《本草》：今海旁皆有之，附石而生，魂碨相连如房，呼为蛎房，晋安人呼为蚝莆。

桫【辰集中】【木字部】《玉篇》樬木也。《唐韵》：桫椤木，出昆仑山。《格物要论》：椤木出湖广及南安谓之倭椤，又谓之草椤。

鋋【戌集上】【金字部】《正字通》倾金银似饼者。《通雅》：鋋，亦谓之笏，犹今之谓锭也。《墨庄漫录》：宋崇宁中，米芾为太常博士，诏以黄庭小楷作千文以献，赐白金十六笏。又韩滉与担夫白金一版。笏与版犹鋋也。今闽瓯湖南皆倾银作饼，即鋋之遗也。

3. 两广地区

《康熙字典》中所涉的两广（广东、广西）地区方言材料在《康熙字典》中的分布情况如表7所示。

表7 《康熙字典》中所收录的两广地区方言时空分布表

地区	时期			总计
	上古（1）	中古（1）	近代（10）	（12）
广东	—	—	广东（5）；增城（1）	6
广西	广西（1）	—	庆远（1）	2
其他	—	闽粤（1）	交广（3）	4

《康熙字典》中对两广地区方言记述如下：

火【巳集中】【火字部】又《广东通志》：古人一年四时改火。今琼州西乡音谓一年为一火，火音微。东乡人谓一年为喜，或为之化，乃喜之变音。

无【巳集中】【火字部】又通作毛。《后汉·冯衍传》：饥者毛食。注：衍集：毛作无。今俗语犹然。或古亦通乎。《佩觽集》：河朔谓无曰毛。《通雅》：江楚广东呼无曰毛。

筯【未集上】【竹字部】《广韵》：卢则切。《集韵》：历德切，并音勒。竹根也。又竹名。《肇庆府志》：筯，竹名，俗呼刺竹。有刺而坚，可作藩篱。肇兴新州旧无城，宋郡守黄济募民以筯竹环植之，鸡犬不能径。《广东新语》：筯竹，一名涩勒。勒，刺也。广人以刺为勒，故又曰勒竹。长芒密距，枝皆五出如鸡足，可蔽村砦。

窜【午集下】【穴字部】又《广东新语》：增城谓屋曰窜。

4. 两湖地区

《康熙字典》中所收录的关于两湖地区（湖南、湖北）的方言材料十分丰富，而"楚"作为方言地名所辖的主要地区也正是湖南、湖北地区。在《康熙字典》中，这些地区下属地的方言材料在各时期的分布情况如表 8所示。

表8 《康熙字典》中所收录的两湖地区方言时空分布表

地区	时期			总计（96）
	上古（52）	中古（31）	近代（13）	
两湖	楚（40）；湘南（1）；南楚（1）；沅湘（3）；湘江之间（1）；荆楚（1）；南楚江、湘之间（1）；南楚以南（1）；湘潭之原，荆之南鄙（1）；南楚宛、郢（1）；荆楚（1）	楚（27）；湖南（1）；荆楚（2）；荆土（1）	楚（8）；江楚（1）；荆（1）	93
其他	0	—	楚黄（3）	3

《康熙字典》中对两湖地区方言记述如下：

怒【卯集上】【心字部】《唐韵》乃故切，《集韵》《韵会》《正韵》奴故切，奴去声。《说文》恚也。《增韵》愤也。《扬子·方言》楚谓怒曰凭。凭，忿盛貌。

諈【酉集上】【言字部】《唐韵》竹寘切，《广韵》《集韵》竹恚切，捶去声。《尔雅·释言》：諈诿，累也。注：以事相属累为諈诿。疏：谓相累及也。楚人曰諻，秦人曰诿。

哈【丑集上】【口字部】《唐韵》《集韵》《韵会》《正韵》呼来切，音痞。《说文》：蚩笑也。《左思·吴都赋》：东吴王孙鞔然而哈。注：楚人谓相调笑曰哈。

狶【巳集下】【犬字部】《玉篇》：许里切，音喜。楚人呼猪声。

闛【戌集上】【门字部】《说文》：天门也。一曰楚人名门曰闛阖。

5. 江浙地区

《康熙字典》中的江浙地区方言材料所涉地区多为江苏省长江以南以东地区（不包括镇江）、南通小部分地区，浙江大部分地区。在《康熙字典》中，这些地区下属地的方言材料在各时期的分布情况如表9所示。

表9 《康熙字典》中所收录的江浙地区方言时空分布表

地区	时期			总计
	上古（14）	中古（49）	近代（3）	（66）
吴	吴（5）	吴（26）	吴（1）	32
江东	江东（8）	江东（12）	江东（2）	22
江南	—	江南（4）	—	4
其他	越（1）	吴越（1）；杭人（1）；永嘉（1）；瓯（1）；闽瓯（1）；浙东（2）	—	8

《康熙字典》中对江浙地区方言记述如下：

夥〔伙〕【丑集下】【夕字部】《广韵》：胡火切，《集韵》：户果切，《韵会》：合果切，《正韵》：胡果切，并音祸。多也。张衡《西京赋》：炙炰伙。或作猓。扬子《方言》：凡物盛而多，齐宋之郊谓之伙。今吴音谓多曰伙，问几何曰几伙。又俗谓同本合谋曰伙计。

詨【酉集上】【言字部】《集韵》《韵会》《正韵》并虚交切，音嘐。《类篇》：吴人谓叫呼为詨。《北史·尔朱世隆传》：世隆与元世儁握槊，忽闻局上詨然有声。

婧【补遗】【丑集】【女字部】《字汇补》苦等切，音肯。《菽园杂记》：杭人谓子幼者曰婧。

此外，《康熙字典》中也有对方言较含糊的记述，未指明其具体归属，仅用东、南、西、北方言记之，具体情况如表10所示。

表10　《康熙字典》中所收东、南、西、北方言的时空分布表

	上古（5）	中古（13）	近代（11）	共计（29）
东	2	2	2	6
南	1	3	5	9
西	1	2	0	3
北	1	6	4	11

《康熙字典》中对东、南、西、北方言记述如下：

翦【未集中】【羽字部】《说文》：羽生也。《尔雅·释言》：翦，齐也。注：南方人呼翦刀为剂也。

鸧【亥集中】【鸟字部】《正字通》：鸧大如鹤，青苍色，亦有灰色者，长颈高脚，顶无丹，两颊红。关西呼鸧鹿，山东呼鸧鸹，南人呼为鸧鸡，江人呼为麦鸡。又鸧鹒，鸟名。本作仓。

蘹【申集上】【艹字部】《集韵》：乎乖切，音怀。草名。《本草》：蘹香。注：北人呼为茴香，声相近也。详茴字注。

嫽【丑集下】【女字部】又北人呼外祖母为嫽嫽。一曰卢皓切，音老。与媪通。

丰【酉集中】【豆字部】孔安国《书传》：丰，莞也。郭璞曰：今西方人呼蒲为莞，用之为席。郑康成曰：刮冻竹席也。

薰【申集上】【艹字部】《集韵》：牛居切，音鱼。东人呼荏为薰。

从当下学界对方言区域的划分角度看，《康熙字典》所收录的方言资料所涉范围相对全面，除对客方言、赣方言的收录，其余各方言区均有所记述。我们对所收录的方言资料进行统计，具体情况如表11所示。

表 11　《康熙字典》中所收录的方言时空分布表

类别	北方地区	两湖地区	江浙地区	福建地区	两广地区	其他	总计
条数	265	96	66	17	12	29	485
占比（%）	54.6	19.8	13.6	3.5	2.5	6.0	100

客、赣方言材料虽未见涉及但与方言发展历史是基本相符的。因为学界普遍认为赣方言在汉语方言史上是较晚才分化形成的，与客方言是共生的。而当下学界认为赣语前身与南楚方言关系密切。而《康熙字典》中未将江西省属地作为独立的方言地名的方言材料收录也正好从侧面印证了此结论。

四、《康熙字典》收录方言材料的特点

首先，《康熙字典》所收录的方言材料多是对"同物异名"的方言词进行记录。而这些方言词又多是借用当时共同语的同音字对各地方言的拟写。这种记述方式缺乏对方言语音的进一步深入、细致的描写，对语源的挖掘也不够充分，这当然是传统方言学在研究手段上存在的局限。

其次，《康熙字典》对方言材料的收录普遍来说是零散的、静态的。这些材料多是源于各类文献资料。而除《方言》及其注疏材料外，其他材料均未对当时国家方言的整体情况进行调查，也缺乏全局的视角与意识，仅是各部文献的编者根据自己的经验或调查，对个别地区方言材料的收集。至于这些方言材料归属于何种方言，所记录的方言是否受到移民的影响，这些信息我们无法通过一时一地的单一记录来获知。虽然后期的部分材料开始有意识地对方言材料间的联系进行反思（如"火"例，从古语词、共同语、语音演变的角度去审视方言与共同语之间的关系），但这类材料并不是《康熙字典》所收录的方言材料的主流。与此同时，我们也必须看到，《康熙字典》利用其宏大的、立体的资料收录模式将这些零散的、静态的材料集中起来，编织起一个宏大的方言时空网络，弥补了单一方言材料的不足。

最后，《康熙字典》中多数材料对方言地域的描述存在层次复杂、笼统含糊的特点。如《方言》所引的地域名称包括方国名、民族地区名、州郡名、山水标志名等，后代材料对方言的记述也多沿用《方言》对方域的描述传统。此外，还有一些方言区域的定名多是基于方言材料整理者个人对方言的感知，

如很多材料中所提的"南方""东方""西方""北方"，它们具体所指的区域为何？闽方言内部差异较大，但是一些文献用"闽人呼"来记述其所获知的闽方言。还有一些方域名词在不同时代所指地域是不同的，如"江西""江南""关东"等。产生这些问题的根源都是源于《康熙字典》内部所涉文献材料层次复杂、来源丰富。因此，读者在使用这些方言材料时，还当对其来源、层次，以及编者所处时代国家地理方域、行政划属有所了解。

五、《康熙字典》收录方言材料的价值和意义

从上文的论述中，我们了解到《康熙字典》除对正统文言官话材料进行收集外，还收录了非常丰富的方言材料，对这些方言材料的挖掘与整理让我们对《康熙字典》内容的广博性有了重新认识，同时这些材料本身无论是对汉语史研究还是对方言本身研究，都有十分重要的意义。

首先，这些方言材料让我们对《康熙字典》的性质有了更深刻的认识。一直以来，学界对《康熙字典》的评价着重强调它对古今语言材料的收集与整理，而对《康熙字典》中这些历代方言材料的挖掘与收录却鲜有提及。而《康熙字典》所做的这部分工作在一定程度上丰富了其语料层次。明代学者陈第在其著《毛诗古音考》中指出："时有古今，地有南北，字有更革，音有转移，亦势所必也。"这说明在《康熙字典》编纂之前，当时的学界已经充分认识到语言中存在古今南北的差异，开始对方言材料的价值有所重视并有意识地进行收集。因此，《康熙字典》对方言材料的收录也正顺应了当时学术发展的潮流。《康熙字典》还注意到方言词汇之间的区别与联系，注意对各地方言"同物异名"进行集中收录，如上文"鸽"例中，将其在关西（鹁鹿）、山东（鹁鸪）等方言中的异名列出，使得《康熙字典》在训释方言名物的同时兼具百科辞书的功能。对于读者来说，《康熙字典》所收的方言材料无论是考释疑难还是进行语言研究都十分有帮助。无疑，这些方言材料的收录让我们对《康熙字典》材料的广博性与字典本身的功能性有了更深层次的认识。

其次，《康熙字典》所收方言资料的时空分布有助于我们宏观地认识历史上人口与文化中心的变化情况。通过上文的论述，我们了解到《康熙字典》的征引模式实际上是对当时所见的各类文献进行广泛引用，各门类的图书可以说无所不包。因此，《康熙字典》虽然注意对方言材料进行引用，但是并未

针对某一地区的方言进行刻意专门的搜集。① 但是我们也必须认识到，文人学者相对集中的地方，相关方言的记述材料也自然会相对丰富，这是因为这些学者的著作中可能会更多地涉及对其所操持方言的论述。而自古以来，文人较集中的区域又正是经济、文化较发达的地区。通过上文的分析，我们可以看到从中古阶段开始，出现了更多的记述南方方言的材料，这种数量上的增长变化，也从侧面反映出西晋之后，历史上中原人口南迁与南方地域发展之间的关系。

最后，《康熙字典》所收集的方言资料对考释语源、进行汉语史及方言史研究具有相当大的价值。众所周知，方言是语言的活化石。而历史方言材料则能进一步帮助我们理清语言发展的层次，收集语言变化的证据。王国维曾提出"二重证据法"，旨在强调地上材料与地下材料间的互相补充，而陈东辉②在此基础上提出了古汉语研究中基于文献典籍、实物资料及"活材料"（方言、亲属语言、民俗等）的"三重证据法"。而《康熙字典》所收录的历史方言材料，正是对现有方言"活材料"的补充。同时，我们也认为《康熙字典》对这些零散资料的汇集，无疑为我们研究方言发展历史提供了丰富的线索。将这些材料用现行的方言分区加以分类，同时按照方言发展层次集中，则让我们拥有了一个比较好的观察现行方言区形成历史的视角。此外，《康熙字典》将各方言中"同物异名"方言词集中起来，这些方言词之间并非孤立的。如文中"笔"例，《康熙字典》援引了《尔雅》注及《说文》中的方言资料，而这些方言中记述"笔"的词，或属同一语源（如"笔"与"聿"），或语音上也暗合上古汉语音韵中"古无轻唇音"的规律（如"弗"与"笔"），或可为复辅音声母说提供佐证（如"不律"）。章太炎曾指出"疑于义者，从声求之；疑于声者，从义求之"，而《康熙字典》所提供的丰富的方言材料正为汉语史考释音义提供了充分的证据。总的来看，《康熙字典》所提供的丰富的历史方言材料对语言本体研究的价值不可小觑。

---

① 这里我们需要注意的是，虽然王力先生在《康熙字典音读订误》中提及字典编者多为吴人，因此常有"吴音乱正音"的现象；虞万里也对《康熙字典》总阅官、纂修官的籍贯进行考证，发现27 位纂修官中，"江苏籍人竟占一半，江浙二省的人占到三分之二"。这里所指的"吴音乱正音"指的是江浙方言背景的纂修官对反切后直音标注方面的影响。但我们从对《康熙字典》收录的方言资料的统计与整理上看，并未见出字典编纂者籍贯地域分布对所持方言材料收录上的偏向性。王力. 康熙字典音读订误［M］. 北京：中华书局，1988：3.

② 陈东辉. 古汉语与古文献论丛［M］. 北京：中华书局，2010：3.

　　综上论述，我们就《康熙字典》对方言材料的收录情况有了更全面、深入的认识，虽然它在所引述的方言材料上存在一系列问题，但瑕不掩瑜，其在利用自身宏大、完善的征引体例对于历代方言资料的汇集方面所做的工作还是值得肯定的。

媒体传播研究

文莱《婆罗洲公报》南海问题报道的新闻话语分析①

毛家武　彭碧群　许敏纯②

一、研究背景

南海，亦称南中国海（South China Sea），其北部与中国广东省南澳岛和台湾岛南端相连，东部与菲律宾若干岛屿相邻，南部是马来西亚的沙巴与砂拉越州、文莱、印度尼西亚的纳土纳群岛和新加坡，西部从新加坡延伸到马来西亚的东海岸，经过暹罗湾、泰国和柬埔寨，从越南海岸延伸至东京湾。整个海域是一个东北—西南走向的半封闭海域，南北距离2 300公里，东西距离约1 300公里，总面积为350多万平方公里。③

20世纪六七十年代以来，南海露出水面的部分岛礁以及海域陆续被越南、菲律宾等国占有。④ 南海争端的核心是南沙群岛领土主权以及相关海域的管辖权，由于涉及六个国家和多个双边关系，同时有美国、日本等域外国家的介入，南海问题成为目前最复杂的岛屿主权和海洋管辖权争议。⑤

文莱自1984年1月1日独立后，通过立法宣称拥有200海里专属经济区，声称以《联合国海洋法公约》关于大陆架的条款为法律依据，对"路易莎

① 基金项目：广东海洋大学大学生创新创业省级项目"南海问题非争端国涉南海舆情分析"（S202110566067）；国家社科基金项目"'一带一路'背景下我国在东盟投资企业邻避风险的传播策略研究"（20XXW005）；广东海洋大学2017年科研启动资助项目"南海问题的东盟国家新闻舆论分析与对策研究"（R17043）。
② 作者简介：毛家武，博士，广东海洋大学新闻传播系教授；彭碧群、许敏纯，广东海洋大学文学与新闻传播学院新闻学专业本科生。
③ 李金明. 南海领土争议的由来与现状［J］. 世界知识，2011（12）：26－29.
④ 王文. 关于南海十个有必要弄明白的问题［J］. 共产党员（河北），2016（23）：31－33.
⑤ 鞠海龙. 南海问题能够和平解决吗？［J］. 世界知识，2007（3）：30－32.

礁"（我国"南通礁"）行使主权。①

油气产业是文莱的支柱产业，其开采活动主要集中在文莱—沙巴盆地；从1966年起，文莱就设立了5万平方公里的海上招标区，吸引外资参与勘探开采。20世纪90年代中期以来，文莱的油气勘探活动逐步向北推进，深入我国南沙海域。至2005年，文莱与马来西亚等国已经在文莱—沙巴盆地打了13个油气田，其中8个位于我传统海域界限内。②

基于国家实力和地缘位置，自独立以来，文莱一直奉行不结盟、独立自主的外交政策。文莱虽然是南海主权声索国之一，但是对中国提出的"搁置争议，共同开发"一直比较支持，属于温和争端方。多年来，中国和文莱两国国家领导人进行过多次友好互访，双方认为应当将南海争端置于两国总体关系中去考虑；同时认为中国与东盟关系的主流是睦邻友好、互利合作，中国和东盟作为战略伙伴能够促进与维护好南海地区的和平、稳定。目前，存在的争议不是中国与东盟之间的问题，应当由直接当事国通过友好协商和谈判加以和平解决。③

文莱是东南亚小国，长期以来，被贴上南海"沉默的声索国"标签，与其他声索国直接采取强硬方式提出"领土主权"的主张不同，文莱是对南沙部分岛礁提出主权要求而唯一未派兵进占的国家，但是不断对南沙群岛的油气资源进行勘探和掠夺④；文莱在南海主权问题上选择低调或者基本保持沉默的态度，使得其对主权的追求和主张一直笼罩在不确定性之中。近几年来，我国和文莱致力于加强双边合作，希望通过各领域合作进一步加强两国关系，共同维护南海地区的和平稳定与安全，双方将同其他东盟国家一道，全面有效地落实《南海各方行为宣言》，推进《南海行为准则》磋商，争取在协商一致的基础上早日达成"准则"。⑤

近几年来，美国、日本等国对南海问题的介入程度日益加深，使得中国

① 张丽娜. 南海海权之争对南海油气资源开发的影响 [J]. 河南财经政法大学学报，2013，28（3）：146－150.
② 汪秀玲. 点评南海争端诸国立场 越南与中国争议最大 [EB/OL]. （2012－05－11）. https：//www. hgdaily. com. cn/w/3/ciye/4018112O11011900O1. html.
③ 郭渊. 2012—2013年文莱南海油气开采及南海政策 [J]. 新东方，2013（3）：18－23.
④ 石鹏飞. 南沙群岛争端和平解决方式研究 [D]. 青岛：中国海洋大学，2005.
⑤ 王毅博. 中华人民共和国和文莱达鲁萨兰国联合声明 [N]. 人民日报，2018－11－20（001）.

与菲律宾、越南等国家的争端一度升级，而作为东盟成员国和南海主权声索国之一的文莱，其沉默与温和的态度，可以成为与我国通过双边谈判，解决两国海洋纠纷、维护南海和平稳定的关键国家。

本文主要通过收集文莱的主流报纸《婆罗洲公报》2018 年 1 月—2021 年 1 月对南海问题的相关报道，运用话语分析的方法，观察和分析文莱主流媒体对南海问题报道的话语特征、侧重点等，以更好地了解文莱对南海问题的态度和立场，以期对推动团结东盟中的温和力量，妥善解决南海问题，维护地区和平与稳定提供借鉴和参考。

二、文献综述

（一）国内研究状况

在中国知网检索发现，国内对文莱主流媒体涉南海问题新闻报道的研究很少，对《婆罗洲公报》有关南海报道的研究几乎没有。但是，国内有不少研究南海问题的学者有一些涉及南海和文莱的成果可以供我们在分析文莱媒体涉南海问题报道时借鉴。

例如，关于文莱涉南海问题政策，骆永昆指出，同菲律宾、越南两国不同，文莱一直奉行较为温和的南海政策，主张通过和平手段解决南海争端，反对诉诸武力，同时倾向于加强与周边国家合作来维护海域安全。长远来说，也不排除中国和文莱的关系有因南海问题恶化的可能。理由是，其一，双方围绕南海岛礁归属问题确实存在主权争端，并且问题的解决一直没有取得突破性进展。其二，不排除未来双方在石油这一战略资源的开采问题上存在争端。其三，不排除菲律宾、越南通过东盟扩大南海问题的可能性，如果东盟集体的对华政策发生改变，文莱的外交政策自然也会受到影响。[①]

关于文莱与南海问题关系方面，南京大学马博认为，文莱尽管面积狭小、经济体量不大，却是南海问题六国七方中态度温和、可以与中方就岛屿争议进行双边谈判，彻底解决两国海洋纠纷的一个关键国家。了解文莱的战略诉求，积极与其战略对接，可以展示中方"亲、诚、惠、荣"的外交理念，团结东盟中的温和力量，为周边国家与中国的合作做出示范；可以为和平解决

---

① 骆永昆. 文莱的南海政策 [J]. 国际资料信息, 2012 (9)：13 – 15, 42.

南海问题、维护南海地区的繁荣和稳定积累正能量。①

（二）国外研究状况

在 ProQuest 数据库和谷歌搜索引擎检索，发现国外学者专门进行文莱和南海问题研究的文献很少，更多的是致力于研究分析其他几个争端国与南海问题的关系和政策，少部分会顺带提到南海问题中的文莱。印度尼西亚学者博特拉（Bama Andika Putra）分析文莱在南海问题上的外交政策，阐述了近几年文莱在南海的主权主张，以及态度逐渐沉默和消失的原因：文莱作为一个东南亚小国，迫切依赖中国强大的经济实力，所以不会采取其他声索国的强硬方式；国际体系的多元化结构中，东南亚地区的大多数国家支持不结盟倡议；这样的背景为文莱这样的小国通过东盟等组织发挥其有限的国际影响力提供了空间和机会。②

三、《婆罗洲公报》南海问题报道的话语分析

（一）语料搜集与研究方法

利用 LexisNexis 数据库，我们以"South China Sea，Borneo Bulletin"为检索词进行全文检索，再结合《婆罗洲公报》官网，以"South China Sea"为关键词进行检索，提取了 2018 年 1 月—2021 年 1 月《婆罗洲公报》涉南海问题的 23 篇报道作为研究对象。

新闻媒体呈现出来的事实是经过加工、处理的，我们需要对新闻本身进行分析与甄别，才能得出更加接近于客观现实的认识。③ 本文采用的主要研究方法为话语分析，通过对这些报道的文本分析和语境分析来开展话语分析。

---

① 马博. 文莱"2035 宏愿"与"一带一路"的战略对接研究 [J]. 南洋问题研究，2017（1）：62 – 73.

② PUTRA B A. Comprehending Brunei Darussalam's vanishing claims in the South China Sea：China's exertion of economic power and the influence of elite perception [J/OL]. Cogent social sciences，2020（7）. https：//doi. org/10. 1080/23311886. 2020. 1858563.

③ 肖燕雄，卢晓. 《新华日报》《大公报》《中央日报》同题新闻抗日话语分析 [J]. 新闻与传播研究，2017，24（9）：103 – 125，128.

（二）《婆罗洲公报》南海问题报道的关键词分析

利用 Replace Pioneer，将 23 篇报道进行文本分析和处理，生成《婆罗洲公报》南海问题报道主题词表（见表 1）。

表 1 《婆罗洲公报》南海问题报道主题词

序号	主题词	频次	序号	主题词	频次
1	Sea	274	16	Mutual	39
2	ASEAN	202	17	Leaders	38
3	China	140	18	Maritime	38
4	Brunei	107	19	Asia	38
5	Cooperation	99	20	Security	36
6	South	71	21	Economic	36
7	Darussalam	65	22	Further	31
8	Said	64	23	Development	30
9	People	51	24	US	28
10	Countries	49	25	Agreed	28
11	Regional	49	26	Support	27
12	Between	48	27	Republic	25
13	Sides	47	28	Chinese	23
14	International	42	29	Military	22
15	Strengthen	40	30	Claim	19

首先，从表 1 可以看出，"ASEAN"（东盟）在《婆罗洲公报》南海问题报道中被提及的频率特别高，表明南海问题是东盟的一个焦点议题，其中主要的原因是南海问题涉及复杂的领土主权、资源和海洋管辖权等争端，影响东盟地区的发展和稳定，受到各个国家的高度关注；与中国在南海问题上存在争议的越南、菲律宾、马来西亚、印度尼西亚、文莱都是东盟的成员国。《婆罗洲公报》涉南海问题的 23 篇报道中，有 6 篇是以东盟或东盟会议为主体的报道，如 *ASEAN urged to enhance free trade*，*regional peace*（《东盟敦促加

强自由贸易，促进地区和平》）、*ASEAN foreign ministers convene in Singapore for regional meeting*（《东盟外长在新加坡召集区域会议》）、*ASEAN should be united in South China Sea: Former diplomat*（《前外交官：东盟国家在南海问题上应团结一致》）等报道。东盟在南海问题中占据重要一环，中国和东盟成员国共同推进《南海行为准则》（*Code of Conduct in the South China Sea*，COC），才能更好解决南海争端。但是，东盟成员国尤其是五个南海争端国，频繁在东盟有关会议和活动上提及南海问题，有将南海问题多边化、复杂化之嫌。

"China"在报道中被提到的次数也较多，23 篇报道中有 8 篇是以中国为主体进行报道的，如 *Brunei, China reaffirm resolve to enhance ties*（《文莱和中国重申加强两国关系的决心》）、*Chinese warships dock in Cambodia to boost "military cooperation"*（《中国军舰停靠柬埔寨，推进"军事合作"》）等，可以反映文莱对中国的密切关注；其中有 3 篇报道强调中国与文莱两国加强合作。对于文莱这样一个经济选择和自然资源有限的小国来说，将自己与拥有强大实力的中国接轨以获得利益，是文莱现在和未来的战略计划与外交政策的重要部分。所以，文莱对南海主权声索的主张已经渐渐"消失"或者沉默了，希望同中国共同携手维护和促进海上安全与稳定，同时推动双方构建友好的战略合作关系。

另外，"Cooperation"（合作）在这些报道中出现的频率也相当高，表明近些年来，文莱和南海问题涉及的各方都在努力寻求加强合作，致力于全面执行和落实《南海各方行为宣言》，以及希望尽快推进制定有效的和实质性的《南海行为准则》。同原则性的《南海各方行为宣言》比起来，《南海行为准则》能在南海建立起具体的安全合作机制、危机管控机制，以及行为规则体系，并对这十几年来南海局势的一系列深刻变化做出回应。关键词"Cooperation"（合作）和"Security"（安全），从侧面也可以反映文莱乃至东盟，和我国一样，都希望维持和促进南海的和平、安全、稳定，主张通过和平方式解决争端和冲突。

"Said"一词在搜集的报道中出现的次数也不少，可以看出，《婆罗洲公报》对南海问题的相关报道中，有很多内容都是转引的，引用了很多当事国领导人、专家学者的话语进行报道，很少由记者、编辑直接表达、描述；直接引用他人"所说"，可以提高报道内容的客观性、真实性和权威性。

值得注意的还有一个词即"US"（美国），相比其他几个争端国，"美国"在几篇报道中出现的次数更高。狭义概念上的"南海"是九段线内的南海，包括东沙、中沙、西沙和南沙群岛四部分。在狭义南海的范围内，东沙、西沙和中沙群岛的岛屿主权归属问题已经基本得到解决，目前存在争议的主要是南沙群岛。由此可见，"南海问题"的实质就是"南沙群岛问题"，是中国与越南、菲律宾、马来西亚等东南亚部分国家间的局部争议问题，而不是全球性的议题，其根源焦点是围绕南沙群岛的主权归属及其附近海域的划界争议。

美国既不是南海争端国，也不是东盟成员国，本来这样的争端与美国没有直接关系，但是，近些年来美国不断公开插手介入南海问题，为了能使自己介入南海问题的行为显得合情合理，往往打着维护地区稳定和平的幌子，将这一区域性问题扩大化并演化成为一个国际热点议题，而建立同盟和伙伴关系是其干预南海问题最重要的战略之一。[①] 相比之前在南海问题上较为克制和保守的态度，美国插手南海问题的程度日益加深，这与其"重返亚太"的全球战略密不可分。在这一战略的主导下，美国不仅密切关注南海所谓的"航行自由与安全"，还公然支持菲律宾和越南等国在南海的领土主张，推动"南海问题"的多边化和国际化，以期加强其在亚太地区的主导地位，同时牵制中国发展。[②]

（三）《婆罗洲公报》的报道主题和手法

通过观察《婆罗洲公报》对南海问题的报道，可以发现以下特点。

一是报道以借言为主。搜集到的报道中，基本是消息类报道，大部分是采用借言的报道手法，直接转引国家机构、政府官员、专家学者等人的观点和讲话。一方面，借言是塑造国际话语的一种有效方式，可以满足读者的阅读和求知要求，直接引用政府官员和专家学者的话，可以表现其报道的客观性、权威性、真实性，具有更强的说服力和传播效果；另一方面，借言不会

---

① 龚双萍，张韧. 基于语料库的南海问题美国（去）合法化话语策略研究［J］. 外语研究，2018，34（1）：13 – 18.

② 史安斌，王沛楠. 国际报道中的策略性叙事：以《纽约时报》的南海报道为例［J］. 西安交通大学学报（社会科学版），2018，38（1）：96 – 104.

直接表达媒体自身或国家政府的立场和观点，出现争议时可以"推卸责任"。而借言的报道内容大部分经过取舍和编排，给读者传达媒体编辑自身想要传递的信息，间接表达自己的观点和意识。①

二是以非主题性报道为主。报道中不直接以"南海问题""南海争端"为主题，而是在报道其他事件时提及"南海问题"，根据情况选取某些触发事件对"南海问题"展开非主题性报道。触发性事件是议题管理中的重要概念之一，在一个议题演变的过程中，触发性事件会引发议题的扩散和转向，并促使媒体的报道框架发生变化。②《婆罗洲公报》报道南海内容涉及的触发性事件包括如下内容。

一是中国、文莱、越南、菲律宾、马来西亚、美国、日本等国家参与的地区多边会议，特别是东盟框架下涉及或提及"南海问题"的各种多边会议，如 *ASEAN urged to enhance free trade，regional peace*（《东盟敦促加强自由贸易，促进地区和平》）、*ASEAN foreign ministers convene in Singapore for regional meeting*（《东盟外长在新加坡召集区域会议》）、*ASEAN should be united in South China Sea issue：Former diplomat*（《前外交官：东盟国家在南海问题上应团结一致》）、*Mahathir calls for conflict resolution through negotiation，not confrontation*（《马哈蒂尔吁通过谈判解决冲突，而不是对抗》）。

二是南海争端当事国涉南海问题的有关活动、外交交涉与政策，如 *Chinese warships dock in Cambodia to boost "military cooperation"*（《中国军舰停靠柬埔寨，推进"军事合作"》）、*China，Brunei defence ties grow stronger*（《中国、文莱的防务关系日益加强》）、*Indonesia deploys fighter jets，warships to disputed waters in China spat*（《印度尼西亚在与中国有争议的水域部署战斗机和军舰》）。

三是域外国家单方面或与域内国家联合开展的涉南海问题的活动，如美国与文莱等国展开联合军事演习，如 *Five-day "Brunei – United States Cooperation Afloat Readiness and Training" Exercise kicks off*（《为期五天的"文莱—美

① 孔令杰，王看，刘聪聪. 国际主流媒体关于菲律宾南海仲裁案的报道情况调查研究［J］. 亚太安全与海洋研究，2016（4）：69 – 86，124 – 125.

② ZHANG J. A Strategic Issue Management（SIM）approach to social media use in public diplomacy［J］. American behavioral scientist，2013，57（9）：1312 – 1331.

国海上合作准备和培训"活动开始》）、*Joint exercise to boost Brunei – Japan defence ties*（《举行联合演习，以促进文莱—日本的防务关系》）。

四、《婆罗洲公报》南海问题报道的语境分析

南海问题涉及六个争端国、域外大国及其他东南亚国家，在文化、语言等方面有较大差异，有时会导致信息反馈和交流渠道的堵塞与滞后；西方国家从自身的文化理念出发，存在有意或无意地错误传播中国发表的信息的现象；中国在传播自己的观点和主张时碍于文化符号的僵硬与抽象，有时不能将信息准确传播给其他国家。① 因此，在语境方面的分析能够帮助我们更好了解该主体想传达的深层次信息。

《婆罗洲公报》关于南海问题的报道中，虽然大部分是"借言"，即以第三人称的方式，直接引用当事领导人、专家的话语，比较客观，但是在某些部分的总结概括中，对词语的使用，在特定话语的语境中，能反映出其观点和倾向。

例 1：China claims virtually the entire South China Sea as its own territory and strongly objects to naval activity in the area by other nations.

中国实际上声称几乎整个南海都是自己的领土，并强烈反对其他国家在该地区的海军活动。

The waterway rich in fishing grounds through which passes an estimated USD5 trillion in global commerce annually has become a global security hotspot, largely due to growing Chinese assertiveness in pressing its claims.

这条拥有丰富渔场的水道，每年通过的全球货物贸易额约为 5 万亿美元，已经成为全球安全热点，这主要是由于中国在强调其主权主张方面越来越自信。

这篇报道的题目为 China begins South China Sea military training exercises

---

① 赵俊良. 中国在南海争端中的国际话语权提升研究［D］. 长春：吉林大学，2019.

（"中国开始南海军事训练演习"），整篇报道篇幅很短，只有 145 个单词。报道的主要内容是中国在南海进行军事训练演习的消息，但是文中出现的这两句话，带有明显的观点错误和事实认知错误。

第一句话，"claim""entire"等词的运用，反映《婆罗洲公报》及相关舆论，对中国关于南海领土主权和海洋权益上的声明存在明显的认知错误。因为中国并没有声称对几乎整个南海的主权，中国声称的是自古以来，中国对南海九段线内的群岛及其附近海域拥有无可争辩的主权。中国在南海的主权宣示和维权行动合法、合理、有据。

第二句话，运用的"assertiveness"一词既有积极的意义，也可以表达消极的态度。该词在报道中评价的对象均是中国在对待南海问题上自信的态度。根据报道的上下文内容可以发现"assertiveness"有指责中国的主张和行为加剧南海局势动荡、渲染中国挑衅之意，可以看出该报道者对当前南海局势动荡真正原因的片面认知甚至是错误认知。[①]

例 2：China's foreign ministry downplayed the incident and said there was "no dispute over territorial sovereignty" between Beijing and Jakarta-though the two have "overlapping claims for maritime rights" in the South China Sea.

中国外交部淡化了这一事件，并表示北京和雅加达之间"不存在领土主权争议"——尽管两国在南中国海的"主张海域存在重叠"。

这句话出现在 2020 年 1 月 9 号 *Indonesia deploys fighter jets, warships to disputed waters in China spat*（《印度尼西亚在与中国有争议的水域部署战斗机和军舰》）的报道中，该报道的主要内容是印度尼西亚声称中国船只在纳土纳海域从事非法捕捞活动，印度尼西亚已向纳土纳群岛附近海域派遣战斗机和军舰。

这句话用到的"downplay"一词，是表示贬义和消极的态度，有"轻视，

---

① 郝畅. 印度尼西亚主流媒体关于南海问题的新闻话语表征研究——以语料库为基础［J］. 哈尔滨学院学报，2019，40（9）：109 - 114.

贬低，不予重视"等意思，用在此处有指中国回避印度尼西亚对中国渔船"擅入"纳土纳海域的指责的意思，带有比较明显的主观性。面对印度尼西亚声称我国船只"擅入"其海域的指责，我国外交部发言人已多次正面回应和强调"中国与印尼不存在领土主权争议，双方在南海部分海域存在海洋权益主张重叠。我们希望印尼方面保持冷静，愿同印尼方面继续妥善处理分歧，维护好两国关系和地区和平稳定大局"①。"中国对南沙群岛拥有主权，对南沙群岛有关海域拥有主权权利和管辖权。同时，中国在南海拥有历史性权利。中国渔民一直在中国南沙群岛有关海域开展正常的渔业生产活动，合法合理"②，并不存在"downplay"此事件之说。

五、结语

通过对《婆罗洲公报》关于"南海问题"的新闻报道的话语分析，可以发现该媒体新闻报道的主观性内容较少，更多的是直接引用事件的当事方及专家学者的话语，以第三人称的角度报道。

同时，可以看出文莱在南海问题上密切关注中国、东盟以及美国的言论和动态；文莱在解决南海问题上坚持其"双轨思路"：具体争议由直接当事方和平协商解决，南海稳定由中国与东盟国家共同维护，完全符合《南海各方行为宣言》的精神，符合以《联合国宪章》为代表的国际法原则，符合本地区国家的共同愿望和利益③；文莱虽然支持中国通过和平方式解决南海争端，但是因为意识形态、国家利益和文化等方面的差异，其对中国在南海主权上的坚定性以及合理态度表现出一定的负面情绪。

随着中国国际地位的提升，中国的国家形象虽然发生了积极的变化，但有些国外媒体报道中国相关问题的基调仍然没有真正做到客观、公正。④ 中国对南海诸岛拥有不可争辩的主权，在南海的主权宣示和维权行动合法、合理、有据。可以说，中国实际上是南海问题的受害者，但为维护南海和平稳定，

① 徐伟，赵觉珵. 敏感时刻，印尼总统去了趟纳土纳［N］. 环球时报. 2020 - 01 - 09（03）.

② 环球网. 印尼召见中国大使抗议中国船只进入纳土纳海？外交部回应［EB/OL］.（2019 - 12 - 31）. https：//www.sohu.com/a/363937759_162522.

③ 李春芳. 美国媒体关于中国南海问题的话语构建［J］. 山东农业工程学院学报，2018，35（9）：142 - 150.

④ 谢庚全. 美国主流媒体对我国南海政策的误读分析——以《华盛顿邮报》为例［J］. 海南大学学报（人文社会科学版），2015（4）：23 - 28.

保持了极大克制。中国的基本主张是，在尊重历史事实的基础上，根据国际法，包括《联合国海洋法公约》，通过双方协商谈判和平解决争议。面对诸如文莱《婆罗洲公报》等国际主流媒体对我国的某些错误认知和负面报道，我们还要充分发挥国内媒体的主观能动性，适当联合各重要宣传部门主动设置议程，创新宣传方式和内容角度，有针对性地开展南海问题的国际传播；同时，借助"一带一路"倡议加快我国与南海周边国家各领域的交流合作，打造利益和命运共同体，努力推动《南海行为准则》的签订和执行，维护和平稳定的南海环境，推动南海问题的和平解决，维护我国的主权安全及国际形象。

新冠肺炎疫情微博话语中的
课堂隐喻分析①

陈虹虹②

"战争"是人们应对突发公共卫生事件最常见的隐喻。对于媒体来说，"战争"隐喻是其在公共话语中寻找"保持观众或读者注意力的戏剧性方法"③；对于政府来说，"战争"隐喻是提高公众警惕、合理化紧急应对措施、动员群众的有效手段。④ 但"战争"隐喻也带来包括污名化疾病与患者、扩散恐慌与过激行为、建构国家与族群的意识形态对立等许多负面效果。⑤ 有学者因而呼吁寻找更有吸引力的替代隐喻。⑥

在此次新冠肺炎疫情事件中，虽然"战争"依旧是主流媒体报道的主导隐喻，但在网络世界中，以"抄作业"为代表的课堂隐喻迅速占领各种自媒体空间。那么，全新的课堂隐喻如何架构新冠肺炎疫情的故事，能否成为军事隐喻的替代隐喻？网友创造的这一新隐喻如何在公共卫生事件的舆论互动场中产生影响？本文通过对微博文本的分析和对微博用户的访谈，对上述问题展开研究。

我们首先在微博搜索引擎中以"疫情＋抄作业"为关键词进行搜索，截

① 基金项目：广东海洋大学人文社科项目"社会记忆在风险传播中的新媒介应用与形塑"（C20136）。
② 作者简介：陈虹虹，博士，广东海洋大学文学与新闻传播学院讲师。

③ MALSZECKI G M. "He shoots! He scores!"：metaphors of war and political linguistics of virility [D]. Ontario：York University, 1995：199－200.

④ PETERSEN A. Biofantasies：genetics and medicine in the print news media [J]. Social science & medicine, 2001, 52（8）：1255－1268.

⑤ ANNAS G. Reframing the debate on health care reform by replacing our metaphors [J]. New England journal of medicine, 1995, 332（11）：744－747.

⑥ SHERWIN S. Feminist ethics and the metaphor of AIDS [J]. Journal of medicine and philosophy, 2001, 26（4）：343－364.

至 2020 年 4 月 30 日，共获得 310 条非相似的原创微博。我们对这些微博逐条进行文本阅读，并采用"隐喻分析三阶段法"识别包括"抄作业"在内的所有课堂隐喻，阐释经由这些隐喻集束共同建构起的概念逻辑及其社会关系，最后将隐喻和文本情境结合起来，揭示隐喻背后的话语功能和媒介文化。

一、语料描述：课堂隐喻的框架系统

美国语言学家 Lakoff 和 Johnson 将隐喻视为人类普遍的一种思维方式，其实质作用是用一种事物来理解和表达另一种事物。① 特定隐喻以特定模式影响了人们对世界的感知和理解，并形成一套对应的认知模式。根据认知结构，隐喻分类有三种方法：以目标域为基准进行分类，以源域为基准进行分类，以源域向目标域的映射为基准进行分类。② 本文以目标域为基准进行分类，分析课堂隐喻如何架构疫情故事。

（一）疫情应对主体的隐喻

例 1　河南网友纷纷晒出收到的新冠肺炎预防提示短信，为防治疫情，河南多措并举。其他不会的同学能不能都来抄河南的作业。（@笔记酱，1 月 24 日）

例 2　新加坡最近五天的感染人数保持在 1 000 ＋。成为亚洲地区新冠肺炎疫情最严重的国家！之前新加坡一直是被抄作业的好学生，究竟发生了什么事儿呢？（@范越山海，4 月 23 日）

疫情自传播以来，应对的主体大到不同国家、国内不同级别的政府，小到各国或国内各级卫健委、街道社区，所有参与疫情应对的不同级别的主体被网友建构为教育体系里不同年级或班级的学生。主体应对和治理疫情的能力差别，被概念化为学习能力的差别，他们有的"反应迟钝"，有的"智商不够"，有的却能"举一反三""自学成才"，有的"资质平平但虚心学习"，有

---

① LAKOFF G, JOHNSON M. Metaphors we live by [M]. Chicago：University of Chicago Press，1980：158.

② 甘莅豪. 媒介话语分析的认知途径：中美报道南海问题的隐喻建构 [J]. 国际新闻界，2011，33（8）：83 - 90.

的却"愚笨而自大"。能力高的被称为"学霸"和"好学生",能力差的被称为"学渣",某项表现特别突出的被称为"科代表"。

(二) 疫情暴发的隐喻

例3 武汉是我刚工作那几年出差最多的城市,其实她只不过是个上课被点名答一道超纲题的孩子,三月樱花就要开了,疫情你快点走好吗?(@桔梗小花花,2月6日)

例4 疫情大考,中国是突击考试,虽有慌乱,但总体成绩不错。(@看不见村的王二狗,3月14日)

新冠病毒给人类"上了一课"。疫情在中国的暴发是"突击考试",未曾有任何事先通知;是"闭卷考试",未曾有任何可供借鉴参考的经验。在中国抗疫两个月后,中国经验已经能够提供参考,因而外国面临的是"开卷考试";"题目与中国不尽相同",但"试卷简单"。

(三) 国内外应对疫情的隐喻

例5 目前,虽然国内疫情有所好转,但国外疫情形势却日益严峻,意大利埋头抄作业,而英国则提出"群体免疫",直接交白卷。(@沈宇松,3月18日)

例6 严峻的情况下,德国拦截了瑞士24万只口罩,叫你们抄作业,不是学作弊好吗?(@来点石锤,3月9日)

河南应对疫情的防控措施出台早、方式多、执行严、效果好,被网友誉为"标准答案",借鉴河南措施就是最早的"抄作业"。中国两个多月的抗疫累积了众多经验,疫情在世界范围传播后,网友喊话世界各国"抄"中国作业。但各国反映不一,有的"拒绝抄作业",有的"偷偷抄作业",有的"抄错作业",有的"抄错后再改作业",有的"抄作业"能"举一反三",有的则"生搬硬套",有的则直接"交白卷""罢考",还有的干脆将考题改成"自由命题"。

（四）疫情结果的隐喻

例7　疫情显然是道"超纲题"，考查的却是基本功。基本功扎实，就能有惊无险过关。（@心理东郭，3月14日）

例8　……韩国日本抄作业不及格；……还有伊朗以色列，对这些国家处理疫情的能力持怀疑态度啊。（@斤欠o，2月24日）

中国在世界范围内最早控制疫情，表现"优秀"，有的国家则"不及格"。有的通过"抄作业"，也能成功"考上大学"。有的疫情反复，来回"补考"。

通过一系列的隐喻集合，网友重新架构了一个与战争完全不同的新冠肺炎疫情故事。病毒不是需要消灭的"敌人"，而是出题为难学生的考官；各级（各国）政府不是共同合作参与一场战争，而是一起出席一场考试；结果没有"你死我活"的危险与紧迫，至多是"有人欢喜有人忧"。

二、故事与效果：课堂隐喻的新冠肺炎疫情建构分析

隐喻不会只是一种特殊的、个别的修辞；相反，隐喻相互之间有着丰富的系统联系，它们从认知层面提供新的看待事物的方式。[①] 在网友架构的"全球统考"故事安排中，课堂隐喻对疫情传播解释与传统媒体常用的战争隐喻系统表现出不同的认识框架，并对抗疫行为产生不同影响。

（一）隐形的病毒和无力的动员

战争隐喻用于公共卫生事件的传播，常常把病毒塑造为"敌人"，对"敌人"的特点有一系列的描述，并由此建构起应对"敌人"的措施。在传统媒体报道的战争隐喻中，病毒是"魔鬼"，它"狡猾而凶残"，在武汉，它"藏匿"在城市的某个角落。它"袭击""入侵"城市，并给人们上了"紧箍咒"，起初它造成大量人员"死亡"。医生、病人在它的"打击"下，纷纷"倒下""牺牲"。敌人的"凶猛"激发了人们紧急应对和团结战斗的氛围，

---

① 邓育仁，孙式文. 隐喻框架：台湾政治新闻里的路途隐喻［J］. 新闻学研究，2001（67）：1 - 30.

各级政府和相关部门成立"指挥部"，紧急"部署"各种"作战方案"；医护人员、工作人员、党员、志愿者等"战士""上前线""阻击"敌人，"保卫"武汉。各种"围堵""控制""消灭"敌人的非常规手段，包括"宣布紧急状态"，"封锁"道路，"临时征用""紧急调用"社会物资，甚至"拦截""抢夺"物资等都在战争的语境下被合理化。在高度紧张和恐惧的社会氛围中，人们很快被动员起来，"严阵以待""多兵作战""四面出击"。

与战争隐喻框架相比，在课堂隐喻框架中，少有对病毒的直接描绘。课堂隐喻的网络建构并不直接将教师或考官直接映射到病毒上，而是"通过具体要素的类比进行分段式框架，从而暗示两个域之间的整体联系"[①]。疫情是"考卷""难题""作业"，自然存在布置作业或出卷的教师或考官。然而，疫情暴发从"闭卷"到"开卷"，考验形式变化的背后，作为终极考官的病毒，其形象和特点在网友们的陈述与评价中自始至终就是缺失的。病毒形象的缺失并不利于人们直观地了解病毒及其危害程度。虽然存在一个隐形的"考官"，但生活经验中的"考官"与我们是同类，地位和权力上的差异甚至要求我们要尊重、敬畏他，而不是"对抗"与"消灭"。这样的关系映射直接导致课堂隐喻框架对整个疫情应对过程的描述是苍白和无力的，致使其难以像战争隐喻那样组织和整合各种社会资源。面对病毒"考官"的百般考验和为难，人类的应对方式只有乖乖"答题"与偷偷"抄作业"。这种被动应对显示了人类在自然面前的无奈和渺小，也不利于发挥人抗击疫情的主观能动性。温和的课堂话语体系虽然能够缓和战争隐喻在应对公共卫生事件中的恐慌情绪，但也会带来麻痹大意、降低动员效率的风险，毕竟"交白卷"的结果也不至于有"牺牲"和"伤亡"。甚至，罔顾具体语境而盲目复制他人经验会带来"抄错作业"的风险，并不利于各地（国）政府因地制宜应对疫情。在疫情国际传播的过程中，网友盲目喊话别国"抄作业"甚至被国外媒体解读为中国借疫情推销"中国模式"，强行向他国推销国家意识形态。这反而在疫情传播的风险上叠加了政治风险。

---

① 文旭，叶狂. 概念隐喻的系统性和连贯性 [J]. 外语学刊，2003（3）：1-7.

（二）正面的中国形象与复杂的疫情政治

例9　中国：我花了巨大的代价总结的经验，你们快学起来。意大利：我学到封城了！日本：我刚学到学校停课！顺便恶心一下韩国！韩国：我学到进行大量检测了！顺便恶心一下日本！德国：我刚学大理去抢别人物资了！英国：我学到"可防可控"了！美国：我学到万人宴那里！中国：……（@LOIAO亮鸟，3月12日）

在突发公共卫生事件或重大灾难事件中，传统媒体常常凭借战争隐喻"构筑以国家和党组织为核心的防御战争"，塑造医护人员、政府"战地英雄"的正面形象。① 与战争隐喻一样，课堂隐喻同样被大多数网友用于塑造中国政府的正面形象。中国的疫情应对被大多数网友树为"标准答案""满分作业"，中国被塑造成"学霸""优秀学生"，虽然在"开考"的时候有点"慌乱"，但最终"成绩优异"，还主动分享考试经验，为全球提供公共产品。

课堂隐喻同样被网友用于批评政府的工作，如武汉地方政府的慌乱应对也曾被网友贴上"学渣"的标签，批评其不会抄河南、广东的作业，但在310个与"抄作业"有关的语料中，86%的隐喻用于表达正面、支持的态度，只有14%的隐喻用于表达负面和不支持的态度。

课堂隐喻还通过班级中的同学关系映射，建构了中国与其他国家的国际关系，展示了当今各个国家间的政治图景，彰显了网民对国家实力的自信。在网友建构的国际班级中，俄罗斯是与中国"一个班的同学"，是"能在一起做作业的"；美国是超级"学霸"，即便自己"做错题"也"拒绝抄作业"，见不得中国"成绩超过她"；欧洲各国，实力逐渐下滑，但"内心依然骄傲"，一开始是"不情愿抄作业"，最后不得以"偷偷抄作业"。然而，在疫情扩散至全球，需要各国通力合作时，这样的课堂关系隐喻在人类命运共同体内部划分了阵营与派别，并不利于应对疫情所需要的团结和动员。

---

① 刘子珺，闫岩. 创伤、战争、起点与新生："汶川地震十年"纪念报道中的叙事隐喻［J］. 新闻与传播评论，2019（6）：68－79.

（三）课堂隐喻难以替代战争隐喻

上述分析表明，课堂隐喻有利于描述疫情应对的过程，然而它难以提高人们对病毒的认知并开展有效动员。实际上，网友在使用"抄作业"隐喻的同时，还在文本中使用其他隐喻，形成"复合隐喻"。所谓复合隐喻，是两个或两个以上互不协调、互不相容的隐喻结合在一起，功能是将不相关的喻体聚焦于同一个主体，有助于认知互补并增强语篇的阐释力。① 在 310 个语料中，网友复合使用了包括人体、道路、家庭、机器、战争、控制在内的多种隐喻，但使用最多的依然是战争隐喻。新冠肺炎疫情中微博用户的隐喻使用如表 1 所示。

表 1　新冠肺炎疫情中微博用户的隐喻使用

隐喻	次数	主题词	议题
人体	9	独善其身、忍一时之痛、恢复	病毒的破坏
道路	11	走、弯路、重蹈覆辙	应对中的教训
家庭	20	一家人、父母官、兔哥哥、孩子	应对中的动员
机器	6	安卓手机、苹果手机、操作系统、App、重启	应对困难
控制	36	蔓延、遏制、备案、监管、执行	应对困难和应对过程
战争	38	打响第一枪、胜利、没有硝烟的战争、作战图、战斗	应对中的动员

课堂隐喻在"病毒的破坏""应对中的动员"等疫情议题上表现不佳，反而需要其他隐喻的支持。传统媒体常用的"战争""家庭"和"控制"隐喻依然有相对较高的使用频率。这说明，战争隐喻尽管有各种弊端，但其在突发公共卫生事件中强大的动员作用确实难以被替代。

三、课堂隐喻的网络媒介文化分析

课堂隐喻用于突发公共卫生事件是一个全新的媒介文化现象，它建构了

---

① 王丽丽. 复合隐喻的认知心理图式 [J]. 外语学刊, 2010 (6): 49–52.

一套新的有关公共卫生事件应对的故事框架，背后反映了网络媒介文化的变化。

（一）新冠肺炎疫情中的课堂隐喻源于知识社区与知识付费商业模式共建的"网络课堂"文化

依托移动互联网和智能手机技术，网络成为广大青年获取知识的主要渠道，并由此自发形成了知识社群。早期先是部分青年学生将大学名师课堂视频搬运并分享至网络社交平台，吸引大批网络受众，形成网络"蹭课"现象。与研究生入学考试和高考政治科目关系密切，且具有新闻时事效应的课程视频受到青年学生和普通白领追捧，在社交软件弹幕功能的助力下，产生了最早的课堂文化网络流行语。随后，一些商业新闻网站平台开始与专家学者合作，开设专栏视频，举办讲座，以此吸引青年观众注意力，一些平台甚至开设付费课堂与讲座。在资本的诱导下，越来越多的个人开始加入这个知识生产、传播与变现的商业模式中。在线课堂和知识付费模式的共振为青年群体创造了共同的文化空间，使得课堂用语在网络虚拟社群中蔓延开来。

我们在 310 个微博样本用户中选取了 20 位用户进行网络访谈。其中，有5 名在校学生以及 2 名毕业不到 3 年的企业白领，在谈及使用"抄作业"隐喻的初衷时都提到了在 B 站 "蹭课"的经历。一位受访者认为，"抄作业"是很常用的网络用语。在网络学习社区中，带有权威性质的人被称为"老师"，如川普老师（特朗普总统）；学习的行为被称为"抄作业"；需要强调的东西被称为"画重点""敲黑板"。疫情应对过程需要各国相互借鉴学习，所以很自然就想到了"抄作业"。一位在新媒体文化公司工作的受访者指出，网络学习社区所形成的松散的"师生关系"不像现实环境中那么具有竞争性，不会给人造成语言压迫感，因而很容易流行，也可以用在很多地方。

布尔迪厄曾以电视生产为例，指出新闻场容易受到来自政治、经济、文化及科学等多个场域的控制或影响，同时新闻场也会反过来影响其他文化生产场域。① 课堂是青年感知世界的一种方式。课堂话语以知识消费的方式，在网络技术和商业资本的共同推动下逐渐向其他领域延伸，并在此次疫情传播中改造和重塑了公共卫生事件的话语方式与结构。

---

① 皮埃尔·布尔迪厄. 关于电视 [M]. 许钧，译. 南京：南京大学出版社，2011：59-60.

（二）课堂隐喻与自媒体共同赋能网民参与公共事务

网友比传统媒体更热衷于使用课堂隐喻来建构新冠肺炎疫情的传播。他们把病毒建构为出题的考官，把政府和国家建构为参与考试的学生，自己则化身为场外的"巡考"。这些"巡考"密切监视着考生，不时向考生喊话，对考生的考试行为做出"优秀"或"作弊"等评价。在这场考试中，病毒作为考官是隐形而神秘的，它"不可见"，因而不重要；网友作为"巡考"虽然不出题，但他们无处不在。接受访谈的 20 位网友普遍认同微博在疫情应对中所起的舆论监督作用。一位安徽的微博用户承认，当初由于安徽防控不力，感染人数上升较快，自己倍感焦虑，于是在微博上@"安徽省人民政府发布"喊话"抄作业"，目的是想让他们借鉴河南的防控举措。这微博获得不少网友的点赞转发，这让其本人觉得为疫情贡献了自己的力量。

网络自媒体赋予公众监督公权力机关的渠道，降低了参与门槛，扩大了监督范围。相对于传统媒体的监督，网络自媒体监督突破了行政条块分割对传统媒体级别、行业和地域的限制壁垒，监督对象的层级限制不复存在。这种监督方式类似于校园统考中的巡考，对所有班级、年级进行无差别监督，契合了课堂文化，符合青年学生的认知。考官身份的自我赋能使网民更热衷于使用课堂隐喻参与抗疫的公共讨论。

（三）网络新闻生产方式强化了课堂隐喻的使用与传播

社交媒介技术的介入让各类机构和个人都可以成为信息生产者。传统专业媒体、政府和各类机构部门、个人等都可以在社交平台上进行信息生产与传播，共同构成当下信息传播生态系统。

在我们搜索的 310 个语料样本中，除去大部分的个人账号，还包括了"山西都市频道"这样的传统新闻媒体、"数科世界"这样的垂直行业媒体、"丹南政法委"这样的政府机构媒体。从课堂隐喻使用的时间线来看，最早使用"抄作业"的是个人账号"@梦阿姨的烊崽崽"，其在 2020 年 1 月 24 日发布微博，恳请安徽省政府"抄"河南作业。几个小时后，"封面新闻"就在微博中使用了"抄作业"隐喻。"封面新闻"是华西都市报社与阿里集团合作的成果，借助数据挖掘、机器学习与写作、兴趣推荐算法等技术最早在疫情信息传播中捕捉到了社交媒体中的"抄作业"这个热词，并迅速借用至自身的新闻信息发布中。随后几日，其他传统综合类新闻媒体社交账号也纷纷使用"抄作业"一词。一位负责街道办事处微博的受访者承认，使用"抄作业"是因为看到大家都在用。到2020年2月中旬，这一隐喻以热词的形式扩散到其他行业媒体和政府机构媒体。自此以后，"抄作业"已然成为网络世界中描述疫情传播与应对的重要隐喻。课堂隐喻在新冠肺炎疫情中的扩散遵循了从网络自媒体到专业媒体再到机构媒体的路线。

在课堂隐喻扩散的过程中，最早对"抄作业"隐喻适用性提出质疑的是个人账号；最早将"抄作业"用于描述负面信息，表达否定态度的也是个人账号。突发性公共卫生事件隐喻的创造性使用、隐喻对新事件的灵活性解释均源于网络自媒体。换言之，网络自媒体不仅提供架构突发公共卫生事件叙述的新框架，而且在新框架范围内提供了多元的观点和立场。然而，专业媒体和其他机构媒体对课堂隐喻的使用大多只体现在对"抄作业"这个热词的简单挪用上，对于课堂隐喻包含的其他主题词汇和词汇的多样性使用并没有大规模复制。网络自媒体由于没有专业规范的约束，稍显随意率性，专业媒体和机构媒体在使用课堂隐喻时保持了一定的警惕。

四、结语

隐喻在突发公共卫生事件中扮演重要角色，它决定了人们对疫情的认知和行动方向。学者们一直在尝试寻找战争之外的隐喻，以平衡军事隐喻的负面效果。以"抄作业"为代表的课堂隐喻是本次抗击新冠肺炎疫情中产生的全新隐喻，它建构了作为考生的政府应对作为考官的病毒，出席全球统考的故事。它平衡了军事隐喻的恐慌气氛，建构了作为抗疫主体的政府的正面形象。然而，它缺乏对新病毒的建构，不利于人们对新病毒的认知；对应对动员缺乏有力的建构，也不能完全避免疫情应对过程中的"污名化"。

课堂隐喻在此次抗击新冠肺炎疫情中的流行与新闻业的变革、新闻生态系统重构有关。在线公开教育运动的兴起在青年群体中掀起了网络蹭课的热潮，自媒体技术的介入赋予公众加入知识传播的权利和途径，在商业资本的助力下，在线课堂成为青年群体获得知识的重要途径，并由此形成规模庞大的网络知识社群和一套课堂网络用语。这套课堂用语成为青年群体认识和评价世界的语言框架，并外溢蔓延至新冠肺炎疫情的传播中，成为青年网民架构新冠肺炎疫情传播的重要隐喻。青年群体的大规模使用让"抄作业"成为网络热词，在大数据挖掘、算法推荐等新闻生产技术的加持下被传统媒体和其他机构媒体捕捉，并迅速被挪用和扩散，成为网络媒体建构新冠肺炎疫情叙事的重要框架。但是，专业媒体在"收编"网络用语时依然保持了一定的警惕性。

　　隐喻是启发、解释、理解的概念工具，课堂隐喻的使用将重新构筑人们对疫情风险的认知框架。课堂隐喻用于突发公共卫生事件的传播尚刚刚开始，未来是否会被专业新闻媒体大规模使用，会对公共卫生事件的各类参与主体产生什么影响，这些问题都将值得我们继续关注。

"智能搜索"环境下的网络舆情把控
和信息传播风险防范

王子昕[①]

一、"智能搜索"给网络环境带来的优势变革

新媒体时代的全面到来，改变着我们每一个人的生活，传统媒体垄断传播的优势逐渐消亡，新媒体多种形态的传播方式和技术革命带来的巨大变革改变着我们每一个人的生活方式和信息获取方式。时下占据民众碎片化时间的短视频平台——抖音，从它原本的娱乐化属性逐步增加了信息传播属性和新闻属性，成为新媒体传播的新型主流渠道。微博、微信继续在互联网新媒体的舆情和信息传播中扮演愈来愈重要的角色。随着"人工智能"和"智能搜索"技术的进一步发展，新媒体传播的效力也发生了翻天覆地的变化。从原来的被动接收到现在的选择性接收以及大数据智能算法推荐，几乎所有的新闻客户端都跟随着字节跳动旗下的"今日头条"和"抖音"进入了由大数据算法推荐的"智能搜索""优化推荐"新模式。每个用户打开相关客户端时看到的，除了国家重要新闻智能置顶外，都是后台人工智能系统通过积累的用户习惯和偏好智能搜索而进行推送的新闻内容和短视频内容。用户个体获取的信息都是各不相同的内容和类型，智能搜索结合大数据算法彻底改变了传统信息传播的传导模式。从过去的媒体根据经验、政策、媒体需求将信息传播给大众，变成了现在的根据受众个体的个人偏好和大数据智能搜索推荐给每一个受众应该关心、喜欢、感兴趣的信息和内容。通过上述事实，我们看到，"智能搜索"这一项新技术的诞生给网络舆论环境带来了巨大的

[①] 作者简介：王子昕，博士，广东海洋大学文学与新闻传播学院讲师。

改变。

第一个变革是变被动接收为智能主动推荐。不同于传统的搜索总是被动模式化地反馈用户的搜索内容和结果，智能搜索体现了相当强的主动性，它能根据用户的个性偏好，智能识别兴趣特点，理解语言内容，筛选和推送重点信息，可以进行声音、图像、照片、综合智能搜索，搜索的结果不仅更贴近用户的内心需要，而且更加人性化，响应速度更快，搜索效率更高，注重提高知识和服务。

第二个变革是增强个性化。智能搜索技术依托大数据智能学习算法，通过深度学习每个用户的浏览记录、地理位置、内容主题等大数据信息数据，为用户进行"画像"，把用户急迫需要和最感兴趣的内容优先推荐给用户。20世纪90年代，美国著名学者尼古拉斯·尼葛洛庞蒂在《数字化生存》一书中预言个性化信息获取的可能，并将其命名为"我的日报"。现在他的预言实现了，智能搜索技术给用户呈现的就是一个又一个"我的搜索"。

第三个变革是互动化。智能搜索通过大数据算法把众多用户的数据关联起来，如在搜索某些话题的时候会把你的朋友圈关于此内容的意见和看法优先推荐给你。这样的功能已经应用于Facebook、微博、微信等主流社交平台上了。谷歌、微软、百度、360等专业搜索引擎也将社交属性内容纳入搜索结果当中。

主动推荐的服务姿态、增强个性化的用户画像和互动化的信息关联，大大提升了智能搜索信息的精确度和方便性，这样信息的供需关系更加自然流畅，也让搜索变得更加随心和舒适。

二、"智能搜索"给网络环境带来的负面危机

所有事物都具有两面性，智能搜索技术的出现，给网络舆情带来了巨大的风险和挑战。众多的网民用户自然地会追求个人兴趣，无视信息的多样性特征，致使智能搜索程序的个性化推荐会自动迎合用户的兴趣需求，过滤用户不感兴趣的内容信息，窄化用户的信息获取范围。智能搜索会通过用户的个人信息、浏览习惯、搜索历史等内容进行算法程序运算，通过智能的用户画像给出用户的偏好搜索结果和信息。这样的操作有其优点，但是这也意味着用户在智能搜索系统中搜索的任何问题，所得到结果都是机器算法给他的

个性化的、有针对性的、封闭性的结果和内容。这样对于传统主流意识形态的网络呈现造成了巨大冲击。例如，2020年初新冠肺炎疫情暴发初期的李文亮事件，当某些用户搜索这个话题的时候，一旦他的用户画像告诉智能系统他不喜欢传统主流媒体的观点，智能搜索就会进行判定并且不呈现主流媒体来源的搜索结果。于是，他看到的都是政府应对疫情不利的信息，央视之前宣传的李文亮被拘留等负面的报道内容。在这样的舆论环境下，对政府的公信力等重要的正面舆论引导就直接被过滤掉了。意识形态的传播力、吸引力都是基于意识形态的覆盖能力，这样大大降低了主流意识形态的覆盖能力，很容易造成主流媒体在公共事件和主流价值观传达上的"失语"与"失众"，对国家的意识形态安全造成危害。

另外，基于智能搜索的互动化，大数据会把更多用户的朋友圈群体的信息呈现给用户，这样就会在网络环境中形成一个个朋友圈层的意见领袖，在针对某些热点事件和敏感话题的讨论时，智能搜索也会优先把朋友圈层意见领袖的观点信息传递给用户，这样朋友圈层意见领袖的信息就会排序在主流媒体之前到达用户。然而，朋友圈层意见领袖不一定具有良好的新闻素养和正确的价值判断能力。他们经常容易夸大或者放大公共事件和社会舆论的负面效应，导致网络环境的极端化，弱化主流价值导向的正确引导功能。

基于智能搜索技术的成熟，其给运营商带来了更大的广告商机。无论是传统的搜索引擎谷歌、百度一类，还是新兴的新媒体新闻客户端以及短视频平台，都利用智能搜索的优先推荐作为自己的广告盈利商业价值。例如，众多企业会把广告费用投放到百度进行推广，让自己的产品或企业在用户搜索相关关键词时出现在第一页的搜索结果中，又如抖音的个人或企业账号付费给平台，推广自己的某一条或某一些短视频以获得更大的流量。基于这样的商业利益驱使，很多智能搜索的终端都把平台的利益放到了首位，这样就对网络空间的舆论导线和主流价值观把控造成了很大的威胁。大多数智能搜索追求的更多是热度，而不是真正的内容质量和正确的价值引导。

三、"智能搜索"环境下的舆情和信息传播风险

伴随着智能搜索而增加的舆情风险，首先应该从"智能搜索"上做文章。由于现阶段还是"人工智能"的发展时期，很多技术的研发还在如火如荼地

进行着，国家出于鼓励发展的考虑没有有效地出台相关的法律法规进行限制和管理。但是对于"智能搜索"这一领域，现在务必要尽快出台相关法律法规规范管理，各个具有智能搜索功能的网络平台、网站、手机 App、搜索引擎，要从源头编码和设计控制上避免智能搜索推荐完全根据用户画像进行内容推荐，凡涉及价值导向、社会公共事件等敏感问题和内容的必须优先推荐主流媒体的主流内容给用户，合理把控好用户画像推荐内容和国家主流内容的推送次序与推送比例。国家网信办要全面参与各类网络信息平台的原始编码把关工作，切实要求各个新媒体平台坚决执行国家的法律法规和相关规定。把现在的"热搜"真正转变为"好搜""搜好"。让党和政府重新掌握网络与新媒体的舆论高地。宣扬主流的社会主义核心价值观，把控住"智能搜索"环境下的网络舆情技术源头。尽力从技术根源上避免负能量的隐形传播。

"智能搜索"网络环境下舆情主体的特殊性表现在以下几个方面：网民本身的构成形形色色，整体呈现思想活跃、善于接受新鲜事物的总体特点。尤其是喜欢在网上发表观点和言论的人，更是善于展示自己的个性特点。第 48 次《中国互联网络发展状况统计报告》[①] 中显示：到 2020 年底，我国网民规模接近 10 亿，中青年占比人数达到 21%。而这部分群体大多尚未形成完善的人生观和正确的价值判断能力，辨别是非的能力差，极易被不良信息误导和煽动情绪，然而"智能搜索"的网络环境在某种程度上助长了这种负面效应的生成，如果完全按照算法的推送，这部分活跃的青年网民群体获得了比以往更大量的负面舆情信息相关内容的推送，对整个网络传播的舆情风险的增加可以说是雪上加霜。因此，在用户画像的算法中加入针对不同年龄层的舆情预警推荐机制迫在眉睫。如何出台有效的根据网民用户年龄和认知能力自动调整推荐内容的机制是政府网络监管部门、网络媒体传播体系各个传播主体应该关注的，在此项问题上，他们无论从政策层面还是从技术层面都应该进一步加强和完善。

网络环境本身就是一个虚拟的社交环境，近乎每个网络用户都可以尽情、自由地发表自己的思想和观点，不受到身份地位的约束，从某种程度上做到了"人人平等"。然而，正是这样的"人人平等"很容易让网民在网络中对

① 第 48 次《中国互联网络发展状况统计报告》发布 ［EB/OL］. (2021 - 08 - 27). https：//politics. gmw. cn/2021 -08/17/content_35116548. htm.

自身角色产生严重的"认知偏差"。发表了能引起争议的言论或是某一条短视频而点赞量激增，就把自我画像定义为受人追捧的网络意见领袖。"智能搜索"环境为其构架的网络朋友圈层会放大这样的效果。造成很多所谓的"网红大V"不断膨胀，为了获取更多流量，对一些敏感事件和突发事件或刻意夸大或以偏概全进行评论，引导舆论倾向，进而引发更大的舆情危机。建立"智能搜索"网络环境下的大流量用户的健康舆论引导和管理机制也是网络舆论工作的又一个重点领域。

四、基于"智能搜索"环境，完善网络舆情的应对机制

首先，合理利用"智能搜索"技术解决"智能搜索"带来的舆情风险和危机。从根本上来看，"智能搜索"属于人工智能新技术，但是决定这项技术的仍然是人而不是机器。由于这项技术引起和增强的舆论风险本身可通过这项技术来控制、消除和优化，我们完全可以利用这项技术开发全新的舆情智能监控技术，靠人工智能更准确地过滤掉具有舆情风险的信息内容和信息传播行为。基于"智能搜索"技术建立全新的网络舆情检测平台，随时分析可能存在的舆论风险，建立舆情预警和反馈机制，为及时做出舆情正确引导和化解舆情风险提供警示与建议。建立网络舆情"智能搜索"平台，对舆情的发展过程进行全方位监控和数据反馈，对于关键节点和影响因子高的网民个体进行准确的舆情管控和报警机制，让政府网络监管部门能够第一时间进行准确的危机公关和舆情管控。平台的建立需要集合具备良好新闻素养和政治敏锐性的传媒行业专门人才，以及网络计算机技术的专业人才，由他们组建全新的复合型人才团队，以政府为主导、新媒体行业经济实体积极参与配合，打造一支自上而下的高素质网络舆情监管处理团队，搭建并管理好每一个层级的基于"智能搜索"技术的网络舆情监管平台。让"智能搜索"环境发挥更多正面的优势意义。

其次，政府要完善立法及加强网络"智能搜索"相关范畴的管理和治理规定。作为国家的管理部门，政府必须有针对性地对"智能搜索"带来的网络舆情风险进行控制和治理。各级政府相关部门要投入人力、物力搭建或更新各层级的网络监管平台，履行好基于"智能搜索"环境的网络审查和监督责任。同时，应该引导好我国的网民配合平台和政府一同履行社会监督的职

能，加大宣传教育的深度和广度，为祖国和人民塑造一个价值导向正确、舆论发展健康的网络空间。此外，要构建好问责机制，严格依据相关法律法规对在敏感舆情传播过程中无中生有、恶意中伤以及造谣污蔑的网民个体和团体严肃追责，依法惩处。

最后，加强教育宣传的途径和渠道，培养大众的"智能搜索"时代的媒介素养。虽然说环境造就一个人，但是人才是创造环境的主体。在网络环境中，每一位网民才是构成网络舆论的主体和核心。当前的很多网民对"智能搜索"这项技术及其给网络环境带来的改变并不是很了解，而且个体缺乏媒体素养的情况严重，有时候不经意间就错误引导了舆论，引发了舆情。除了政府以外，众多互联网企业、新媒体企业、相关行业协会等组织以及各级学校都应参与网络意识形态宣传教育这项工作。大范围、多渠道地对广大网民进行从内而外的教育和引导至关重要，让网民们清楚地认识和理解"智能搜索"带给整个网络的舆情风险倾向，切实提高每一个人的信息鉴别能力，才是确保网络舆情健康发展的长远之计。

五、结语

基于"智能搜索"技术的发展，如今的网络环境发生了翻天覆地的变化，网络环境更加复杂，以此引发的新的网络舆论风险给网络环境、政治环境、社会环境带来了新的挑战。对于一项新技术的诞生和发展，我们在享受其带来的便捷和快乐的同时，也必须清醒地认识到它带来的负面影响，积极应对，努力革新，才能使这项新技术更好地服务社会和人民。小到每一个网络用户，大到党中央各级党委，共同减少和化解"智能搜索"技术带来的舆情风险，同时这需要全社会共同的参与和努力。着眼当下，"智能搜索"技术还在不断发展中，未来会有新的挑战与危机出现。只要我们每一个人保持清醒的头脑，通力合作，共同面对各种挑战和风险，保证用主流价值观、主流意识形态引导整个网络空间，不断革新技术，我们一定会打造并维护好具有中国特色社会主义的风清气正的网络环境。

短视频中的"隐秘营销"

——以"抖音"平台为例

刘钟瞳①

一、短视频营销的现状

进入 2022 年，2019 新型冠状病毒在全球变异，又一次在春节前夕让全国人民神经绷紧。伴随着疫情的一波未平一波又起，短视频却在这几年特殊的防疫环境下成为人们打发隔离等碎片化时间的法宝。随着 5G 技术的发展和新媒体市场的逐渐成熟，广告市场大踏步地从传统媒体向新媒体倾斜。2021 年底，中国汽车生产的标杆企业——比亚迪在深圳举办媒体答谢年会，一反常态邀请的全部是全国抖音短视频领域的"说车大 V"。从这个侧面，我们清楚地认识到新媒体营销正在成为广告营销的主要阵地，而短视频营销则是新媒体营销的热门之地。当前，我国最热门的短视频平台有抖音、微视、快手、西瓜视频、美拍等，它们自然也成为短视频营销的热门阵地。抖音是现在短视频平台中影响力最大、传播力最强、用户数量最多的具有垄断性优势的短视频平台，自然成了短视频营销的最主要市场，其现状和特点具有代表性。短视频营销最早由西方学者提出，而现在全世界最大的短视频营销市场是中国。营销模式也由原来的传统模式转变为现在的场景化营销模式。所谓场景化营销模式就是通过短视频为消费者提供不同的场景体验，模拟消费环境，现场分享体验感，进而达到营销的目的。近年来，崛起的一个又一个"网红大 V"流量明星，也用客观事实证明了短视频营销在新媒体时代逐渐彰显了越来越主流的营销作用。短视频这种从诞生开始就飞速生长发展的媒体形式改变了我们每一个人的生活。它有与众不同的传播特点和营销特性。

---

① 作者简介：刘钟瞳，博士，广东海洋大学文学与新闻传播学院讲师。

一是全民参与。每个用户既是信息的接收者，也是内容的生产者和传播者。因为短视频平台从技术上打破了壁垒，每个人的智能手机都可以随时随地进行拍摄和制作短视频。平台准入门槛低，任何人都可以在短视频中融入各类主题内容进行短视频制作并上传，只要内容不违背基本规则和相关法律，短视频平台的初审发布非常宽松。由于短视频平台的社交功能，我们的通信录好友、微信好友可以第一时间获得系统的自动推荐，他们可以看到我们上传的作品。从某种程度上短视频平台也是一个社交软件，好友之间可以直接互发信息和对话等，这无形之中就拉近了每一位用户对平台的信任感和亲切感。根据营销学理论，信任感和亲切感是树立意见领袖的关键性因素。

二是基于用户画像的算法推荐，使短视频营销的精准性更高、目标受众更精确，从某种程度上做到了精准营销。随着大数据技术和人工智能技术的发展与应用，抖音等短视频平台采用大数据算法进行智能推送，根据每位用户的年龄、观看习惯、观看内容类型的时间分配比例等数据进行智能算法推荐，大数据算法为每一位用户都进行了用户画像，智能推荐用户感兴趣或可能需要的信息和内容。那么在营销的过程中，相当于把每一个消费者拉进了其最有可能消费的市场，对其展开营销活动，其营销成效可见一斑。

三是互动性强。每位用户都会为自己喜欢或者关心的短视频点赞、评论、关注、转发等。从传播学角度来看，每一个用户既是传播点，也是接收点，每一个用户都可以对内容传播进行再加工。短视频平台本身又通过强大的美颜、美妆功能极大地优化了人们在短视频中的形象，让众多平时生活中对自己形象不自信的人也增强了勇气，大胆尝试在短视频当中露脸。此外，还有视觉特效等小游戏功能吸引了更多人群参与，在增强了互动性的同时，也提高了短视频平台的营销效力。

基于以上三个特点，短视频营销主要呈现以下几种形式。一是将涉及营销的内容快速地复制并传递给更多的受众，利用目标受众的人际网络来传播营销内容的"病毒式"营销方式。二是为降低受众对广告内容的抵触情绪，避免用户将短视频直接划走，而把产品信息隐晦地和优质内容的短视频结合起来，很多时候用户看到最后才发现这是一条营销短视频。三是类似于影视植入广告的营销模式，在内容类短视频中出现明显的产品植入广告。

二、短视频营销中的"隐秘营销"

隐秘营销是一种非常注重受众接受度的营销传播技巧，它的传播方式是营销者使用各种技术，在影视作品、网络游戏以及短视频中嵌入更隐秘的营销传播内容。坚决反对公然地植入广告，让消费者感受不到这些内容是由销售者或传播者发起的营销广告。美国传播学专家凯加蒂专门总结了六种典型的隐秘营销技术，其中"名人口碑"是指名人利用公开活动、新闻发布、参与娱乐节目等机会，用名人的嘴较为随意地说起某产品的展示或者品牌的方式达到推广的目的。①明星或者"网红大V"等在短视频平台发布的短视频中以"自用物品"的方式进行所谓的分享，实际上就是短视频隐秘营销的惯用手法。本质上，他们就是在进行推广营销行为。下面分别以抖音平台的几种不同类型的短视频隐秘营销举例说明。

民以食为天，先来看美食类短视频。美食类短视频分为烹饪教学视频和探店视频两种。在烹饪教学视频中，整个视频中出现的锅碗瓢盆、柴米油盐都可以成为商品被陈列。厨房小家电是这一类视频中最常出现的隐秘营销商品。受众在观看被剪辑过的视频时，看着视频中的食材在几秒钟时间内便成为美食，往往产生一种自己与大厨之间只差一件电器的心理，让受众产生强烈的购买欲望。而探店短视频是在吃播的基础上增加了对店面介绍的内容，受众接受度高，反感度低。

再来看旅游类短视频的隐秘营销案例。伊犁文化旅游局副局长贺蛟龙骑马驰骋在河畔的视频一夜之间带火了伊犁旅游。从这条短视频的蹿红，可知短视频在旅游推广中的作用不容小觑。藏匿于旅游类短视频中的隐秘营销更是贯穿于整个视频当中。博主旅行过程中的衣食住行等一整套行程与产品都是受众复制的对象。这无疑给旅游产品中的附加产品起到了很大的隐秘营销的效果。

与美食类和旅游类短视频不同，测评类短视频是站在消费者的角度去真实展示种种测评数据和体验指标。然而，在这类短视频中隐秘营销依然无处不在。测评类短视频将同类型产品的成分、效果通过科技手段或者真人实验

---

① 侯宝振. 虚假广告中名人的侵权责任研究［J］. 商业文化，2009（8）：222–223.

进行对比，最终生成测评报告，将产品的优劣一目了然地呈现在受众面前。在对比分析一种同类型产品的过程中，将测评结果最优的某一款或几款产品无形之中软推广在受众眼前，让受众在数据、实验和鉴定的测评结果面前认定最优的产品就是最好的产品，这比其他方式的描述都有说服力。这种方式在科普知识的同时营销了产品，可以有效降低受众的抵触情绪，提高受众对产品的认可度。然而，测评的数据类型和指标偏好都是视频拍摄者与制作者选择的，是否能真实反映该产品的产品质量和功效，是否能全面客观地呈现同类产品品质和作用仍然具有不确定性。这也是消费者应该思考的关于隐秘营销的问题之一。

美妆类短视频也是一个重要的类型。无论是抖音还是快手平台，美妆类博主如雨后春笋般抢占流量。美妆类博主通过仿妆、模仿秀、趣味视频、化妆教学、测评产品等方式拍摄短视频，受众可以直接对博主使用的某一款化妆品产生兴趣，即便博主不在视频中讲述具体产品型号，粉丝也会在评论区"追问"，博主的回答就是此条视频中最隐秘的营销。甚至评论区的"追问"很多时候都是博主的"导演"行为。

三、抖音平台隐秘营销的利与弊

随着抖音短视频平台的用户量和网络流量的激增，越来越多的企业开始在抖音平台上投放广告，大肆开展营销行动。品牌方企业通过与抖音平台合作，共同打造各种各样的优质创意广告，其中也不乏隐秘营销的注入。从2020年开始，抖音平台持续强化明星效应，众多一线明星纷纷入驻，利用明星效应吸引大量粉丝，为平台带来流量。同时，平台给予明星和网络红人策划与扶持，因此网红、明星与平台之间合作的契合度也越来越高。这也为平台的隐秘营销提供了土壤。隐秘营销开始在平台大面积滋长起来。配合平台的智能算法和精准投放，隐秘营销成功的数据不断被刷新。另外，抖音平台于2017年收购了国外一款短视频软件 Musical. ly，将其更名为 TikTok，从此抖音进军海外市场。在改名为 TikTok 后，抖音在海外市场并没有单纯重复国内的抖音短视频运营模式，而是针对各个国家和地区不同的特色与文化，制定相应的营销创新策略。根据移动应用数据分析公司 Sensor Tower 在 2021 年 4 月底公布的数据，TikTok 的下载量蝉联全球移动应用季度冠军。疫情期间，抖音的全球下载量达到高峰。根据 2020 年第一季度数据可以看出下载量已达到 3.15 亿次，创下了全球任意一款 App 单季度的下载记录。抖音海外版在国际市场上的成功推广，展现出抖音强大的生命力，表明其在营销创新上逐渐走向成熟。当然，随之走出国门的也包括"隐秘营销"。随着抖音营销模式的成熟多样和市场的全球化扩大，变现方式也是五花八门：传统的广告变现、直播变现、电商变现，甚至包括知识变现。各种变现方式当中不乏隐秘营销的身影和功劳。

毫无疑问，隐秘营销行为无论是给商家还是平台都带来了丰厚的利润与可喜的营销宣传作用。然而，在一串串喜人的数字背后，存在的问题依旧不能忽视。首先，在法律层面，有些隐秘营销行为很难被界定为广告营销行为。而当产品出现质量问题等情况时，消费者在维权的时候无法证明明星或网红代言推销了该产品，有苦难言。根据《中华人民共和国广告法》第三十八条第一款规定，要求广告代言人"不得为其未使用过的商品或者未接受过的服务作推荐、证明"，即要求广告代言人须对其代言产品主观处于明知或应知状态，如果无法证明明知或应知，则不为该产品的代言人，也就无须承担法律责任，而由于缺乏明确解释，实务中难以举证的问题突出，"明知或应知"逐渐沦为虚假广告代言人的免责理由。有学者认为，对于主观事件的要求是事前使用并依据事实。即只要广告和事实存在不符点，广告代言人不能证明其也是在商家蒙蔽下引起认知偏差，就可以推定为"应当知道"的心理状态，行政机关只负有证明广告和事实不符的义务，而代言人应承担"不知或无从而知"的举证义务。在明星代言虚假广告侵权案件中，由于消费者和明星之间的经济实力差距，实践中同样存在举证能力和责任对比不均衡的问题。[①] 其次，抖音平台毕竟是一个商业实体，前期发展阶段大力追求"流量至上"是必然的，同时也不可避免地带来对一些内容审核不严的问题，尤其是隐秘营销方面的内容。新媒体平台中，粉丝与流量是催生经济效益最有力的工具，而个人流量与粉丝经济则是平台稳定获得财富的两大资源，但这也使得平台和用户愈发无限制地为谋求流量而忽视了方式。2019 年 1 月，中国网络视听节目服务协会在官网发布了《网络短视频平台管理规范》和《网络短视频内

---

① 2018 年 10 月 26 日实施的《中华人民共和国广告法》第五十六条第二款。

容审核标准细则》。其中,《网络短视频内容审核标准细则》包含100条审核标准。但目前打开抖音短视频平台,我们还是能看见一些"标题党"和"打擦边球"的视频,短视频的观看量、粉丝数、评论数以及商品销售额等数据成为行业竞争的基本要素。平台为更好地赚取粉丝经济带来的红利,采用各种手段,开通了通过充值可在平台正当合法获取流量的功能,美其名曰"合法正当",实则是为收割粉丝红利而衍生出的新路径。最后,隐秘营销的主体——网红主播的素质。由于主播这个行业是面向大众的,因此准入门槛低。各类主播都是"唯流量"论。不同层次的流量主播成为隐秘营销的生力军,隐秘营销的内容和产品也自然良莠不齐,导致很多消费者的维权难成为常态。许多消费者在短视频平台上购买的商品出现售后问题时,会因平台机制不完善、主播不受理等而维权困难,据国内唯一电商专业消费调解平台"电诉宝"受理的用户维权案例显示,新媒体平台商家存在商品质量差、货不对版、虚假促销等问题。

四、短视频平台隐秘营销的监管倡议

隐秘营销手段层出不穷,网友们也该逐渐成长,层层揭开隐秘营销的面纱,面对这种乱象,平台监管的升级显得尤为重要。2020年9月,抖音创作者大会在上海召开。抖音官方表示:过去一年,有超过2 200万人在抖音合计收入超过417亿元,未来一年,抖音希望把这个数字翻一番,让创作者们的收入达到800亿元。面对这一庞大的数字,作为短视频的播出平台,在营销广告的监管上应进一步细化。目前,国家为了对短视频进行监管,已发布了《网络短视频内容审核标准细则》和《网络短视频平台管理规范》,主要针对版权问题、未成年人监护问题以及内容审核问题给出了明确的规范。但是,在短视频软广告和隐秘营销上尚处于真空地带。短视频平台每天出产数量庞大且内容冗杂的作品,如再不加强监管,行业很难健康发展。平台应该给含有隐秘营销内容的视频贴上标签,一些年长的受众很难分辨出内容是营销视频还是分享视频,在购买商品时判断力会明显降低,平台明确的标注会让消费者对视频内容有明确判断,进而增加理性消费概率。希望抖音短视频平台真正能像口号中说的那样,给消费者和受众营造一个"快乐生活"的短视频网络环境,记录每一个用户"美好的生活"。

从《狼图腾》版权输出探讨
我国图书版权"走出去"的优化路径

刘才琴①

　　《狼图腾》是长江文艺出版社于 2004 年出版的一部以狼为主题的小说，由作家姜戎撰写。自出版后连续 16 个月稳居国内畅销书榜前三名、国内原创小说榜第一名，在国内外引发巨大反响。② 2005 年，企鹅出版社以 10% 的版税率和 10 万美元预付金买断了《狼图腾》的全球英文版权，《狼图腾》以高版税、高预付金额成功打入欧美主流图书市场。③ 随后，《狼图腾》被翻译成法语、德语、日语、西班牙语、意大利语、韩语、泰语、越南语、俄语、匈牙利语、芬兰语、土耳其语等 30 种语言，再加上企鹅出版社的全球英文版权，《狼图腾》的各种外文译本在全世界 100 多个国家和地区发行，其版权输出几乎覆盖了世界大部分地区。借助《纽约时报》《泰晤士报》等西方主流媒体的推介，引发了西方主流阅读群体、出版机构对该书的关注，从而促成版权合作。2015 年 2 月，根据小说改编的同名电影《狼图腾》上映，又一次带动了原著小说的销量。电影上映仅仅半个月，小说销量较前一月就激增 20倍。《狼图腾》作为近年来我国图书版权输出最具代表性的成功案例，其版权输出创多项国内第一，引发出版界对图书版权"走出去"的重视。

　　应当清醒认识到，在我国的版权输出历史上，《狼图腾》这样的成功案例极少，我国图书版权输出仍然存在一系列问题。

---

　　① 作者简介：刘才琴，广东海洋大学文学与新闻传播学院教师。
　　② 新浪新闻.《狼图腾》版权输出创多项国内第一［EB/OL］.（2005 - 11 - 03）［2021 - 01 - 20］. http://news. sina. com. cn/c/2005 - 11 - 03/06567345241s. shtml.
　　③ 曹文刚. 从《狼图腾》版权输出看中国当代文学对外翻译传播［J］. 中国出版，2016（19）：62.

一、我国图书版权输出存在的问题

根据国家版权局统计，2018 年我国图书输出版权总量为 12 778 项，同比减少 1 038 项，而 2017 年则同比增长 1 645 项。我国版权输出地区主要集中于美国、中国台湾地区、中国香港地区、韩国等。① 图书输出数量有所增长，但总体上与英国、美国等发达国家相比还有较大差距。目前，我国图书版权输出虽有发展，但更有不足，主要表现在以下几个方面。

（一）内容质量不高，原创能力不足

根据国家版权局近几年的统计数据，虽然我国每年有 1 万余项图书版权输出至境外，但国际市场对我国图书市场的印象还停留在出版《论语》《孙子兵法》《道德经》《红楼梦》《毛主席语录》等图书的层面。究其原因，还在于近年来我国输出的图书中缺少经典作品，较难获得国际市场青睐。虽然每年有大量新书出版，但是高质量原创图书少，其中适宜版权输出的更少。此外，目前我国图书版权输出在主题上集中于介绍国内旅游风光、名胜古迹、历史和医药等，反映当前国内政治、经济、文化、社会思潮等方面新发展的图书较少。这种输出内容质量不高和原创能力薄弱的情况无法产生具有国际竞争力的图书产品，不利于海外读者对我国政治、经济、文化和社会现状的了解，制约了我国图书和文化"走出去"的步伐。

（二）缺乏版权贸易专门人才和小语种翻译人才

版权贸易由于是跨国贸易，各国政治、经济、法律各不相同，情况复杂，工作难度大，对从业人员的综合素质要求高。目前我国已有 100 多所高校开设了编辑出版专业，但是还没有高校专门针对图书版权贸易来设计课程，而社会上也没有相应的培训。这导致从事版权贸易的专门人才稀少，专业能力欠缺。因此，缺乏版权贸易专门人才成为影响我国图书"走出去"的重要一环。此外，有的图书产品推介不出去不是原创问题，而是翻译问题，翻译人才的质量直接决定我国输出图书的质量。目前，我国输出国外的图书大多是

---

① 中华人民共和国国家版权局. 2018 年输出版权汇总表［EB/OL］.（2020 - 01 - 14）［2021 - 01 - 20］. http：//www. ncac. gov. cn/chinacopyright/contents/11942/411496. html.

由外国籍译者翻译，中国籍译者很少，外国籍译者即使是很优秀的汉学者，由于文化背景不同，加之我国历史悠久、国情复杂，他们对原文的翻译很难做到信、达、雅，翻译生硬，失去了原汁原味，国外读者无法领略原文的精髓与意蕴，影响了我国图书在海外市场的销量。优秀翻译人才尤其小语种翻译人才的匮乏，成为制约我国图书"走出去"的又一个重要原因。

（三）宣传渠道狭窄，营销乏力

互联网时代，信息过载，酒香更怕巷子深，营销宣传至关重要。图书版权输出不仅仅是图书的输出，更是文化的输出，因此营销宣传至关重要。而目前我国版权贸易交流与信息发布主要通过书展以及国际贸易平台等方式进行，与国际出版市场的互动较少，宣传渠道狭窄，宣传力度有限。国内一些大型出版机构设有版权贸易部门，负责追踪国际版权贸易动态，根据本社出书种类寻找国外同类型出版社，推销图书、洽谈版权输出事宜，但自建渠道工作效率低且成本高。而一些小型出版机构则主要依靠版权代理公司进行版权贸易，但目前我国的版权代理制度和规范尚欠缺，代理能力不足。因此，很多出版社即使有好图书也无法找到适销对路的版权输出途径。此外，宣传范围狭窄，营销推广力度不足，国内的好图书无法被国外出版机构"看见"，成为困扰我国图书"走出去"的难题。

（四）缺乏专业化版权代理机构

目前，我国的版权贸易主要通过国际书展等平台达成，如法兰克福书展、伦敦书展、上海书展以及北京书展几乎包揽了我国90%以上的版权贸易，但是书展展期短，其目的是给各国出版商提供交流平台，不应该是版权输出的主渠道。造成此种现象的原因还在于我国缺乏专业化、规范化的版权代理机构，我国现有的版权代理机构很多是公益性质的，如著作权集体管理组织。即使是营利性机构，如中华版权代理总公司、上海市版权代理公司，与我国每年20多万种的图书出版总量相比，其每年几百种图书的版权代理能力显然不足。与美国等发达国家发展成熟、规范、专业化的版权代理行业相比，我国版权代理机构在推进我国图书"走出去"的过程中没有发挥其应有的作用。国内图书推介不出去，而国外出版商不仅找不到一个合适、成熟的渠道来联系国内出版人，而且无法及时、全面地了解中国的优秀图书。版权代理行业的不成熟成为制约我国版权输出的一个十分严重的问题。

二、《狼图腾》版权输出的成功经验

《狼图腾》在版权输出方面的成功让出版界看到了中国版权输出的内在潜力，其版权输出的成功得益于对选题内容、翻译质量的严格把关和营销宣传方式的创新，内容与宣传内外合力，双管齐下，助力其走出国门，走向世界。

（一）好内容＋好策划，助力《狼图腾》跨越国门

选题失误，一误再误，因此选题质量决定图书质量。《狼图腾》在国内外的成功首先得益于其过硬的内容质量。在内容安排上，《狼图腾》采用了独特的叙事语言与叙事视角，细微之处纤毫毕现，粗犷之处一笔略过，小说整体读来气势磅礴，但又不失严谨。同时，得益于作者在草原生活的亲身经历，十年磨一剑的用心创作，以及对细节和史实的细致考察，使《狼图腾》既是一个传说也是一部历史，一部关于狼和狼性文化的历史。作者从瀚如烟海的古籍和各种史料文献中摘录引文，打破了读者在阅读时的现场感，古今交替，为读者展开了一幅浩瀚史卷，成就了小说在内容上的高度。其次，在策划上，《狼图腾》着力于提炼出小说中人类共同关注的文化主题，即当今社会人与自然的冲突，传统文化和现代文明的冲突。这一主题超越了国别、地域、民族的限制，是该书获得国内外的读者广泛认可的关键。[①] 最后，编辑人员在制作宣传文案时，非常严谨、用心，使用地道的英文详细地介绍了小说主要内容、作者情况、国内销量等，这些前期工作保证了后期宣传的效果。

（二）名家翻译，保证原汁原味

困扰我国版权输出的一个关键问题是译文翻译质量不高，为避免这一问题，长江文艺出版社在对各外文译本的译者选择问题上非常慎重，所选择的译者均为优秀的翻译家，且译者们态度严谨，认真负责。如英文版译者葛浩文和德文版译者卡琳，他们在其所属国翻译界都是成绩卓著的。如德文版译

---

① 吕敏宏. 从《狼图腾》版权输出看如何构建中国当代文学海外出版发行的新模式 [J]. 出版发行研究，2012（7）：36.

者卡琳，在翻译《狼图腾》的过程中，为了确认关于"狼夹子"的细节，反复与作者姜戎沟通，姜戎甚至为其画了手绘图以辅助理解，最终保证了德文版良好的翻译质量。译者们高超的翻译水平、严谨负责的态度，使得《狼图腾》的各译本基本保持了小说的原汁原味。如日文版，是所有译本中最忠于原著的，它入围日本年度翻译奖。当然，在《狼图腾》的各译本中，也存在因为取舍、删减而引发争议的问题。如英文版译者在翻译时，考虑到国外读者没有相关历史知识，直译晦涩难懂，改写又会失去原味，于是删除了每一章开头引用的历史文献。当然，这是为迎合市场需求，但在一定程度上削弱了小说的深度。

（三）强势宣传＋多样化营销，为版权输出助跑

对于《狼图腾》的宣传，长江文艺出版社利用世界知名媒体和当地媒体的强大影响力，进行强势宣传，如美国的《时代周刊》《纽约时报》，英国的《泰晤士报》，日本的《读卖新闻》和《朝日新闻》等。① 通过此举，《狼图腾》成功吸引了如培生集团等大型出版公司的关注，与企鹅出版社的成功签约使《狼图腾》引起国际出版界的重视，企鹅出版社的一系列推介活动进一步为《狼图腾》走向世界创造了条件。为了配合英文版《狼图腾》的发行，企鹅出版社充分借助媒体造势，在英美主流媒体上进行宣传推广，还在全球范围内举行了系列推介活动，如在英国当地举办内蒙古草原风情展览，以及在洛杉矶书展期间举办系列读书和推广活动等。此外，企鹅出版社也积极关注年轻读者需求，进行网上发行，在网上推出在线阅读、有声书、电子书等多种阅读方式，俘获了大批年轻读者②，而《纽约时报》书评系统，以及亚马逊网站评分等也间接为《狼图腾》进行了宣传。

综上所述，《狼图腾》的成功不是偶然的，是作者、编辑、译者、营销人员共同努力的结果，从作品创作到版权输出的每一个环节都至关重要，好内容、好翻译与好营销是其走出国门、走向世界的三大推手。

---

① 吕敏宏. 从《狼图腾》版权输出看如何构建中国当代文学海外出版发行的新模式［J］. 出版发行研究，2012（7）：37.

② 吕敏宏. 从《狼图腾》版权输出看如何构建中国当代文学海外出版发行的新模式［J］. 出版发行研究，2012（7）：36.

三、我国图书版权"走出去"的优化路径

针对我国图书版权输出存在的问题，结合《狼图腾》的版权输出经验，我国图书版权"走出去"路径可从以下几方面进行优化。

（一）培养本土作家，着力打造原创品牌

一本图书能够成功推向国际市场的因素有很多，但图书本身内容质量的高低是决定图书在国际市场上保持旺盛生命力的关键。我国图书市场历来引进大于输出，版权贸易逆差大，虽然每年生产20多万种图书，但能够"走出去"的很少。这与我国图书市场原创能力不足，同质化严重，缺乏经典原创图书品牌有关。要扭转这一局面，需要出版社着力于培养本土作家，尤其是一些有潜力但写作还不成熟的年轻作者，编辑可通过引导、培养，帮助其提高写作水平。在这一过程中，编辑要有"珀金斯精神"，要有责任、担当和甘于奉献、乐于帮助作者的风度，要有坚持将作品质量放在首位的工匠精神。此外，大型出版机构有条件也有能力，因此，应当更有文化使命担当，对于那些有良好社会效益的图书选题，应多加助力，孵化、培育好选题，培养好作者，从而打造自己的原创图书品牌，在国际市场竞争中占据一席之地。

（二）与高校和培训机构合作，培养高质量版权贸易人才与翻译人才

任何一个国家版权贸易的繁荣都需要各环节工作人员的通力配合，需要培育职业化的高素质人才。目前，我国版权输出遇阻，缺乏高素质专门人才是其中很重要的一个原因。因此，培养一批了解国际出版市场，熟悉国际版权贸易规则和相关法律，精通一种或数种外语，掌握现代传媒技术的外向型和复合型专门人才，是发展我国版权贸易、实现图书"走出去"的当务之急。具体来说，出版单位可与高校和培训机构合作，将用人需求告知高校或培训机构，帮助其在课程设置或培训内容上进行调整，如此才能避免出版教育与市场需求脱节的现象。此外，出版单位也可在内部进行制度创新，通过创新奖励机制、择优选拔人才等方式，培养一支高素质、专业化的版权贸易人才和翻译人才，通过实战帮助其尽快走向市场，这是我国版权输出走出困境的重要而有效的途径。

（三）新旧媒体、线上线下齐上阵，拓宽营销渠道

互联网时代，营销宣传至关重要。《狼图腾》在海外的传播，除了本身内容质量过硬之外，另一个很关键的因素是宣传，主流媒体在这个过程中发挥了很大作用。通过主流媒体的辐射力，《狼图腾》获得极大关注，再辅以书评系统、文学界和亚马逊网站的评分和评论等，最终促成了版权输出。因此，对于出版单位来说，应当要主动出击，利用媒体拓宽营销渠道，尽可能覆盖更多的目标受众。首先，出版单位应当积极与国内外主流媒体建立和保持联系，通过媒体发布新书预告、图书内容梗概和书评等，这在无形中为图书质量做了担保，更有利于促成贸易。其次，出版单位还应当线上线下相结合进行宣传，如先通过线上宣传获得关注，再举办线下活动，如主题展、读者见面会等来巩固和强化读者对出版单位或图书的印象，促成购买和谈判。最后，出版单位应当充分利用国内外一切资源，拓宽营销渠道，让好作品被更多的读者和出版单位所"看见"，如此，中国出版才能够真正"走出去"。

（四）政策激励，引导版权代理机构专业化发展

完善的版权代理机制是一个国家版权贸易成熟的重要标志，版权代理机构是连接权利人与作品使用者的中介，在版权贸易中发挥着重要作用。而我国版权代理机构发展还不成熟，代理能力不足，在帮助我国图书"走出去"过程中的作用甚微。要改变这一现状，需要政府"宽严结合"，经济支持要"宽"，行政管理要"严"。具体来说，首先，政府可通过政策激励、经济支持等方式，鼓励版权代理机构积极参与国际版权贸易交流，建立符合市场体制的版权代理模式，引导我国版权代理业朝着规范化、专业化方向发展。其次，对于目前我国版权代理业中存在的问题，如从业人员资质、资格准入制度等，版权管理部门应当通盘考虑，对从业人员的资格制定标准，并严格执行，定期审查，使其在图书版权输出中切实发挥作用，成为我国辅助图书走向世界的"推手"。

四、结语

自改革开放以来，我国图书版权贸易发展取得了一定成绩，版权输出总量有所增长，涌现了一些非常成功的版权输出案例，如《狼图腾》的版权输出，但仍存在不少问题。本文通过对当前我国图书版权输出中存在的问题的分析，结合《狼图腾》版权输出的成功经验，从原创内容的挖掘、人才培养、营销渠道的拓宽、版权代理机构的规范四个方面探讨了我国图书版权"走出去"的优化路径。

教育教学研究

建设"人文湾区"的大学文学教育实践①

叶澜涛②

自 2019 年中共中央、国务院发布《粤港澳大湾区发展规划纲要》（以下简称《纲要》）以来，"粤港澳大湾区"这一个概念就成为界定广东以及港澳地区各项事业的新坐标。单从文艺界的反应来看，2019、2020、2021、2022年先后召开了"粤港澳大湾区文学研讨会""粤港澳大湾区文学发展峰会""文化自信与文学建构：粤港澳大湾区文学峰会"等高级别会议，来自复旦大学、吉林大学、中山大学、暨南大学等高校的学者探讨、规划粤港澳大湾区文学的发展蓝图。从目前召开的各级别粤港澳大湾区文学会议来看，与会者对于《纲要》中提出的"人文湾区"建设目标反响热烈，一致认为这是新时代赋予广东及港澳地区建设的新机遇，彰显了中国进一步改革开放的雄心壮志。③

实际上，在"人文湾区"目标提出后，地方政府首先行动起来，大力加强粤港澳三地的基础设施、服务贸易的互联互通。不仅如此，文学界、学术界、传媒界乃至各类企业都积极探索如何对接"人文湾区"的建设目标。广东省作家协会在 2020 年将原来主管的《网络文学批评》更名为《粤港澳大湾区文学评论》，并召集国内著名期刊主编集体讨论刊物的定位和内容规划。大家认为作为一份具有粤港澳文学方向标功能的刊物，《粤港澳大湾区文学评论》应聚焦于城市文学、海洋文学、迁徙文学等特色鲜明的文学类型上。刊

---

① 基金项目：广东海洋大学"课程思政"示范课程《中国现当代名字选讲》（PX - 6223485）、广东省本科高校教学质量与教学改革工程建设项目—特色专业"汉语言文学"（粤教高函［2020］19号）、省级一流专业建设点"汉语言文学"（教高厅函［2021］7 号）、省级课程思政示范团队—汉语言文学教学团队（粤教高函［2021］4 号）。

② 作者简介：叶澜涛，博士，广东海洋大学文学与新闻传播学院副教授，主要从事现代城市小说和现代旧体诗词研究。

③ 龙杨志. 人文湾区的共建与共享——粤港澳大湾区文学讨论会纪要［J］. 粤海风，2019（3）：4 - 9.

物不仅需要重视现代粤港澳地区的文学成果，而且关注这一地区的传统文学，重视古典文学批评。① 从已出版的几期刊物来看，"粤港澳文学瞻巡"栏目的设置正是为了体现办刊定位和地域特色。除了《粤港澳大湾区文学评论》外，《广东社会科学》《学术研究》《粤海风》等刊物在建设具有湾区特色的文学评论方面也起到了重要作用。

　　除了在刊物上强调地域特色外，广东省作家协会还计划在 2023 年前完成《广东文学通史》的编撰工作，目前该项目已经完成制订计划和人员分配的工作，进入了实际的写作阶段，这对广东文学发展史而言具有里程碑意义。该项目将结束广东文学没有通史的现状，为粤港澳大湾区的文学研究及文化建设提供开阔的通史视野与全面的史料支撑。

　　粤港澳大湾区文学的提出看似只是顺应时代要求的产物，但实际上也是自身文学发展的必然结果。粤港澳大湾区文学属于典型的岭南文学，属于中国文学在岭南地区的延续与分支。这一地区的文学在古代取得了辉煌的成就，但到了近现代，相比其他经济中心地区的文学似乎发展稍慢。与京派文学、海派文学谱系清晰、代表作家层出不穷的状况相比，粤港澳地区的文学无论是作家群体的数量还是代表作品影响力方面明显偏弱。但如果撇开粗略的印象，梳理现代时期粤港澳地区的文学实绩，可以发现实际上现代岭南文学也取得了相当辉煌的成就。在现代时期，这一地区就出现过冯铿、丘东平、李金发、钟敬文、黄药眠、梁宗岱、阮章竞、张资平、洪灵菲等文学大家。到了当代，广东地区更是涌现出欧阳山、草明、黄谷柳、陈残云、司马文森、吴有恒、于逢、碧野、秦牧、陈国凯、章以武、刘斯奋、邓一光、梁凤莲、王十月、张梅、盛可以、吕雷、曹征路、张欣、魏微、阿菩、王威廉等代际鲜明、风格各异的作家。至于香港、澳门的侣伦、舒巷城、刘以鬯、徐速、梁羽生、金庸、李鹏翥、亦舒、李碧华、梁凤仪、林燕妮、张小娴、卫斯理、黄易等更是为内地读者所熟悉。② 如果对标中国当代文学史，会发现当代主要的小说题材在广东当代文学发展史中都能找到对应的文本。例如，欧阳山的《三家巷》、吴有恒的《滨海传》中革命历史书写，陈残云的《香飘四季》、

---

① 努力建设新时代文学理论创新和观念变革的前沿阵地——《粤港澳大湾区文学评论》创刊编委与专家座谈会综述 ［J］. 粤港澳大湾区文学评论，2020（2）：156 – 158.
② 蒋述卓，龙杨志. 粤港澳大湾区文学的共时呈现 ［J］. 当代文坛，2020（1）：70 – 74.

于逢的《金沙洲》中农业合作化叙事，南哨的《牛田洋》展现的农业"大跃进"运动，孔捷生的《南方的岸》对"文革"伤痕的回忆，章以武的《雅马哈鱼档》中展现的改革开放初期的欢欣，吕雷的《大江沉重》中改革攻坚的困难重重，曹征路的《那儿》中国有企业的危机，梁凤莲的《羊城烟雨》《赛龙夺锦》对广州现代城市史的历史回眸，广东当代文学对重大历史事件的书写从未缺席，而且贡献了打工文学、网络文学等新的文学类型。然而，问题在于，为何中国现代文学研究者对粤港澳地区的文学关注不够呢？能够进入现代文学史介绍范围的经典作家作品屈指可数。在精英文学方面，欧阳山、黄谷柳、秦牧、刘斯奋等是领军人物，梁羽生、金庸、亦舒、李碧华、黄易等则在通俗文学方面成就斐然。虽然看似数量不少，但从百年地域文学史的角度来考量并不突出。除了数量上的劣势外，湾区的作家影响力似乎只能徘徊于一地，难以形成全国性的影响力，这一点与陕派作家群相比尤为明显。粤籍作家题材广泛、内容多样，使得广东文学五彩缤纷、绚丽纷繁，但缺少内在精神的凝练和写作传统的赓续，无法给予读者面目清晰的印象，"虽有高原，却无高峰"恐怕是目前广东文学甚至湾区文学发展亟待解决的窘境。

湾区文学在外界看来面目不甚清晰，一方面当然来自对这一地区的偏见，认为与传统的文学中心北京、上海相比，广东地区的文学成就不高；另一方面也存在自身的问题，可以发现广东世俗精神的张扬影响了作品的典型性。前者存在的问题还相对容易解决，重视史学的梳理和理论的建构，加强舆论引导和教育宣传能够有所帮助。例如，陈思和教授在"文化自信与文学建构：粤港澳大湾区文学峰会"上建言道，建构粤港澳大湾区文学，心中要有两张文学地图：第一张文学地图是以北方文学为中心，将南方地区仅视为经济发达地区，但文化上处于边缘落后地带。这张文学地图是以中国为范畴进行思考的。第二张文学地图则将粤港澳地区视为向中国台湾、澳大利亚、北美以及欧洲国家和地区文化输出的中转站。在第二张地图中，粤港澳地区恰处于中华文化圈的中心。① 这一思路新奇且有建设性，能够重新定位粤港澳文学的价值和地位。这一地区文学现状存在的另一问题来自文学品格，作为南方最为重要的商贸都市群——粤港澳地区的商业文化传统已存续千年。有闯劲、

---

① 陈思和. 两张文学地图：从地理空间来论证文化自信——在"文化自信与文学建构：粤港澳大湾区文学峰会"开幕式上的发言 [J]. 华文文学，2021（1）：7-8.

重实利的特点已融入这一地区民众的血脉之中。这一思维习惯对于经济建设自然是好事，但对于文学书写这类重视主题提升、体现时代精神的艺术创作而言并不一定有益。无论是《三家巷》《香飘四季》《金沙洲》，还是《南国有佳人》《大江沉重》《羊城烟雨》等这些时代特征明显的文本，都不难发现作家总是将具有鲜明主题的宏大叙事化解为家族矛盾、男女情爱之类的生活冲突，难以出现像《红岩》《创业史》《乔厂长上任记》《沉重的翅膀》等这类人物性格突出、矛盾演化激烈的文本。具有话语霸权的文学史叙述往往会在众多候选文本中挑选最具时代特征的作品作为标识进行介绍，这不太符合南方文学的品格。南方文学擅长将鲜明的时代主题化润为生活细节的展开和人情伦理的强调，因此错过了一次次的文本经典化过程。当然，这并不是说，这一地区没有产生过具有激烈冲突和矛盾的文本，如南哨的《牛田洋》、曹征路的《那儿》等，但毕竟不是粤港澳文学的主流范式。如果将南方文学的品格视为独特的文学特质，视为与北方强调矛盾冲突的书写风格迥异的写作路径，对南方文学的价值评估就会有所改观。

湾区文学的主要特点在于对世俗场景的展开，主要成就则是文学的市场化，无论是文学市场还是文化传媒皆如此。湾区文学建设不仅体现在文学创作上，在批评领域也毫不逊色。从这里走出了许多优秀的现当代文学评论家，如饶芄子、洪子诚、古远清、温儒敏、杨义、黄子平、陈平原等。有感于"京派批评""海派批评""闽派批评"等地方性文学批评的影响，越来越多的粤籍批评家逐渐认识到彰显"粤派批评"的重要性。由广东省作家协会组织编写、广东人民出版社出版的大型丛书"粤派评论丛书"是粤派批评家的一次集体亮相，丛书包括三个系列："大家文存""专题研究""名家文丛"。"大家文存"收录了康有为、梁启超、梁宗岱、萧殷、黄药眠、钟敬文、黄秋耘、黄遵宪等在近现代岭南文化建设过程中涌现的卓有成就的理论大家；"专题研究"收录了柳冬妩的《"粤派评论"视野中的"打工文学"》、西篱的《粤派网络文学评论》、古远清的《中外粤籍文学批评史》；"名家文丛"收录了陈桥生的《粤派传媒批评》、程文超的《程文超集》、徐肖楠的《徐肖楠集》、金岱的《金岱集》、宋剑华的《宋剑华集》、蒋述卓的《蒋述卓集》、刘斯奋的《刘斯奋集》、谢望新的《谢望新集》等。从收录的批评家来看，基本上囊括了粤派具有代表性的批评家。此外，钟晓毅的《在南方的阅读》，徐晓楠的《天空与镜子：广州文学十二家》，李德南、项静、徐刚的《深圳故事的十二种讲法》等都可以看作对广东文学的跟踪和关注。在港澳文学研究方面，除了以前的研究成果外，近年出版的新成果中梁燕丽的《香港话剧史（1907—2007）》、朱寿桐主编的《澳门文学编年史》从史料学的角度梳理港澳地区的百年文学变迁，具有突出的文献价值。在倡导"粤派批评"的声音中，黄树森、蒋述卓、陈剑晖、古远清、谢有顺等批评家借助不同的媒体渠道、在各种文学场合大力宣扬"粤派批评"，让更多的人了解"粤派批评"这一概念的重要性。作为一种文学流派，不仅需要文学家的努力，文学批评家也应当有所作为。"粤派批评"概念的提出与倡导可视为湾区文学在理论建设方面希冀更上层楼的表现。

除了学者、研究成果外，粤港澳地区还设立了具有全国影响力的文学评奖，如华语文学传媒大奖、广东省鲁迅文学艺术奖（文学类）、香港中文文学双年奖等。虽然华语文学传媒大奖授奖对象不限于粤港澳大湾区作家，但确实扩大了这一地区的文学影响力。不少获奖者难掩获奖后的激动，以第十五届获奖者双雪涛为例，他就坦言对奖项的重视和喜欢。① 广东省鲁迅文学艺术奖（文学类）是一个面向广东地区的文学奖项，从获奖者的居住地和研究成果来看，注重对广东文学成果的认可和广东文学研究成果的评价。例如，以第十届广东省鲁迅文学艺术奖（文学类）评奖结果来看，邓一光、王威廉、马拉、徐东都是在书写广东题材方面有所建树的作家。香港地区的文学奖项主要有香港中文文学双年奖、新纪元全球华文青年文学奖等。从获奖名单上看，这两个奖项的获奖者地域并没有局限于香港地区，而是褒奖对粤港澳地区乃至全球华文文学有贡献的青年作家。

从现有的成果来看，粤港澳地区实际上取得了相当突出的文学建设成就。无论是文学创作还是文学批评乃至制度建设都卓有成效。然而，在现有的广东高校文学教育体系中，粤港澳文学的成就体现得并不充分。除了欧阳山、刘斯奋以及一些港澳通俗作家如金庸、亦舒等会在"中国现当代文学"授课过程中被有所提及外，许多作家无法纳入现有的大学文学教育体系中。欧阳山和刘斯奋是分别作为革命历史小说家和古典历史小说家来介绍的，而金庸、

---

① 老邓子. 华语文学传媒大奖获·奖感言丨双雪涛［EB/OL］.（2017 - 05 - 09）. http：//www.360doc.com/content/17/0509/22/31655471_652540748. shtml.

梁羽生是作为香港武侠小说家，亦舒、李碧华是作为言情小说家来介绍的，并没有将其视为南方文学的整体来进行认知。在大多数广东高校中文系学生眼中，仍然认可"京派文学"和"海派文学"，这样的文学教育对文学地理意识的培养和地方文化人才的建设都存在不利的影响。广东高校的文学教育除了一般性文学知识的介绍外，还应该适当增加地方文学谱系常识的普及，为学生走出校园参与地方文化建设打下一定的知识基础。"人文湾区"目标的提出可视为适当的教育契机，将粤港澳大湾区的文学成果及文化成就作为有机整体通过不同的途径进行普及，对加强这一地区民众的文化认同感、增强文化自信是必要的。从目前的进度来看，文学创作、文学研究走在了文学教育的前面，文学教育的目标就是要打通"人文湾区"建设目标在高校教育系统的"最后一公里"，将已有的成果推广给青年学子，激发他们了解、参与地方文化建设的兴趣，最终为粤港澳湾区各项事业的建设贡献力量。

如何在高校文学教育中适当融入湾区文学的教学内容，对高校及教师的教学安排是一次考验。笔者认为，在现有的大学文学教学制度下可做出以下尝试：

一、课堂教学

在教学理念上，将湾区文学作为课程思政的特色加以强调。课程思政强调在教育过程中以"爱国、爱党、爱社会主义、爱人民、爱集体，坚定学生理想信念"为基本的教学主线，而湾区文学在百年历程中取得的成就恰恰能够体现这一点。因此，教师在课堂教学过程中，通过向学生介绍粤港澳大湾区的文学成就，培养学生爱国爱党的理想信念就显得自然而然，从而水到渠成。近年来，广东省内的高校普遍进行了学分制改革，采用了更加科学的完全学分制，因而无论是专业基础课，还是专业选修课，都存在课时相对紧张的状况，如何在现有的教学资源下挖掘潜力，进行该内容的教学安排呢？以"中国现当代文学"课程教学为例，在教学过程中，对于粤港澳大湾区的文学细节可以不用展开，点到即可。例如，在介绍现当代小说时，对于已经经典化的《三家巷》《虾球传》等作品，点明其地域特色，对于经典作家如刘斯奋、秦牧等则点明其籍贯。对于非经典作家作品，则可以通过比较的方式进行介绍，例如：在介绍农业题材小说时，可以将柳青的《创业史》与陈残云的《香飘四季》作比较，阐释后者虽与前者题材相似，但生活气息掩盖了主题诉求；在介绍"大跃进"时期的小说时，将浩然的《金光大道》《艳阳天》

与南哨的《南田洋》、于逢的《金沙洲》进行比较，指出虽然地域不同，但当时中国南北地区都受到了"大跃进"思潮的冲击；在介绍伤痕文学时，将刘心武的《班主任》与孔捷生的《南方的岸》作比较，说明后者悲情有余、反思不足的遗憾；在介绍改革文学时，将蒋子龙的《乔厂长上任记》与章以武的《雅马哈鱼档》作比较，说明后者生活气息浓郁，但人物性格不够鲜明等。通过文本的比较阅读，能够让学生认识到广东文学在重大题材上一直都有所尝试，但这种尝试囿于文学品格和文学史叙述惯性，无法得到充分展示，而绝非一片空白、无所作为。在介绍香港、澳门文学的发展时，会较多地偏向对通俗文学的介绍。实际上，刘以鬯、西西、陶然、东瑞、董启章等作家在展现文学品格和提升文学格调方面贡献突出，因此在教学过程中也应该对这个方面予以强调。在香港文学发展过程中，四次"南来作家"的转移不仅为香港现代文学点燃了火种，更是带来了源头活水。"南来作家"中就有许多是原籍广东的，如黄谷柳、陶然、李碧华、梁凤仪、张小娴等。在介绍这些作家时，强调他们的籍贯能够帮助学生认识到粤港澳地区文学深刻的内在勾连和整体一致性。除了点到即止、横向比较的教学方式外，提供文学谱系图也不失为一种有效的方式。在现当代文学的讲解过程中，"京派""海派"在基础课程和选修课程都会有所提及，在介绍"京派文学"和"海派文学"时，不妨再增加对"粤派文学"的介绍。这种介绍不用单独占用宝贵的教学时间，只需提供一张"粤派文学"谱系图，将之与"京派文学"谱系图、"海派文学"谱系图放在一起进行比较，简单介绍，就能让学生直观地认知湾区文学的发展脉络和代表作家作品，认识到这一地区的文学发展成就与前两者相比并不逊色。有心了解的同学可通过课后阅读、专题讨论的方式进一步拓展相关内容，这样的安排不占用课堂资源、能起到事半功倍的效果。

二、批评实践

课堂教学主要起到了引导作用，对于学生而言，湾区文学概念的生成和谱系的建构需要通过文学阅读后的批评实践得以落实。在现有的中文专业培养体系中，课程论文、学年论文和毕业论文是可以利用的课程实践体系。教师在向学生阐明选题意义和价值后，即可以开展相关选题的研究和讨论。在课堂教学中无法充分展开的内容和讨论可以通过各类论文的方式得以实践。这样的实践方式既不受授课时间限制，也不受研究角度的限制，学生可以多角度地完善湾区文学谱系，深挖湾区文学价值。囿于阅读视野的限制，教师在研究过程中有可能忽视的文本往往会在学生处得到补充，这样就可以完善教师的知识体系，从而利于下一次的指导，形成教学与研究的良性互动。课程论文、学年论文和毕业论文虽然均属于批评实践范畴，但写作要求显然是层层递加的。课程论文和学年论文可以以某一作家作品为批评对象进行，但毕业论文则需强调文学史背景以及研究对象的文学史意义。这样层层递进的学术训练，会加深学生对这一研究方向的理解和认知。

除了论文写作外，大学生创新创业项目也是可以借鉴和运用的实践教学平台。该项目由学生自主选题进行申报，教师可根据学生的兴趣点进行引导，从某一个角度展开湾区文学与文化研究。这类项目在经过学校评审后，会有一定金额的经费资助，相比单纯地查阅资料及写论文，研究条件显然更加优越。学生在教师的建议下可以购买研究资料、进行实地调研、参与学术会议。通过实地走访、研究讨论，学生可以增加对文献资料的感性认知，从而加深对材料的理解和把握。广东省属高校的生源大多来自省内，由于升学压力和经济原因，学生入学之后实际上对当地的人文资源并不熟悉。他们可以借助在校学习的机会，在经费的资助下进行一线的调研工作，这会有助于加深他们对当地人文资源的了解，进而在走出校园后，谋划与粤港澳大湾区发展建设相融通的文化路径和手段。播下的种苗会长成参天大树，看似并不起眼的选题引导有可能帮助他们在今后的学习和工作中树立更为明确的发展方向。除了大学生创新创业项目外，各类文学竞赛也是展示学生文学才华的舞台，教师在通知、组织以及修改参赛作品方面可以发挥引领作用。在作品选题上，可以通过小说、诗歌、散文等文学体裁回顾湾区的发展历史，记录湾区发生的故事，抒发对湾区未来的畅想。通过文学竞赛的方式给予学生更多的实践经历，使其在反复打磨文稿的过程中养成谋篇布局、文字推敲、格式校订的认真态度，这比参赛本身更能让学生有所收获。当然，若能够获得比赛奖项，则更能激发他们对该类题材写作和研究的兴趣。

三、社会服务

人文建设目标的达成、文学概念的深入人心，仅仅依靠专业教育是不够的，还需要向非专业学生和社会人员进行普及，让更多人参与阅读和了解的活动。虽然"文学湾区"是"人文湾区"的重要组成部分，但无法囊括全部内容。"人文湾区"目标的达成，也不可能仅依靠文学专业背景的人员进行建设，它需要人文科学、社会科学乃至自然科学的专业人士共襄盛举、共谋宏图。从"人文湾区"建设目标来看，文史研究、新闻出版、文艺演出、文博展览、体育赛事、法治服务、旅游文创等都属于"人文湾区"建设目标的有机组成部分。因此，不同专业背景的学生都可以加入这一宏大的建设项目中。对于教师而言，可以借鉴的平台包括各类文学专题讲座、"世界读书日"活动以及图书城的阅读宣传活动等。以笔者所在学校为例，学院每年会定期组织面向全校师生的文学讲座，帮助师生了解研究前沿动态和拓展知识视野。在讲座的主题选择上，可以选择与湾区文学相关的内容，讲授湾区文学的历史和成就，这样的讲座有助于受众阅读兴趣的培养，从而形成精神合力。每年学校图书馆都会组织"世界读书日"活动，邀请人文学科的教师参加并担任评委。在这类校内举办的人文活动中，适当融入湾区人文建设的内容，不仅可以丰富活动的主题，还可以启发不同专业的学生思考如何加快"人文湾区"建设，为实现宜居湾区的目标出谋划策。在校内，面对不同专业背景的学生宣讲"文学湾区"的价值可以偏重学理性和历史感。在校外，参加图书城宣传阅读这类公益活动时，则应兼顾受众的年龄、学历、地域等因素，融通化俗是举办此类活动的原则。除了对文学作品的介绍，视频材料的运用、现场互动环节的设置都有利于拉近听众与讲授者的心理距离。公众对于高校教师的专业素养是信任的，因此在选题策划和内容介绍上如果能够结合当地文史背景，解释"人文湾区"建设的意义和价值，从个人角度能够做出的努力和贡献，取得的教育成效并不比校园内的专业教育效果弱。

从理论到实践、从校内到校外，"人文湾区"的大学文学教育大有可为。一个地区的协调发展不可能单纯地依靠物质建设，或过于功利化地强调量化指标。人文建设的特点决定了发展进程不可能一蹴而就，在相对和缓的建设进程中，大学文学教育起到了非常重要的筑基作用。这种作用既体现在人才的视野、志趣的培养方面，也体现在为长期的建设过程提供持续的人才保障和智力支持。"人文湾区"的建设目标已经设定，如同远航的船舶开启了征程。大学的文学教师要主动积极地对接教育任务，将自己的研究课题、教学活动、社会服务与粤港澳大湾区建设目标相融合，寻找适当的教研融合点，这样的研究和教学不仅能让自己更有成就感，也能让学生、受众感受到收获知识的欣喜。

正音和方音的碰撞与交融①

——粤西方言区高校诗词写作课程教学实践与探索

董国华②

　　中国古典诗词是汉语内在规律的完美体现，是具有强大的艺术生命力的抒情工具。而传统的近体诗和词，正是从语音和字形两方面体现了汉语的特质，并充分利用了决定这一特质的规律和优势，是优秀中华文化的核心表征。千百年来，诗词创作一直是中华民族审美创造的一个重要途径，它使读书人既保持了生活的诗性化，也保持了对社会的审美追求。古典诗词类课程是高校中文专业课程的重要组成部分，也是教学和学习的难点。在高校课程设置中，古典诗词赏析课历久不衰，甚至被设置为必修或限定选修课程，而古典诗词创作课的开设却相对较少甚至贫乏，即使在以文科专业为主的师范院校也并不普及。加之多年来大学教育忽略对学生人文素质的培养，在教学指导思想上和教学实践中，往往把古典诗词写作排斥在教学范围之外，导致中文专业的学生不爱、不懂古典诗词创作。加之古典诗词写作要求和创作技巧的复杂，绝大多数高校缺少讲授古典诗词创作的师资，使古典诗词创作课程长期排除在许多高校的人才培养方案之外，致使学生对古典诗词常识尤其是诗词格律几乎一无所知。③

　　虽然有关诗词写作的书种类繁多，但真正适合用作大学教材的甚少。这些书源流相类，说法大同小异，甚至如出一辙，皆授人以鱼而非授人以渔，往往只罗列森严的格律，所列举的例证陈旧单调，无法触类旁通，使初学者

---

　　① 基金项目：广东省哲学社会科学规划项目：清代中后期广东"正音"书系研究（GD22CZY04）。

　　② 作者简介：董国华，博士，广东海洋大学文学与新闻传播学院副教授。

　　③ 诗律、词律和曲律，属于古代汉语课程的教学内容，在诸多版本的古代汉语教材中基本都放在音韵章节中。由于课程课时数限制，一般只讲授诗律，词律和曲律作为学生自学内容。

望而生畏且兴趣索然。在教学中，不谙作诗填词的教师如果仅据此讲解格律诗词创作，学生难以理解和运用，在习作时治丝益棼，事倍功半。

粤方言和闽方言都是强势的地域方言，存留了较为完整的古音系统及词汇和语法，均被称为古汉语的"活化石"。古典诗词尤其是唐代以后的近体诗和曲子词，以及宋词是最重要的古典诗词诗体形式，而闽、粤方言区存留中古读书音系统较为完整，用方言吟诵、赏析近体诗，尤其唐人、宋人作品，自然本正源清。利用闽、粤方言学习、鉴赏、创作近体诗，更是古典诗词写作课程教学的利器。

笔者任教于粤西地区高校（地处雷州半岛上的湛江市），为中文专业本科生开设古典诗词写作课程。在多年教学实践中发现，利用汉语方言辅助进行诗词写作教学，不论对于操持雷州话的本地学生，还是以粤语（包含粤方言下属各种次方言）为母语的其他学生来说，都是行之有效的教学方法。通过长期的教学探索和实践，笔者归纳出在闽粤方言区讲授古典诗词写作课程，应着力引导学生利用自身方言优势进行分韵别部，理解古今语音源流及嬗变情况，以便熟练掌握和运用诗韵和词谱；精准掌握声调，区分平仄，辨别入声，学习粘对和拗救；使用方音吟诵古典诗词，深刻感受其韵律美，以培养诗感，提升创作水平。下面依讲授和学习先后规律为序分别详述之。

一、利用方音分韵别部，理解古代正音与方音源流及异同，掌握诗韵

近体诗押韵严格，初学者首先需记诵"平水韵"平声30部名及其所辖常用字。学生易受现代汉语普通话韵母音读影响，误记、混记韵部辖字，不能准确分辨古人作品用韵，习作中往往出韵。若利用方音读音记忆，则十分便捷。例如：

春望

杜甫

国破山河在，城春草木深。感时花溅泪，恨别鸟惊心。
烽火连三月，家书抵万金。白头搔更短，浑欲不胜簪。

此诗属"平水韵"平声"侵"韵，其韵脚在普通话中为 in（心、金）、en（深）和 ɑn（簪），已失和谐。"侵"韵收双唇鼻尾韵（即收闭口韵 [－m]），而普通话中没有这个韵尾，但闽南方言文读音却保有 [－im]、[－am] 和 [－iam] 闭口韵尾音读（以漳州方言音读为例：深 [tsim] 心 [sim] 金 [kim] 簪 [tsim]），故韵脚极为谐洽。学生在记忆"平水韵"中"侵""覃""盐""咸"这四个收闭口韵尾的韵部辖字时，依闽南方言读之，自然简易准确。

对于初学者最易混淆的用韵问题，如为何"先、纤""天、添""前、潜""烟、淹"和"年、粘"完全同音却不能押韵（前一字均为下平一"先"韵字，后一字均为下平十四"盐"韵字），对于为何"居、余、驴、车"与"初、书、舒、猪"可押韵（同属上平六"鱼"韵），为何"回、梅、杯、雷"与"哀、开、台、来"可押韵（同属上平十"灰"韵）等问题，自然迎刃而解。

二、利用方音认准平仄，辨别入声，学习粘对和拗救，增强创作技巧

"平仄"和"粘对"使诗歌诵读起来具有了抑扬顿挫、此起彼伏、高低错落的丰富乐感和谐和美感，这样的乐感和美感是近体诗区别于古体诗的主要特征，也是自由诗（或称新体诗）不具备的审美特质。"平仄"即"平直"和"曲折"，是格律诗词语之间交错组合的规则。"粘对"即"相合"与"相反"，是近体诗句子之间交错组合的格律。"平仄，这是律诗中最重要的因素。……我们讲诗词的格律，主要就是讲平仄。"[1] 提高旧体诗词的鉴赏和创作能力，必须了解中古平上去入声调与现代汉语"四声"的异同，掌握平仄格律常识，否则无法进行格律诗词创作。

在教学实践中，首要任务是让学生认准古今平仄异读的字，古平今仄字数少（如看、场、漫、去、俱等）易记，而今读阴平、阳平的入声字（尤其是最常入诗的高频字，如七、八、十、黑、白、国、别、竹、独、节等）是初学者的拦路虎。近古汉语官话音"入派三声"，这些字古代归仄声，现代归

---

① 王力. 诗词格律 [M]. 2 版. 北京：中华书局，1977：21.

平声，因此造成了平仄错乱，给作诗和填词带来了麻烦，这是讲解平仄和粘对格律的重难点。

从语音学上说，入声是以塞音收尾的音节。入声带有的塞音处在音节末尾，只有成阻，没有持阻，具有发音短促、突然停止、不能延长的语音特点，形成了一种急促顿挫的闭塞音。汉语的入声以塞音［-p］［-t］［-k］和喉塞音［-ʔ］收尾。在现代汉语方言中，闽语和粤语还完整地保留着这四种入声，在吴语中则已变成了较不明显的［ʔ］收尾了。其他方言（湘语、赣语、客家话等）有入声存留，而在北方方言中，入声已经基本消亡了。

传统讲解平仄、识别入声的教学，利用普通话声母来分类识记（如声母是 b、d、g、zh、z、j 的阳平字是入声字等）或使用形声字偏旁类推记忆（声符为入声字的形声字大都是入声字），增加枯燥的机械记忆量，效果一般。对于保留了入声的闽南方言区，入声韵的三种韵尾在闽南方言中保存得比较完整，利用方言辨别入声字并不是很困难。

对于母语为其他方言的学生，虽然塞音类型可能不如闽、粤方言存留完整（如吴方言的古入声韵尾一律变成喉塞音［ʔ］，发音时喉部紧张，可以选择部分常用入声字练习，掌握发音特点后进行类推），但并不影响识记入声字；而对于不会讲入声的少数学生，如果有说雷州话的学生进行范读，也大大增强了直观感，减少了记忆难度。

此外，近体诗押平声韵，词在押韵上却要区分四声，仄声上去或可通叶，入声字或不与上去声通叶。有一些词牌，如《忆秦娥》《满江红》《念奴娇》《声声慢》等，其正格需全用入声韵。诵读押入声韵的词牌时，这种表现更为明显。例如：

忆秦娥

李白

箫声咽，秦娥梦断秦楼月。秦楼月，年年柳色，灞陵伤别。

乐游原上清秋节，咸阳古道音尘绝。音尘绝，西风残照，汉家陵阙。

这个词调一韵到底，韵脚促密，上片四韵、下片三韵，各一叠韵，韵脚为入声"薛"韵字，唯有用短促急收的入声来朗诵或吟唱，才能真正体现出怅惘、迷茫等哀伤情绪，用保留入声字的闽、粤方音来吟诵这首词，才别具风味，若用普通话朗读则少了很多韵味。在课堂教学中，教师可范读这些入声韵脚的单字音，然后让学生使用闽、粤方言进行朗读示范。

三、采用方音吟诵古典诗词，深刻感受其韵律美，培养诗感，提升创作能力

古典诗词是音乐文学。《诗经·大序》曰："诗者，志之所之也。在心为志，发言为诗，情动于中而形于言。言之不足，故嗟叹之。嗟叹之不足，故咏歌之。咏歌之不足，不知手之舞之、足之蹈之也。"可见，"咏歌"是为弥补"发言"和"嗟叹"的不足。"咏歌"即"吟诵"，是"诵读"和"吟咏"的合称，是我国传统的诗文声音表现的一种重要艺术形式，它介于朗诵与歌唱之间，紧密结合汉语韵调、诗文节律，历代文人学子莫不谙此，是学习、欣赏和创作诗文的有效辅助方法。

传统的诗词教学中，较为忽视声美教学。老套的做法是鉴赏名篇名句，从难解字词入手，疏通主旨大意，然后结合写作背景、作者生平和风格手法等，赏析作品。其实，诗词作为音乐文学，其审美特质应该是二维的，既要注重释义，也要注重音韵，如此才能更准确表达出古诗原有的韵味，声韵与字义的结合，才是汉语诗歌的完整内涵。另外，由于普通话的推广普及，方言淡化退出校园，方言文读音已失去表现舞台。教师朗读诗词基本是以普通话为媒介，按音节兼顾意义来分割语句，五言采用的基本上是 23 或 212 节奏，七言基本采用 223 节奏。这样的朗读，使五言绝句读起来节奏大体相同，没有什么变化。不能显现出古诗原有的音韵节奏。而用吟诵的方法才能符合古诗原有的音律。

吟诵教学恰恰弥补了传统古诗教学的不足。用吟诵这种形式进行古诗教学，有其独特的魅力。但由于古今差异，现代汉语普通话韵母和声调已过于简略，用于吟诵诗词已不太合适，无法做到音律和谐、丝丝入扣。与中古的声调系统相比较，闽南方音基本上与中古音平上去入调类吻合。这正是用方音吟诵格律诗词往往要比普通话来得和谐、入律的原因。

在教学实践中，教师按"平长仄短入声顿"的方式来断句诵读，同时按

平低仄高、依字行腔的原则来"吟咏"，诗歌的意境已了然于胸、诗人的情感已喷薄而出，在长短高低中极尽曲折变化之音美。教师可通过范读，引导学生反复练习，后期可根据学生个体独特的情感体验，在"平长仄短入声顿"的大原则下自由吟诵。

另外，除从上述语音角度利用闽南话学习诗词写作之外，还可以通过闽南方言词汇来辅助诗词理解和鉴赏，如以下三例：

例 1：无 [bo]：语气助词，念轻声。如食无？（吃了吗？）

妆罢低声问夫婿，画眉深浅入时无？——《闺意献张水部》朱庆馀

例 2：伤 [siu]："伤"读书音 [sig]，说话音 [siu]，作副词，表示"太"。

且看欲尽花经眼，莫厌伤多酒入唇。——《曲江》杜甫

长生缘甚瘦，近死为伤肥。——《野鸭》齐己

例 3：人客 [lagk 'eh]：客人。

问知人客姓，诵得老夫诗。——《感怀》杜甫

例 1 中，"无"若依普通话读作阳平 [u]，则显得生硬无味，而使用闽语读轻声 [bo]，则能恰到好处地呈现出这位新妇梳妆后，低声询问丈夫时娇羞可爱的模样，形象极为生动；例 2"伤"在闽南语中仍存有程度副词"太""过度"的用法，诗词古文中常见，而普通话中已无此用法；例 3"人客"是"客人"的意思，平仄对仗亦严整工稳。

中文学科是工具性和人文性兼而有之的学科，汉语古典诗词创作学习不仅仅是单一的古代语言学习或古典文学创作学习，更是对古代汉语、古典文学文化高阶运用能力的学习。中文学科教学的重要任务之一是教会学生正确理解和运用祖国的语言文字，更重要的是培养学生能够运用语言和文字工具去认识和反映现实，表达思想和感情，传承和发扬民族文化。所以，对高等院校的中文专业本科生来说，他们不能只是具有科学知识和技能的"工匠"，而应是具有科学精神和人文精神的"未来社会的新人"，同时是具备包括审美能力在内的人文素养的"文化传承者"，而这种审美能力体现为以"激情、想

象和形象"感受美、认识美和创造美的素质与能力。

　　总之，针对粤西方言区高等院校中文专业本科生的古典诗词创作教学，目的首先是使学生熟练掌握诗词格律常识，能分析鉴赏前人作品，并写出合格的古典诗词作品；其次做到经常创作，形成兴趣爱好和习惯，写出优秀的诗词作品；最后培养自身诗性、审美能力和品性，培养高雅的审美趣味，培养高贵的文化精神，使自身成为中华优秀传统文化的传承者。

分词连写对汉语阅读的影响及教学启示

安　妮①

　　阅读是人类日常生活和学习中一项重要的认知活动，人们通过阅读获取文本中承载的信息。影响汉语文本理解的心理因素很多，如汉字的识认、字在词中相对位置的加工等，词的识别作为因素之一发挥着重要作用。词汇是意义的承载者，也是信息的输送者，"人们在阅读中要理解句子乃至段落篇章的含义，首先要对词进行识别加工"②，才能进一步唤醒心理图式去理解意义。

　　词的切分，即词边界的确定，是读者将词从文本中切分出来的过程。③ 分词连写指的是词与词之间用空格隔开的文本排版方式，词边界用明显的空格标记，以帮助读者进行词切分。世界上大部分语言使用的表音文字都采取分词连写的排版方式，比如英文，已有研究指出，英文中的词间空格极大地促进了英文读者词汇识别和加工的速度和效率。④ 汉字文本并不使用分词连写，这种方式对母语者来说不成问题，我们的大脑会自动对句子中的词进行切分识别，但对于将汉语作为第二语言或外语来学习的学生来说，什么是汉语词、如何识别汉语词就很可能成为阅读中的第一个难点，而分词连写将文本中一个个的词离析出来，正是帮助学习者解决了这一难点。因此本文从文本空格的角度切入，考察分词连写对学生阅读的影响，探讨由分词连写提升词切分能力的途径，从而提升学生的阅读流畅性。

---

① 作者简介：安妮，广东海洋大学文学与新闻传播学院讲师。

② 顾俊娟，高志华，屈青青. 汉字位置加工的词边界效应［J］. 心理与行为研究，2020（2）：193－199.

③ 李兴珊，刘萍萍，马国杰. 中文阅读中词切分的认知机理述评［J］. 心理科学进展，2011（4）：459－470.

④ PEREA M, ACHA J. Space information is important for reading［J］. Vision research，2009（49）：1994－2000.

一、研究综述

阅读能力一直以来都是汉语教学与研究中的难点，因为阅读作为一种隐性的心理机制很难被观察，传统研究多集中在阅读策略、阅读训练、阅读教材等领域。词边界理论属于心理语言学领域，经常辅以眼动实验的手段，将其研究方法与理论成果应用于二语习得领域，使阅读这一心理机制能够通过科学的可视化工具显现出来，为阅读教学提供突破口，因此很多学者关注到了这一点。

对汉语母语者来说，字间空格和词间空格对阅读的影响受词频、阅读者年龄、阅读者智力发展水平等因素的影响。①。那么对于汉语学习者来说情况又是怎样的呢？高珊的一项针对欧美留学生的实验发现，词切分并未显著促进句子阅读速度，但任意切分明显降低了句子阅读速度，且不同汉语水平者的测试结果呈现一致性。② 之后进一步的实验证明词间空格的促进作用受到篇章长短的限制，初中级水平的汉语学习者阅读篇幅较长的文本时，词切分的促进作用更加显著。③ 白学军等以美国留学生为对象，发现在词间空格条件下的实验组朗读速度明显快于对照组。④ 田瑾针对韩国和泰国留学生的实验同样显示，词间空格条件下的阅读时间显著短于其他各条件下的阅读时间。⑤

以上研究结果均呈现出词间空格条件下阅读时间缩短的一致性，即分词连写形式能够提高汉语学习者阅读的流畅度，特别是对有分词连写母语背景的学习者而言。但将分词连写应用到二语教学与训练中，考察分词连写对汉语学习者词切分能力发展影响的相关研究，仍告阙如。汉语中的词汇作为最小的独立使用的意义单位，在连句成篇中具有重要作用，李馨等通过眼动实

---

① 李馨，白学军，闫国利. 词边界信息和词频在汉语阅读中的作用 [J]. 心理与行为研究，2011（2）：133 – 139.

② 高珊. 词边界信息对留学生汉语阅读的影响 [J]. 北京：北京语言大学，2006.

③ 高珊，江新. 词边界对第二语言学习者汉语阅读的影响 [J]. 语言教学与研究，2015（4）：15.

④ 白学军，张涛，田丽娟，等. 朗读条件下词切分方式对说明文阅读影响的眼动研究 [J]. 天津工程师范学院学报，2009（3）：39 – 44.

⑤ 田瑾. 词切分对韩国、泰国留学生汉语阅读影响的眼动研究 [D]. 天津：天津师范大学，2009.

验发现汉语阅读的基本加工单位为词而不是汉字①，杨玉玲等也发现美国学生有"识词不识字"的现象②，说明以词为单位由小至大地阅读，是汉语学习者阅读发展的必由之路，更快速的词边界识别与阅读能力的提升也是相契合的。

二、分词连写文本阅读调查

（一）调查设计与实施

1. 调查对象

我们以纸笔测试的形式，调查了莫桑比克蒙德拉内大学汉语专业的大一学生，测试他们的阅读流畅度和准确度是否受分词连写的正向促进影响。这些学生经过了每周 20 课时、历时一个学期的汉语学习后，已具备了初级汉语文本阅读的能力。

2. 问卷设计

第一步：参考高珊实验的测验句子编写过程，我们先根据该班学生水平编制 60 个句子，将句子难度和生词水平控制在同一等级。为了保证测试的可理解性，所有句子由该班级老师和一名不参加调查的学生认真阅读，并标记出被测对象可能不认识的字、词或者理解有困难的句子，并加以删除。

第二步：使用"汉语阅读分级指南针"对句子进行分词处理，再依据《现代汉语词典》③ 进行人工矫正。如果句子中所包含单词的切分存在歧义，则删除该句子。

经过第一步和第二步的操作，最后产生了 15 个正式测验句子，每五句一组，包括四个单句和一个复句，按照不同空格形式排版，句子长度为 10～20 个字。

测试中文本间空格有三种不同的呈现形式：①无空格形式，第一组句子

---

① 李馨，白学军，闫国利. 词边界信息和词频在汉语阅读中的作用 ［J］. 心理与行为研究，2011（2）：133－139.

② 杨玉玲，付玉萍. 美国学生"识词不识字"现象实验研究 ［J］. 语言文字应用，2014（2）：118－126.

③ 中国社会科学院语言研究所词典编辑室. 现代汉语词典 ［M］. 7 版. 北京：商务印书馆，2016.

以正常的无空格的形式呈现，每一个字与其相邻的字紧密相连；②词间空格形式，即分词连写形式，第二组句子在词之间插入空格；③非词空格形式，第三组句子在不同的字之间随机插入空格，使相邻的字形成非词。空格均为全角形式。

3. 测试过程

本测试在学期最后一周进行，随堂发放问卷并进行说明，要求学生阅读上述三种类型的句子，并对每个句子进行 1～5 分的理解度评分。在阅读时，需要分组计时，用以统计阅读时长。最后还有一个附加测试，是对第一组无空格形式的句子进行词切分，用来考查学生对于汉语词单位的认知水平。整体测试时间约 25 分钟。

（二）数据描写与分析

问卷经调查对象填写后，由教师回收，共回收问卷 27 份，其中有效问卷 25 份，无效问卷 2 份。对 25 份问卷中三种空格形式的文本阅读时间进行统计，以秒为单位，数据结果如表 1 所示。

表 1　三种文本的阅读时间数据统计表

SUMMARY	观测数	求和	平均	方差
学生 1	3	300	100	1 200
学生 2	3	420	140	1 200
学生 3	3	450	150	6 300
学生 4	3	90	30	1
学生 5	3	600	200	1 200
学生 6	3	720	240	0
学生 7	3	720	240	3 600
学生 8	3	720	240	3 600
学生 9	3	600	200	1 200
学生 10	3	330	110	300
学生 11	3	140	46. 67	233. 33
学生 12	3	660	220	4 800

（续上表）

SUMMARY	观测数	求和	平均	方差
学生 13	3	720	240	10 800
学生 14	3	345	115	196
学生 15	3	575	191.67	558.33
学生 16	3	960	320	4 800
学生 17	3	332	110.67	604.33
学生 18	3	364	121.33	1 520.33
学生 19	3	420	140	1 200
学生 20	3	210	70	300
学生 21	3	325	108.33	1 508.33
学生 22	3	300	100	1 200
学生 23	3	534	178	6 004
学生 24	3	75	25	3
学生 25	3	255	85	975
第一题用时	25	3 547	141.88	6 242.443
第二题用时	25	3 774	150.96	7 017.457
第三题用时	25	3 844	153.76	8 244.94

因为学生的汉语水平不同，表 1 中呈现的每人阅读时间之和有较大差异，速度最快的用时 75 秒，最慢的用时 960 秒。所有被测学生三题用时之和显示，无空格形式的第一题用时最短，而非词空格形式用时最长。平均值同样呈现这一结果。

我们知道方差越大，表示数据波动程度越大。表 1 中方差值的差异同样不小，表示不同学生阅读时受文本空格形式的影响不同，有些几乎不受影响，如学生 6，方差为 0 秒；有些受到很大影响，如学生 13，方差为 10 800 秒。

接下来，我们对以上数据进行双因素方差分析，根据被测群组推测文本空格对于阅读时间是否有影响。

分析结果显示显著性概率值 $P = 0.0645 > 0.05$，说明不同空格形式对阅读时间的作用不显著，即这一测验中没有充分证据证明分词连写方式对阅读时间有影响。

这与测试的预期效果并不相符，回溯测验设计与过程，得出原因可能有：①测试时间过长，学生在阅读的时候反复回看，降低了文本空格的影响力度；②计时不准，阅读时间是由学生测试时自行记录，误差可能性较大；③句子难度控制失当，三组句子之间形成了难度梯度，恰巧第二组的句子难度较高，干扰了阅读时间等。

尽管分词连写形式并不如预期那样产生促进效果，但数据显示词间空格形式确实影响了测试对象的阅读时间，所有问卷中第二组句子阅读时间最短的有 10 份，最长的有 8 份，合计 18 份，占总数的 72%。分析原因，可能是老师在测试说明时，并没有预告即将出现的阅读材料特殊的排版形式，测试中学生突然碰到没有见过的排版，需要反应时间，计时又加强了紧张感，这种情况下反应快、汉语成绩好的学生能够很快适应，而反应慢、成绩在后段的学生就有可能被空格迷惑，从而使测试数据受到干扰。

（三）分词连写态度调查

问卷中除了测试部分，我们还设置了学生对三种文本的主观态度的调查，以李克特量表形式展示。每道题后的 1～5 分代表了从"强烈反对"到"强烈赞成"的五等量级，要求测试对象客观评价自己符合每一项陈述的程度，然后进行勾选。

出人意料的是，不同于阅读时间的数据呈现，在态度调查中学生普遍认为词间空格的形式对阅读有帮助。"前面的三种句子形式，第二种（注：词间空格形式）最容易理解"一栏后，勾选"强烈同意"的有 13 个，"同意"的有 7 个，共 20 个，占总数的 80%；"如果教材和练习册中的句子按照第二种句子形式打印，我认为有利于提高我的阅读速度"一栏后勾选"强烈同意"的有 9 个，"同意"的有 7 个，共 16 个，占总数的 64%。这说明学生主观上认为阅读分词空格文本较为容易，也愿意接受分词连写阅读的训练。

在词切分能力对阅读影响的调查中，56% 的调查对象认为切分识词对阅读有很大帮助，但是实际能够进行正确词切分的学生并不多。在第一题的无空格句组中，我们要求学生在计时阅读之后，切分出句子中的词，这一环节不计时。但回收问卷中，准确切分出句组中所有词的只有两份，其他问卷中有的切分出了非词，如"这/本书""好好/儿休息"等，有的切分单位大于词。

有意思的是，几乎所有学生在切分"这本书"时，都切成了"这/本书"，而句中其他的数量短语，如"三个小时""这件事"却不会出现类似的非词切分。"本"这一量词最常搭配的名词是书，从认知语言学的原型范畴理论看，量词"本"跟"书"的搭配是其所有搭配中的典型成员，因此最容易也最先被习得，这也符合人的认知规律。此外，还可能有老师在教学中的强调、形近词"书本"的干扰等原因，将"本书"切分为一个词就不难理解了。

三、对阅读教学的启示

调查是为教学服务，只有更好地了解学生，才能够采取更有效的教学手段。对莫桑比克蒙德拉内大学汉语专来初级水平学生阅读能力与态度的调查，给我们如下启示：

（一）通过分词连写培养词界感知

阅读中的词界感知，不仅涉及对词汇语音形式的感知，还涉及词义、汉字感知等，而分词连写能通过沉锚效应加强这些感知。沉锚效应是心理学术语，指的是"对事物做出判断时，大脑会对得到的第一个信息给予特别的重视"，因此"教师在第二语言教学过程中，也应该善于创设语言教学之'锚'，以利于学习者习得"。[①] 比如语音方面，偶数音节是汉语韵律的一个显著特征，汉语以两个音节为一个韵步，双音节词的数量众多，三音节短语的组合也多为"1+2"格式或"2+1"格式。这一客观现象自然影响到阅读，Perfetti 和 Tan 指出，读者在阅读中文句子时，倾向于采用两字结合的策略。[②] 分词连写式的文本，能够使学生在看到阅读材料时，就在脑海中按照空格形式默读，这些音节数量格式的规律得到强化，词汇的长短和韵律结构形成了

---

① 施春宏，陈振艳，刘科拉. 二语教学语法的语境观及相关教学策略——基于三一语法的思考 [J]. 语言教学与研究，2021（5）：1-16.

② 转引自李兴珊，刘萍萍，马国杰. 中文阅读中词切分的认知机理述评 [J]. 心理科学进展，2011，19（4）：459-470.

"沉锚"，在学生的汉语认知中逐渐构筑词界感知体系。

那么什么时候开始进行分析连写的阅读练习呢？我们认为越早越好。研究表明词切分的困难多发生在初级和中级阶段，1997 年一项国外的实验就证实这一结论①，中国学者也发现不同等级学习者中，中级学习者更多地提问非词的意义，而高级阶段的学习者已经能把难点词语从句子中准确地分离出②。本次针对初学者的词切分测试中，同样出现了非词切分的现象，且阅读时长表现在第二组明显降低的多为班级成绩排名后半段的学生，说明初级阶段水平较低的学生语感更弱，分不清词间空格和非词空格，可能将两类空格统一处理成了需要排除的阅读阻碍。因此，通过分词连写培养学生对汉语词感知的教学实践，最好从一开始就伴随阅读教学进行，并持续到中级前段。

具体措施可分阅读文本和阅读训练两方面。阅读文本方面，精读课文、泛读课文、练习题都可以按分词连写的方式排版，让学生在大量的文本输入中积累词汇，建立对汉语词的认识。此外，不同于汉字，汉语拼音的书写规范要求分词连写，不仅让汉字的分词排版更加顺理成章，而且使词界感知有了语音感知辅助。阅读训练方面，可进行单词快速感知的强化训练，如快速识词练习，教师将生词写在卡片上依次展示，或者使用多媒体工具放映，让学生认读，周期性多次重复并逐渐缩短展示的时间。这种方式能够强化词形的视觉刺激，加强阅读中的形义通道，让学生对书写词的汉字组合更加敏感，同时能更快通过"形"联系到"义"，完成通达理解。

（二）从分词连写过渡到分语块连写

随着学习的深入，到了中高级阶段，学习者的词汇量水平会逐渐提升，汉语词汇知识体系基本建立，单词界限感知增强，这时教师可以开始培养学习者的语块意识。语块指的是"语言中出现频率比较高，形式、结构和意义比较固定，运用语境比较确定，兼具词汇和语法功能，由多个词组成，以整

---

① EVERSON M E, CHUANREN K. An inquiry into the reading strategies of intermediate and advanced learners of Chinese as a foreign language [J]. Journal of the Chinese Language Teachers Association, 1997 (1): 1 - 20.

② 刘颂浩. 汉语学习者阅读中的理解监控行为考察 [J]. 暨南大学华文学院学报, 2002 (3): 1 - 10.

体形式被个体记忆、加工、存储和提取的、成串的语言结构"①，将语块理论运用到第二语言教学的实践研究取得了很好的效果，阅读教学中同样可以借鉴，语块处理的高效性能够加快语篇理解速度，提高阅读效率。

此阶段的阅读文本要从分词连写过渡到分语块连写，语块需要是相对完整的一个意群，长度以 7 + 2 个字为宜。因识别单位从单词变为语块，长度增大，因此扩大视幅的训练非常重要，需要安排更多的时间进行操练，同时培养学习者自主切分语块的能力。

《汉语水平等级标准与语法等级大纲》关于阅读能力最高级（五级）的描述中，"有较强的快速阅读和查找信息的能力，有相当强的跳读、猜读和概括、提炼内容梗概的能力"② 就体现了对于泛读的速度与提取信息能力的要求，分词阅读能够从形式上培养学习者对词形和词边界的感知，使词切分处理更加快速准确，而中级后段和高级阶段的语块识别练习，则能够提升学习者阅读流畅度，提高信息提取能力，是实现阅读教学有效性与创新性的新方向。

①　陈平文. 语块理论及其在英语教学中的作用 [J]. 基础英语教育，2007（6）：55.
②　国家对外汉语教学领导小组办公室汉语水平考试部. 汉语水平等级标准与语法等级大纲 [M]. 北京：高等教育出版社，1996：28.

令与防疫期间的政令布达研究①

刘　霞②

新型冠状病毒肺炎（COVID－19）（以下简称新冠肺炎）发生以后，我国政府迅速响应，"疫情就是命令，防控就是责任"，闻"令"而动，"令"行禁止，全国上下一盘棋，团结一心，共克疫情。目前，我国的疫情防控取得了重要阶段性成效，人民的生命财产和安全得到了极大地保障。

整体上看，我国政令布达及时、高效，在此次抗击疫情中发挥了极大的作用，彰显了我国的制度优势和治理效能。这也说明，防疫期间政令布达更应当做到及时、统一和有力，否则不易引起广大民众的重视，容易出现"令"行不止的问题，不利于疫情防控工作的有效展开，这就涉及对令和政令的正确认识和有效使用问题。

一、令与政令不同

（一）令和政令的内涵

根据 2012 年《党政机关公文处理工作条例》（以下简称《公文条例》），令即命令，是目前适用的 15 种公文文种中的一种，适用于公布行政法规和规章、宣布施行重大强制性措施、批准授予和晋升衔级、嘉奖有关单位和人员。政令是指政府发布的各项法令。

这里需要明确区分两个概念：令和政令。它们是两个既有联系又不同的概念，容易被混为一谈。广义上看，令是政令的一种，属于政令；狭义上看，

---

① 基金项目：2020 年广东海洋大学人文社会科学项目"令与防疫期间政令布达研究"（C20135）。
② 作者简介：刘霞，广东海洋大学文学与新闻传播学院教师。

令仅指命令，不包括其他的文种。令的种类可以分为四种：公布令、行政令（指挥令）、任免令和嘉奖令。公布令主要适用于依照有关法律公布各种行政法规和规章。行政令（指挥令）主要适用于国家各级行政机关在职权范围内发布的带有强制性的、必须贯彻执行的重大措施和要求。任免令是用于任命或免除机关工作人员职务的一种命令。嘉奖令是政府出面对做出特殊贡献的单位和个人予以褒奖的一种命令①。

而政令的种类非常多，不仅包括令，还包括决议、决定、公告、通告、通知、意见、批复、条例、办法等以政府名义发布的需要相关主体阅知或执行的文件。疫情防控期间，政府发布的各类政令，如"禁行令""居家令""隔离令"（以下简称禁令）虽冠之以令名，但不一定是令，而多是公告、通告这类文种。

然而，令和公告、通告等习惯被统称为"政令"，甚至把公告、通告等形式颁发的文件统称为"行政令"，如黄全就把 2008 年民航局发布的《关于禁止旅客随身携带打火机火柴乘坐民航飞机的公告》（简称为《禁火令》)②，显然在这份文件中，公告是公告，不是令，公告在公文写作领域与令完全不是一个文种，把这些文种混合统称不利于发挥令文种的效果。对此，本文把令和公告、通告、通知等文种区分开来研究，以便于更好地探讨令与公告、通告等文种的不同效果。

（二）令的特点和功能

令，正如诗词中的"小令"，文字上十分考究，短小精悍、精准有力。与其他公文文种相比，令在写作的过程中多使用结果式、通知式甚至命令式的话语，没有商量的余地，不会过多使用描述性语言。发文力图用最精练的文字，传达最严肃甚至严厉的态度。在语气和态度上也较为强硬有力，具有明显的强制性、不可抗拒性，因此执行强度也非常高。

令，还具有很强的紧迫性、时效性，这就意味着令的发布时机非常关键，特别是重特大公共安全事件发生时，发文机关在发布相关令文件时要抓住时

---

① 夏海波. 公文写作与处理［M］. 3 版. 北京：北京大学出版社，2018：114.

② 黄全. 论行政禁令的性质、规范与实现——以民航《禁火令》为例［J］. 法律科学，2019，37（4）：110－119.

机，否则就很难起到应有的效果。对于防疫而言，疫情突发的时候，时间非常紧迫，必须迅速动员广大民众按照政府的统一部署行事，这个时候发布令来传递政府信息就非常有力度、有效果。日常生活中政府机关通过发布令来规范民众行为规范的频率也比较少，而发布令时也比较审慎小心。

疫情暴发早期，用令文种发布疫情防控措施对防控疫情具有很强的命令性。但是，各级政府早期使用公告、通告这类政令更多一些，这在平时并没有什么太大的影响，但是，在疫情暴发的时候影响很大。令和其他的文种如公告、通告效果显然不同，令具有其他文种如公告、通告没有的使用强度，当然效果也没有令明显。

二、防疫期间我国的政令布达

（一）令在防疫早期起到了效果

疫情发生之后，有的地方如辽宁省①、江西省②、安徽省③、广西壮族自治区④人民政府迅速发布了疫情防控令，如 2020 年 1 月 25 日，江西省人民政府官方网站上就发布了"江西省新型冠状病毒感染的肺炎疫情防控应急指挥部令（第 1 号）"，引起人们警醒，在后续的疫情防控信息发布上江西省也均采用了令的形式，截至 2021 年 1 月 22 日，江西省共发布了 23 号令⑤。无论是在与湖北省接壤的省份，还是纵观全国，江西省的确诊病例都是相对较少的。截至 2021 年 6 月 16 日，江西省的疫情防控也未出现反弹情况，说明在疫情防控的早期各项工作起到了很好的防疫效果。

动态使用公文文种很重要。在疫情暴发的早期为了迅速引起民众的注意，可使用令文种。至于疫情形势稳定后，广大民众对疫情的严重性有了充分的认识，疫情形势也有了很大的好转，再采用通告、通知和通报等公文文种来发布信息动态，这样既能缓和人们的紧张情绪，又能做到信息公开，如此灵活动态地使用公文文种，能够起到有效防控疫情的同时舒缓民众紧张情绪的

---

① 辽宁省新型冠状病毒感染的肺炎疫情防控指挥部令（第 1 号）。
② 江西省新型冠状病毒感染的肺炎疫情防控应急指挥部令第 1 号。
③ 安徽省新型冠状病毒感染的肺炎疫情防控应急指挥部令第 1 号。
④ 广西壮族自治区新型冠状病毒感染的肺炎疫情防控工作领导小组指挥部令（第 1 号）。
⑤ 江西省新型冠状病毒感染的肺炎疫情防控应急指挥部令第 23 号。

作用。

（二）地方政府在疫情发生时较少使用令

疫情暴发初期，广大民众尚未意识到问题的严重性，这个时候令就是最有力的，效果也是最好的。尽管如此，但是在疫情暴发的时候，我国大多数的地方政府，如四川省①和宁夏回族自治区②用的是公告、云南省③和内蒙古自治区④用的是通告，特别是市级政府用公告、通告等告知类政令来发布疫情信息的更多，如武汉市⑤、南京市⑥、吉林市⑦等，用令来直接发布疫情防控信息的较少。虽然用公告、通告等告知类政令也能起到让民众知晓和执行的作用，但在严峻形势下明显没有令的效果好。

"凡施行为政，布告为令"，政令的意义和价值在于施行，在疫情暴发的时候，公文文种的选择应以施行效果为先，令的力度显然要比其他文种要强，执行效果要好一些。在该使用令的时机不应使用公告、通告。"政令通，则人和俱兴"；政令不通，执行不力；有令不行，有禁不止。疫情防控早期，很多文种没有起到应有的作用，"令"行不止现象多有发生。

（三）防疫期间出现"令"行不止现象

在疫情暴发早期，一些地方出现"令"行不止的现象，如有些民众不戴口罩，隔离期间私自外出，有的拒绝接受检疫，甚至暴力抗法、咬伤、打伤医护人员。"令"行不止虽跟个人素养有关，如法律意识淡薄，但也跟政府发布政令的时机、强度和力度不够有关。疫情暴发之初，人们对一种新的疫情的认识往往有限，网络上充斥着各种声音，而政府发布的关于疫情防控的权威信息也比较少，民众多不能很快意识到疫情的严重性，容易产生麻痹大意的心理，意识到问题的严重性后，又容易产生恐慌心理。

用令发布信息在疫情暴发早期有助于提高民众的防控意识，减少"令"

① 四川省应对新型冠状病毒感染肺炎疫情应急指挥部公告（第1号）。
② 宁夏回族自治区应对新型冠状病毒感染的肺炎疫情工作指挥部公告（第1号）。
③ 省委省政府应对新型冠状病毒感染肺炎疫情工作领导小组指挥部发布第1号通告。
④ 内蒙古自治区新型冠状病毒感染肺炎疫情防控工作指挥部通告2020年第1号。
⑤ 武汉市新型冠状病毒感染的肺炎疫情防控指挥部通告（第1号）。
⑥ 新型冠状病毒肺炎疫情防控工作指挥部关于进一步强化疫情防控工作的通告（第1号）。
⑦ 吉林市船营区关于加强广东汕尾陆丰市和深圳罗湖区、龙岗区返（来）吉人员排查管控的公告。

行不止的现象。政令作为政府应对突发公共事件时发布的正式文件，在疫情暴发早期就是一种权威指引，它需要及时、统一甚至强有力，让民众既能够迅速意识到问题的严重性，又能有序地按照政府的要求，统一步调，不慌乱。而这时，政令布达的有力、及时和统一就十分关键，它直接关系到防控工作的有效开展。显然，用令发布疫情信息执行力度强，用公告、通告等文种发布疫情信息执行力相对弱。令能够反映出疫情的严峻性和政府对待疫情的重视态度，而公告、通告等告知类文种虽然也由政府机关发出，但因为比较常见，无论是在语气上，还是执行强度上均没有令的强度明显，效果也不如令好。

三、令和防疫期间我国政令布达的启示

（一）令的内涵和外延应拓展

根据令的定义，令的种类只有四种，即公布令、行政令（指挥令）、任免令和嘉奖令。《公文条例》用简短的语言概括了令的种类，但是简洁的语言限制了令的使用范围，受制于令的内涵，令的使用范围比较狭窄。地方政府为了稳妥起见，往往不敢轻易发布令，这样虽然稳妥，但也失去了最佳效果。而当只有少数地方在疫情发生早期用令发布疫情信息时，令被"束之高阁"了，其作用难以发挥。实际上，突发疫情的时候需要发布疫情防控指挥令，遇到洪水、台风、火灾或地震等紧急情况时也需要使用令文种，如防火令、防台风令等，而这些却没有包含在令的内涵里面，这是不符合实际工作需要的。对此，令的内涵和外延可据实加上这些种类，令特别是行政令的外延应当加以拓展。

（二）明确基层使用令的权限

"将在外，军令有所不受"，将领远征在外应根据实际作战需要，特别是紧急情况、突发情况随机应变，否则容易贻误战机。突发事件具有紧急性，同时可能具有很大的危害性。防疫期间不应以公告、通告等告知类政令代替令的使用。正如此次新冠肺炎疫情一样，初期传播速度快，危害性大，耽误一秒就会有更多的人被感染的风险，甚至会失去宝贵的生命，政府也会因此遭受更大的损失。所以，更要抓住时机防控疫情，将疫情的危害降到最小。

面对重特大紧急公共事件，地方政府不应按照常规的思路办事，而应具体问题具体分析，以速度为先、以效果为先，这就需要基层领导者敢于发号施令，做出决策，当然这里的令是指令，而不是其他文种。考虑到地方政府普遍使用公告、通告等代替令的现象，应当明确基层也有使用令的权限。唐睿智认为，行政强制措施必须由法律、行政法规直接授权的行政机关和具有公共事务管理职能的组织发布，如各级人民政府及其工作部门，如公安、工商和环保等部门。① 应当明确公布令、任免令和嘉奖令是属于由高层政府机关可以发布的，而疫情防控指挥令、防火令、防台风令，则是基层政府机关也可以发布的，这样有助于基层政府机关使用令的时候减少顾虑，也有助于他们在关键时刻更好地发挥职责和作用。

（三）令的使用主体应当下沉

习近平总书记强调，领导干部眼睛要向下看、身子往下沉，深入基层。② 在新冠肺炎这类重特大公共卫生安全事件发生时，作为宣布施行重大强制性措施的公文文种令，在使用主体上也要下沉，要"接地气"。应该明确不仅层级高的政府机关可以发布令，在突发重大公共安全问题时，身处一线的基层政府机关也有权发布令。这时候发布令就不是越级的问题，而是责任和担当的问题，在关键时刻是能够挽救千万生命、减少国家重大财产损失的问题。

在千钧一发之际，距事件发生地最近、与民众接触最密切的基层政府，如县级政府、乡政府甚至村里的群众自治性组织均应敢于担当作为，当机立断，现场发令，正所谓"县令"——"现"场发令。基层政府机关现场发令也要有政策、法规和条例上的保障，让他们在面临突发公共事件时，没有越级和违规的顾虑。要在平时就打破这种顾虑，除了要拓展令的内涵和外延，明确令的使用权限，还应规定突发险情、疫情等特殊情况时，即使是县级政府、乡级甚至农村、企业都可以发布令，因为就广义的行政管理来讲，不仅政府需要行政管理，其他组织如企业也需要进行日常的行政管理。只有当令的主体下沉到基层时，才能充分发挥令的效果，进而抓住防疫时机，更好地

---

① 唐睿智. 论行政强制措施明显不当的司法审查［D］. 天津：天津师范大学，2020.

② 习近平：年轻干部要提高解决实际问题能力想干事能干事干成事［EB/OL］.（2020－10－10）［2022－10－10］. https://www.ccps.gov.cn/n1/2020/1010/c64094－31887157.html.

应对突发疫情。

四、结语

无论是需要公众知晓还是执行，令在众多的公文文种中都具有天然的强度。因此，在突发疫情的时候，时间非常紧迫，为了提升公众对疫情的重视程度和执行力度，政府特别是身处一线的领导人能够最接近基层人民，最了解基层的实际情况，因此要抓住时机，敢于发号施令，敢于担当、敢于作为。在疫情暴发的早期，特别是中央政府已经定下防控疫情的基调的情况下，涉及发布要求民众执行防疫事项的文件，地方政府不应用公告和通告代替令。令文种受制于其内涵窄，使用范围和使用主体受到层级限制，容易被"束之高阁"，不利于发挥其作用，不利于疫情防控工作的有效开展。

现行的《公文条例》已经施行了近 10 年之久，在令文种的使用上，下一步在制定新的《公文条例》时，应结合实际情况，拓展令的内涵和外延、明确基层使用令的权限，公布令、任免令和嘉奖令适用于层级高的政府机关，行政令不应仅仅局限于高层政府机关使用，其使用主体还应下沉到基层。特别是在疫情暴发的紧要关头，市政府、区政府、县政府、乡政府甚至企业主体都应当迅速统一认识，敢于发号施"令"，主动担当作为，动员一切力量，筑起防疫的长城，凝心聚力攻克疫情。